VOYAGES
DE L'EMBOUCHURE DE L'INDUS

A LAHOR, CABOUL, BALKH
ET
A BOUKHARA;
ET RETOUR PAR LA PERSE.

III.

PARIS. — IMPRIMERIE ET FONDERIE DE FAIN,
RUE RACINE, N°. 4, PLACE DE L'ODÉON.

VOYAGES

DE L'EMBOUCHURE DE L'INDUS

A LAHOR, CABOUL, BALKH

ET

A BOUKHARA;

ET RETOUR PAR LA PERSE,

PENDANT LES ANNÉES
1831, 1832 ET 1833.

PAR M. ALEXANDRE BURNES,

MEMBRE DE LA SOCIÉTÉ ROYALE, LIEUTENANT AU SERVICE DE LA
COMPAGNIE DES INDES.

TRADUITS PAR J.-B.-B. EYRIÈS.

OUVRAGE ACCOMPAGNÉ D'UN ATLAS.

TOME TROISIÈME.

PARIS.

ARTHUS BERTRAND, LIBRAIRE-ÉDITEUR,
LIBRAIRE DE LA SOCIÉTÉ DE GÉOGRAPHIE,
RUE HAUTEFEUILLE, N°. 23.

—

MDCCCXXXV.

VOYAGE
EN BOUKHARIE
ET EN PERSE.

CHAPITRE XIII.

CONTINUATION DU VOYAGE DANS LE DÉSERT DES TURCOMANS.

Le Mourghab. — Merve. — Alarme. — Soins des Turcomans pour leurs chevaux. — Le désert. — Tourbillons de vent. — Les terres hautes de la Perse. — Mirage. — Plantes du désert. — Usages des Turcomans. — Leurs chansons. — Leurs maisons. — Leurs festins. — Départ de Charaks. — Entrée en Perse. — Mouzdèran ou Derbend. — Approche de Meched. — Esclaves ghourkhan. — Pays en confusion.

LE 29 août de grand matin, nous partîmes très-joyeux, et suivîmes le cours du Mourghab pendant 12 milles, avant de pouvoir traverser cette rivière. Nous trouvâmes qu'elle avait 240 pieds de largeur et 5 pieds de profondeur. Elle coulait entre des rives

escarpées d'argile, avec une vitesse de 5 milles à l'heure. Nous la passâmes à un gué assez mauvais où le fond argileux était rempli de trous. Ce lieu se nomme *Alicha*; il n'y a pas de village. Le Mourghab prend sa source dans les montagnes de Hezaré; on a cru long-temps qu'il se joignait à l'Oxus ou se jetait dans la mer Caspienne. Ces deux opinions sont également erronées, puisqu'il forme un lac ou se perd dans une de ces nappes d'eau à 50 milles au nord-ouest de Merve. Autrefois il était barré par une digue au-dessus de ce lieu, ce qui donnait la facilité de dériver la plus grande partie de ses eaux pour arroser ce canton, et éleva cette ville à l'état de richesse et d'opulence dont elle jouit jadis. La digue fut détruite il y a quarante-cinq ans environ, par Chah Mourad, roi de Boukharie; aujourd'hui la rivière ne départ plus le bienfait de ses eaux qu'aux terres situées dans son voisinage immédiat; elles sont couvertes des obas des Turcomans, car il n'y a pas de villages permanens. Ce peuple cultive par le moyen de l'irrigation, et la végétation est magnifique. Le djaouari (*holcus sorghum*) a une tige plus épaisse qu'une grosse canne, et les espaces non cultivés offrent de gras pâturages pour le bétail, ainsi que des arbustes épineux pour le chameau, animal dont on voit ici des troupeaux immenses. Au-dessus de Merve, le pays est appelé *Maroutchak*, et passe pour insalubre; du moins un proverbe dit: « Avant que Dieu en ait la nouvelle, l'eau du Ma-
» routchak a tué l'homme. » Cette rivière est l'*Epar-*

dus d'Arrien, nom qui, d'après ce que je lis dans un auteur, signifie *irrigator*; et ici il n'est pas mal appliqué. Il semblerait même que l'historien a connu le cours de cette rivière, puisqu'il nous apprend que : «l'*Épardus*, de même que beaucoup d'autres » grands fleuves, cache ses eaux dans le sable [1]. »

La transition que nous avions éprouvée d'un désert sablonneux aux bords d'une eau courante était singulièrement agréable; chacun avait l'air enchanté, et même les animaux paraissaient sensibles à ce changement. Pendant toute la journée, les rives du Merghab présentèrent un spectacle de réjouissance et de gaieté; les Turcomans se plongeaient dans l'eau avec leurs chevaux, et la plupart des hommes de la caravane se divertissaient près de la rivière. Nous tombâmes sur une invention qui ne contribua pas peu à notre amusement; nous montrâmes un *tounga*, pièce de monnaie qui vaut le tiers d'une roupie, et nous promîmes de la donner en récompense à la personne qui la première traverserait le Mourghab. Cet somme énorme fut solennement déposée entre les mains d'un comité; je crois même que la bénédiction fut prononcée : seize compétiteurs se présentèrent. Le prix fut remporté par un Turcoman de Charaks, qui eut l'art de courir le plus vite dans l'eau profonde.

Nous étions présentement dans le voisinage de Merve, et plusieurs personnes de la caravane, en approchant de la rivière, déclarèrent qu'elles voyaient

[1] Arrien, l. IV, ch. 6.

le tertre élevé de son château ruiné. Je le cherchai en vain des yeux ; mais les autres spectateurs, qui désiraient voir leur ville natale, souhaitaient peut-être se persuader qu'ils la contemplaient. J'écoutai le récit que ces gens me firent des prouesses d'un certain Baïram Khan et d'un corps de sept cents hommes d'élite qui résistèrent long-temps aux armes des Ouzbeks de la Boukharie, jusqu'à ce qu'enfin Chah Mourad les vainquit par un stratagème de guerre, et transporta par force toute la population de sa capitale. Je ne prêtai pas avec moins de plaisir l'oreille aux exploits des héroïnes de Merve, épouses et filles des valeureux guerriers. On raconte, et on croit que dans une occasion, lorsque l'armée boukhare envahit le territoire de Merve durant l'absence de Baïram Khan et de ses compagnons, ces femmes s'enrégimentèrent et marchèrent à l'ennemi. Les Ouzbeks, intimidés à la vue des troupes qu'ils croyaient avoir surprises, s'enfuirent avec précipitation, laissant la victoire à ces vertueuses héroïnes, et ce n'est pas un exemple isolé de triomphe des femmes sur les hommes. Les habitans de Merve, après avoir perdu leur pays et leur indépendance, ont conservé la même réputation de valeur qui caractérisait leurs ancêtres ; et jusqu'à ce jour, quand ils quittent le pays, leurs vaillantes compagnes sont retenues à Boukhara comme un gage de leur fidélité, et ne peuvent sous aucun prétexte passer l'Oxus.

Nous eûmes connaissance ici de quelques circonstances qui exigeaient de la prudence et de la circonspection, et qui parurent exciter des alarmes très-fondées. Lorsque nos députés étaient arrivés au camp des Khiviens, le chef s'occupait de dépêcher une troupe de 350 hommes vers les frontière de la Perse pour y faire du butin. Nos gens étaient venus assez à temps pour donner à ces brigands le fâtiha d'usage; car quels que pussent être leurs sentimens, ils ne pouvaient que paraître charmés de leurs intentions. Le youz bachi invita en leur présence les Turcomans à être de bonne humeur et à ne pas oublier la belle œuvre à laquelle ils étaient appelés, ni les tillas d'or qu'ils allaient récolter dans le pays des Kizzilbach. « Allez, s'écria-t-il, et amenez le prince » royal de Perse, Abbas Mirza lui-même, aux pieds » de Khan Hazrat. » En un instant les Allamans furent à cheval, et un des marchands, qui sembla prouver bien évidemment son bon sens, pria la bande formidable d'épargner la caravane. Le youz bachi leur donna des instructions à cet effet; mais nos gens secouaient maintenant la tête, ils avaient l'air peu disposés à mettre à l'épreuve l'honnêteté de tels hommes. Ils repassaient dans leur esprit toutes les particularités de l'aventure, et semblaient très-affligés. Comme faisant partie de la caravane, je ne pus m'empêcher de demander des renseignemens sur les bénédictions que ces marchands avaient si gratuitement implorées de Dieu pour une telle horde de bandits. « Réellement, s'écria un Persan, j'invoquai le » nom du prophète, mais ce fut pour que ces co-» quins de vendeurs d'hommes pussent ne revenir ja-» mais. » Ernazzar, notre conducteur, dit que c'était une abomination d'avoir fait un usage semblable du premier verset du Coran, tant il est aisé d'accommoder le rituel d'une religion à ses souhaits personnels. M. Gérard et moi étions, je crois, les seuls de la caravane qui auraient volontiers voulu voir ces féroces Allamans; très-heureusement, j'ose le dire, notre curiosité ne fut pas satisfaite. Puisqu'une troupe si nombreuse était en campagne, il fut décidé que nous nous dirigerions sur Charaks, grand campement de Turcomans, et que nous y attendrions le résultat de leur expédition, les marchands de la caravane désirant plutôt en entendre parler qu'en être témoins. La bande avait été invitée à n'avancer que par des marches peu prolongées, ainsi que c'est l'usage des Turcomans dans leurs incursions; son retour était attendu pour le dixième jour.

Le 29 août, nous cheminâmes en grande partie dans une direction contraire à celle de la veille, le long de la rive opposée du Mourghab, que nous suivîmes pendant près de 16 milles. Nous fîmes de nouveau halte chez les Turcomans à Kandjoukoulan, un de leurs campemens. Vivant familièrement avec eux, nous pûmes recueillir beaucoup de particularités sur leur compte. Les Turcomans font partie de la grande nation turque, toutefois, ils diffèrent des Ouzbeks et sont entièrement dévoués à la vie pastorale. Ce peuple est composé de plusieurs tribus considérables réclamant toutes une origine commune; nous avions vu les Ersaris sur l'Oxus, maintenant nous nous trouvions avec la tribu des Sarak, au delà de laquelle sont les Salor. Du côté de la mer Caspienne sont les Taka, les Gokhlan et les Yamoud, toutes sont de grandes tribus; j'en parlerai à mesure que nous avancerons. Un de nos Sarak avait passé sa vie à faire des incursions en Perse; et dans cet odieux trafic, il avait acquis une connaissance parfaite de la langue de ce pays, de sorte que je pus m'instruire des sentimens véritables d'un brigand turcoman. Il se nommait Nournias; il avait fait partie de grandes et de petites troupes; il n'était revenu qu'avec trois captifs, qui avaient été enlevés par six cavaliers seulement. Il me raconta comment on s'approche de la Perse par des marches lentes et courtes; après qu'on est arrivé à la frontière, on rôde fréquemment des jours entiers en vue d'un fort pour épier une occasion favorable de faire une capture. S'il ne s'en présente aucune, on pousse le matin une pointe dans les champs, où les pasteurs et les laboureurs sont occupés, et on emmène avec promptitude tous ceux qu'on peut saisir. Si on est poursuivi chaudement, on abandonne un cheval de rechange, dont il y a toujours un par deux cavaliers, et on emporte l'esclave qui vaut le plus. Dans une expédition passagère de ce genre, tout dépend de la vitesse des chevaux, c'est pourquoi les Turcomans leur prodiguent leurs soins. Nournias préparait en ce moment son cheval pour une nouvelle expédition. La vie et la fortune d'un Turcoman étant identifiées avec les qualités de son coursier, on conçoit qu'il lui prodigue ses soins. Le cavalier emporte avec lui le grain nécessaire pour sa monture et pour lui-même, ainsi que du pain et de la farine : dans sa marche, il enterre quelquefois ces deux dernières denrées, dans quelque endroit qui lui est bien connu, et les reprend quand il revient de son excursion. Le Turcoman, lorsqu'il retourne vers son désert natal, est ainsi approvisionné de vivres, quoiqu'il ait été absent de son camp durant plusieurs semaines, et il partage ces subsistances avec les victimes de ses déprédations, tout en les entraînant dans une servitude affreuse.

Dans la liste des misères humaines, il en est peu qui soit sentie plus cruellement et dont les conséquences détruisent davantage le bonheur domestique, que le cruel système du vol des hommes. Quelque terribles que soient les malheurs qu'il produise, il paraît qu'il ne procure aux hordes qui le mettent en pratique aucune des aisances ni des jouissances de la vie; elles vivent couvertes de haillons et dans la pénurie, et suivant les apparences ne tirent aucun avantage de leurs dévastations. L'épouvante que les Turcomans inspirent aux habitans des contrées voisines de leur désert est horrible; et cela n'est pas surprenant, puisqu'ils montrent un si grand courage et une énergie si persévérante dans leur dangereux métier. On ne peut manquer d'admirer leur habileté, et de reconnaître leur valeur, en même temps qu'on déplore le sort des pays infortunés contre lesquels ils déploient leur prouesse. Les mœurs et les usages des Turcomans, dans l'odieux emploi qu'ils font de leur force contre leurs semblables, sapent les

principes les plus sacrés de la nature humaine; aussi n'est-il pas étonnant que ce peuple soit étranger au sentiment de l'honneur souvent connu des nations à demi civilisées. « Un Turcoman, dit-on générale-
» ment, est un chien; on ne peut, de même que le
» chien, le faire tenir tranquille qu'avec un morceau
» de pain : donnez-le donc, telle est la maxime du
» voyageur; et vous passerez sans être molesté. ». Les Turcomans passent également pour perfides et traîtres, et ce n'est pas absolument à tort. Les Persans ont essayé, mais sans succès, de mettre un terme à ces incursions continuelles des Turcomans; ceux-ci vivent dans un désert où ils sont en sûreté, et la promptitude avec laquelle ils vendent leurs captifs dans les beaux pays situés au delà de ces régions désolées, les encouragent à continuer leurs rapines. Quelques-uns ont été pris dans leurs incursions en Perse; on exige pour eux une rançon exorbitante; leurs parens trouvent le moyen de la payer. Un Turcoman passe sa vie dans les expéditions de brigandage, ou dans les préparatifs pour les effectuer; et c'est un fait honteux que les chefs du Khoraçan aient depuis long-temps conclu une ligue coupable avec ces ennemis de leur religion et de leur patrie, pour faire tomber dans leurs mains et vouer à un esclavage éternel un plus grand nombre d'infortunés Persans. L'avarice est le plus détestable de nos vices.

Maintenant que nous étions hors du pouvoir des troupes Khiviennes, les marchands de la caravane s'assemblèrent en conseil pour déplorer la perte de leur argent par l'effet d'une taxe nouvelle, et pour aviser aux moyens de le recouvrer. Il parut à la majorité que les Firinghis, c'est-à-dire M. Gérard et moi, devions supporter une portion du fardeau; en conséquence, tous ces gens vinrent nous trouver le soir pour nous notifier leurs désirs, et nous prier d'acquitter un quart de tous les droits. Comme le payement des droits de douane réguliers avait engagé l'officier à se désister de la rétribution ordinaire sur chaque paire de paniers, nous avions certainement échappé à toute espèce d'imposition, et cela était dû évidemment à la richesse et au nombre de la caravane avec laquelle nous voyagions. Il fut de plus exposé dans ce moment que l'officier khivien avait été gagné par un présent de dix tillas. Il nous parut juste et raisonnable d'offrir pour notre quote-part dans cette dépense, et j'offris en conséquence le montant de la taxe ordinaire d'un tilla pour chacun de nos chameaux, puisque cela diminuerait d'autant les frais généreux de la caravane. Ce point exigeait de notre part de la discrétion et du jugement, parce qu'un refus complet aurait converti une troupe amie en ennemie, et que, d'un autre côté, il nous convenait en tout temps d'être très-ménagers de notre argent. Dans la conjoncture actuelle j'eus le bonheur de nous concilier, par ma concession, les principaux marchands. Il y en avait plusieurs qui tenaient à ce qu'on nous demandât le quart de ce qui avait été compté pour la taxe extraordinaire; cependant, ayant prouvé qu'aucun frais additionnel n'avait été fait à cause de nous, et que les droits auraient été levés, n'importe que nous fussions absens ou présens, je refusai de consentir à cette prétention, et je représentai que nous étions de simples voyageurs, et leurs hôtes dans un pays étranger, et que nous comptions sur leur indulgence et leur justice.

Ernazzar arriva au moment où la conversation en était à ce point, pour protester contre l'outrage fait à l'hospitalité, par la réclamation qu'on nous adressait; toutefois je m'étais déjà résigné, et j'avais donné ma parole. Les droits des étrangers sont très-respectés parmi ces peuples; les cris du grand nombre cessèrent, et on n'entendit plus que les vociférations des plus pauvres commerçans, qui, n'ayant que des moyens bornés, étaient plus douloureusement froissés par les droits exigés d'eux. Sous un rapport, la condition d'Européen dans ces pays est peu convenable pour un voyageur; on le suppose possesseur de richesses immenses, quoiqu'il puisse être réduit à la pauvreté : un Asiatique n'a, dans ses dépenses, rien de commun avec les idées d'un Européen.

Nous commençâmes maintenant notre marche dans le désert à l'ouest du Mourghab, et nous parcourûmes 37 milles. Le pays différait entièrement de celui qui est sur le bord opposé de la rivière, et vers le milieu de la traite : le désert fit place à une surface unie, dure, plate, aspect qui ne changea plus. Les chameaux s'avançaient sur quatre lignes de front, et nous suivions le même ordre. Cette région me rappela celle que l'on nomme le *Ren* dans le

Cotch. Cependant j'apercevais des groupes de buissons que l'on ne voit pas dans cette contrée singulière. Le pays était dénué d'eau; néanmoins on y rencontrait beaucoup de restes de caravanseraïs et de citernes bâtis par le philanthrope Abdallah Khan de Boukhara. Dans ce canton, et notamment pendant que nous étions sur les rives du Mourghab, nous observâmes une succession constante de tourbillons qui enlevaient la poussière à une hauteur considérable, et se promenaient sur la plaine comme des trombes sur la mer. Dans l'Inde, le vulgaire connaît ces phénomènes sous le nom de *diables*, ils y enlèvent quelquefois le toit des maisons; mais je ne les y avais jamais vus ni de si grande dimension, ni si fréquens que dans le désert des Turcomans; ils semblaient être produits par des bouffées de vent, car l'air n'était mis en mouvement que par le vent du nord qui souffle constamment dans ces solitudes.

Le 1er. septembre, au matin, au moment où nous fîmes halte à Kalourni, lieu ruiné, nous découvrîmes les montagnes du Khoraçan persan. Depuis que nous étions arrivés sur les bords du Mourghab, j'avais remarqué que l'atmosphère était nuageuse du côté où ces monts s'élevaient, et nous les aurions peut-être vus plus tôt, quoiqu'à cette distance ils parussent encore embrumés. Un magnifique mirage s'offrit à nos yeux dans la direction de ces montagnes au moment où nous les aperçûmes. On avait devant soi une rivière; on pouvait suivre son cours et ses deux rives escarpées; mais à mesure que le soleil monta sur l'horizon, cette apparence disparut, et il ne resta plus que le pays plat et triste où nous étions campés. Les bords élevés de la rivière n'avaient pas d'existence, et l'eau n'était qu'une vapeur opposée aux rayons du soleil.

A mesure que nous approchions de Charaks, nous pûmes distinguer que le pays s'élevait par degrés, quoique d'une manière presque imperceptible. Aux arbustes que j'ai nommés précédemment succédèrent le tamarisc et l'épine au chameau, qui ne croît pas dans le désert. Le plus singulier des végétaux qu'une nouvelle zone nous présenta, fut celui qui est nommé *ghik tchenak* en langue turque, ce qui signifie littéralement *coupe du cerf*. Cette plante a le port de la ciguë ou de l'assa-fétide, et une odeur désagréable ; une feuille engaînant la tige entoure chacun de ses nœuds ou de ses articulations : les eaux des pluies du printemps se rassemblent dans cette jatte naturelle et fournissent à boire au cerf ; telle est la croyance populaire et l'origine du nom. Nous vîmes ensuite dans les monts, à l'est du Meched, une plante assez semblable à celle-là. Une résine qui ressemblait au suif transsudait de ses pores ; elle poussait comme un végétal annuel au milieu des rochers.

Dans nos dernières marches nous avions suivi la même route qu'avait prise la bande des Turcomans, s'avançant vers la Perse. Ce fut avec un vif sentiment de plaisir que nous finîmes par perdre la trace de cette troupe de bandits : d'après ce que nous pûmes découvrir, elle s'était écartée du grand chemin qui mène à Meched. Si nous les eussions rencontrés, il eût fallu nécessairement entamer une nouvelle négociation, et il n'eût peut-être pas été facile de satisfaire aux demandes de ces voleurs. Les Allamans attaquent rarement une caravane; toutefois on sait d'une manière positive qu'ils ont égorgé une troupe de voyageurs sur ce même chemin que nous parcourions. Des hommes, les armes à la main, et les plus forts, ne peuvent être retenus. Après avoir perdu entièrement la trace de nos Allamans, nous en rencontrâmes tout à coup un petit détachement de sept; ils revenaient d'une expédition qui avait échouée. C'étaient des jeunes gens, bien montés et caparaçonnés à la turcomane; armés d'une lance et d'un sabre; ils n'avaient pas d'arcs, et qu'un seul cheval de rechange. Leur bande avait été déconfite; quatre de leurs compagnons étaient tombés entre les mains des Persans. Ils nous racontèrent leur désastre et nous demandèrent du pain; on leur en donna. Je souhaite que toutes leurs expéditions aient une issue pareille!

Le 2, au lever du soleil, nous arrivâmes à Charaks après avoir parcouru 70 milles en quarante-quatre heures, en y comprenant les haltes. Dans cet intervalle nous n'avions marché que trente-deux heures; quelquefois le pas des chameaux était de deux milles et demi par heure, ce que je n'avais pas encore vu. Tous ces animaux étaient mâles; on croit qu'ils sont plus propres que les femelles à supporter la fatigue.

Notre caravane s'arrêta près d'un ancien tombeau surmonté d'une haute coupole ; il fut décidé que tant que les Allamans seraient en campagne, la prudence nous conseillait de ne pas poursuivre notre voyage. On résolut en conséquence de *dormir* à Charaks ; ce fut l'expression employée, quoique ce soit le principal repaire des brigands turcomans. Cette conduite était vraiment paradoxale, puisque nous nous établissions au milieu des voleurs pour éviter ceux du dehors. Toutefois, ne jouissant que de peu d'influence dans la caravane, nous n'eûmes qu'à nous conformer au vœu général. Les marchandises furent empilées autour du tombeau ; notre monde prit position à l'entour, et pendant la nuit les chameaux et les chevaux formèrent une troisième barrière. Tels furent les arrangemens pris pour notre sûreté, et comme on va le voir, ils n'étaient pas superflus. Pendant le jour, les Turcomans vinrent en foule autour de nous ; ils nous apportèrent des tuniques de poil de chameau que nous achetâmes volontiers ; cependant pas un seul individu appartenant à la caravane n'osa s'en éloigner ; pouvait-il en être autrement, puisqu'à chaque moment nous apercevions les Allamans passant et repassant devant nous, et que nous savions que le principal moyen de subsistance de ce peuple provient de rapine ?

L'établissement des Turcomans à Charaks consiste en un fort chétif, petit, presque en ruines, et situé sur un monticule ; c'est sous son abri que la plupart des habitans ont placé leur demeure. Il y a quelques maisons en terre; elles ont été bâties par les juifs de Meched, qui trafiquent avec ce peuple : quant aux Turcomans, ils logent dans des khirgahs ou baraques coniques, particulières à leur tribu. Elles sont en bois, entourées de nattes en roseaux et couvertes au sommet en feutre qui est noirci par la suie. Charaks est le séjour des Turcomans Salor, les plus nobles de la nation. Deux mille familles y sont domiciliées; et en cas de nécessité ils peuvent mettre en campagne un nombre égal de chevaux du plus beau sang. S'ils ne sont pas en état de se mesurer avec leurs ennemis, ils fuient dans le désert qu'ils ont devant eux, et y attendent la fin de la tourmente. Ils montrent une obéissance faible et douteuse à la Khivie et à la Perse, mais ce n'est que la force menaçante qui les induit à la soumission. Quand nous étions à Charaks, ces gens tenaient dans les chaînes un ambassadeur persan, et refusaient au khan de Khiva sa part des droits de transit qu'ils lui avaient promise le mois précédent, quand il se trouvait dans leur voisinage. Ces exemples expliquent la nature de leur fidélité. Les Salors sont gouvernés par douze aksakals, qui sont des chefs de famille; mais ils n'obéissent particulièrement à personne. Le pays voisin de Charaks est bien arrosé par des aquéducs dérivés du ruisseau de Tedjend, dont l'eau, un peu saumâtre, est employée à fertiliser les campagnes. Le terrain extrêmement gras, est très-propre à l'agriculture; les grains sont semés et poussent presque sans travail. La moisson est abondante, et les laboureurs la récoltent comme de vrais républicains, sans payer un seul impôt. Les habitans ont une tradition suivant laquelle le premier homme cultivait la terre à Charaks qui était son jardin, et Serendib ou Ceylan était son habitation. Pas un seul arbre ou un buisson n'embellit le paysage, parce que les Turcomans méprisent le jardinage. Les récoltes de froment et de djouari sont ici très-copieuses, et les melons ne le cèdent qu'à ceux de Boukhara.

Deux jours après notre arrivée à Charaks, et j'ose le dire, quand nous nous étions souvent félicités de la perspective prochaine de terminer heureusement notre voyage, nous éprouvâmes une alarme qui prouva qu'au moins nos congratulations étaient prématurées. Un des chefs du lieu se présenta dans la partie du campement où nous étions, et dit au Hadji, un des hommes de notre suite, de venir lui parler; ils étaient assez près pour que je pusse entendre leur conversation. Il entama une longue suite de questions sur notre compte, puis lui raconta que des personnes de la caravane lui avaient appris que nous possédions de grandes richesses, et que nous avions voyagé dans les cantons du Turkestan les plus réculés. « Les choses » étant ainsi, continua-t-il, je ne puis leur accorder la » permission de poursuivre leur route avant que j'aie » reçu les ordres d'Allah Kouli, khan de Khiva, rela- » tivement à eux. » Cette annonce effrayante aurait même paru plus terrible si le Turcoman n'eût pas ajouté en s'en allant : « Les aksakals, mes compa- » gnons, ignorent que ces étrangers se trouvent dans

» la caravane, et peut-être ceux-ci penseront-ils que
» ma bienveillance vaut une marque de leur recon-
» naissance. »

Cependant le sujet était sérieux, puisqu'il nous révélait qu'il y avait dans la caravane des gens mal disposés pour nous, et qu'il était certain que les Turcomans avaient le pouvoir d'effectuer toutes les menaces de l'aksakal. Il était nécessaire de prendre des mesures immédiates, et je m'en occupai à l'instant. Il y avait dans la caravane une demi-douzaine de gros marchands ; j'allai trouver les deux principaux que j'ai déjà nommés, et je leur racontai toute l'affaire sans leur rien déguiser. J'aurais bien eu recours à Ernazzar, mais ce Turcoman avait autrefois demeuré à Charaks, et depuis, en devenant citadin, il avait perdu beaucoup du crédit dont on pouvait supposer qu'il jouissait parmi ses compatriotes ; et je ne lui confiai même cette circonstance qu'après notre arrivée à Meched. Je remarquai que mon récit causa une vive inquiétude aux marchands, et je me convainquis de nouveau que ces hommes s'intéressaient réellement à notre sûreté. Ils exhalèrent leur colère contre le délateur, et exprimèrent très-clairement les craintes que leur causaient le visir de Boukhara d'un côté, et le prince royal de Perse de l'autre. L'un d'eux me conseilla de montrer tout de suite le firman du roi de Boukharie ; cependant je différai d'avis avec lui sur ce point, et l'opinion de son compagnon s'accorda mieux avec mon sentiment. Abdoul se chargea de négocier *la pâture d'un chien de Turcoman* ; toutefois on s'imagine aisément que cette circonstance était peu récréative pour nous. Néanmoins il était indispensable de faire bonne contenance, afin de mieux combattre les difficultés, et s'il était possible de frustrer les espérances du scélérat qui nous avait trahis.

La première nouvelle que nous apprîmes le lendemain matin, fut celle de la perte d'un joli petit bidet noir, qui pendant la nuit nous avait été volé, quoique attaché à un piquet. Dans ce pays, on a l'habitude d'enchaîner la jambe du cheval à une cheville en fer, et de la fermer avec un cadenas; nous n'avions pas adopté cette précaution. Je regrettai plus cet accident qu'un malheur plus grand. Ce petit animal m'avait suivi depuis Pounah, ville du centre de l'Hindoustan, m'avait porté dans beaucoup de voyages pénibles, et je ne puis dire combien je fut vexé de le laisser dans un pays tel que celui-ci et dans de telles mains. Toute la caravane s'assembla pour m'exprimer des regrets de ce vol, et m'assura que je recouvrerais le cheval ou sa valeur; mais ils ne comprenaient pas que dans mon estime il était inappréciable. Je fus obligé de m'occuper d'autres sujets, et ce fut une source réelle de consolation d'apprendre que nous avions satisfait les demandes et apaisé les menaces de l'aksakal, moyennant un sacrifice très-modéré. Il devint possesseur de notre provision de thé, et nous y aurions volontiers ajouté le sucre s'il eût mérité d'être présenté : cette offrande de paix couronnée de deux tillas d'or, évalués chacun à peu près à six roupies et demie, contenta un chef qui nous tenait en son pouvoir. Il se nommait Dounmas, était l'aksakal de trois cents familles, et l'un de ceux qui participent au butin et aux rétributions de Charaks. Dans cette conjoncture difficile, nous eûmes de grandes obligations à Abdoul, qui par hasard connaissait le Turcoman, et dont nous avions gagné la bienveillance par des actes de civilité. Nous aurions bien pu ne pas échapper si promptement des griffes d'un autre ; au reste, une circonstance curieuse, c'est que le drôle qui avait souhaité de tirer profit de notre position, était l'ami du marchand avec lequel nous étions le plus intimes.

Complétement rassurés, nous nous livrâmes de meilleur cœur à nos recherches sur les Turcomans, et je recueillis sur eux quelques renseignemens très-caractéristiques. Ils ne contractent pas le lien conjugal avec des formalités aussi simples que celles des autres musulmans ; car la communication entre les deux sexes n'est pas restreinte : de sorte qu'il se forme un attachement qui devient de l'amour. Mais la fille d'un Turcoman a un prix élevé ; et l'amoureux, qui désespère de faire un achat légitime, saisit sa bien-aimée, la place en croupe sur son coursier, et gagne au galop le camp voisin où le couple est uni, et la séparation devient impossible. Les parens et toute la famille poursuivent les amoureux. Cependant l'affaire s'arrange par un mariage avec quelque parenté du ravisseur, et lui s'oblige à payer un certain nombre de chameaux et de chevaux pour prix de sa femme. S'il est riche, cet engagement s'acquitte sur le lieu ;

mais si, comme cela arrive plus fréquemment, il ne possède rien, il s'engage à se libérer de sa dette, qui est regardée comme une dette d'honneur ; et il va faire des incursions en Perse, jusqu'à ce qu'il ait gagné assez pour remplir ses obligations. Ses succès le transforment généralement en brigand pour le reste de ses jours : ainsi, la capture des Kizzilbach est maintenant devenue indispensable pour contribuer à l'établissement d'une famille turcomane. La jeune femme, après son excursion suivie de son mariage, revient à la maison paternelle, et passe une année à préparer les tapis et les habits qui sont nécessaires à une tente de Turcoman : à l'anniversaire de sa fuite, elle est finalement transportée dans la demeure et dans les bras de son adorateur courageux.

Un événement arrivé récemment à Charaks, et que beaucoup d'habitans nous racontèrent, fournit un nouvel exemple de l'amour de la liberté, et du désespoir que sa perte fait naître. Un jeune Persan, qui avait été pris par les Turcomans, traînait misérablement sa vie dans la servitude à Charaks. Déterminé à recouvrer sa liberté, il choisit, pour effectuer son dessein, un jour que son maître était absent pour un festin. Il sella le meilleur cheval de l'écurie ; et, à l'instant où il partait, il fut découvert par la fille de son maître ; elle essaya de donner l'alarme, il tira son sabre et la tua. Les cris de cette infortunée firent accourir la mère qu'il égorgea aussi. A ce moment même où il quittait Charaks, son maître arriva. La vitesse du cheval, qui avait si souvent été employé à enlever ses compatriotes, servit merveilleusement le fugitif; il fut poursuivi; mais on ne put l'atteindre. Ainsi, par un acte de hardiesse désespérée, il regagna sa liberté, laissant son maître qui avait à déplorer la perte de sa femme et de sa fille, son cheval et son esclave.

J'ai dit plus haut que notre camp à Charaks était près du tombeau d'un santon musulman. Il vivait il y a deux cent vingt-quatre ans et se nommait Abdoul Fazil Housn, comme on le voit par une inscription de son sépulcre; il est encore révéré par les Turcomans. Celui qui tombe malade invoque le santon; celui dont le cheval ou le chameau souffre d'une maladie, fait le tour du tombeau, espérant et persuadé qu'il obtiendra le secours qu'il désire. Les Turcomans n'ont pas de mosquées; ils récitent leurs prières dans leurs tentes ou en plein air dans le désert, sans faire d'ablutions et sans étaler un tapis. Ils n'ont qu'un petit nombre de mollahs, le clergé étant peu honoré chez eux, et ce sont des sectateurs peu zélés du prophète. Privés d'une éducation propre à calmer la fougue de leurs passions, les hommes ne sont pas susceptibles de compassion, et les femmes n'attachent aucun prix à la chasteté. Les hommes font tous les ouvrages du dehors, et les femmes travaillent dans l'intérieur. Les Turcomans sont un peuple alternativement livré à l'activité et plongé dans l'indolence. Hors de chez eux ils montrent une vivacité extrême, et dans leurs foyers ils rôdent comme des fainéans et des paresseux. Ils aiment beaucoup leurs chevaux et chantent volontiers des chansons en honneur de ces animaux. Le soir je prêtais l'oreille aux panégyriques des prouesses du cheval *tchaprasli* et du cheval *karoughli* : c'est un sujet d'éloges sans fin. Le mot de *karoughli* signifie un guerrier aussi bien qu'un cheval; mais il désigne une fameuse race qui, suivant ce qu'on dit, est aujourd'hui éteinte. Quoique le terme de *tchaprasli* veuille dire seulement agile, on l'applique à un cheval particulier et renommé pour sa vitesse. J'aurais bien voulu citer quelques-unes de ces chansons turcomanes, mais à Charaks nous n'avons pu recueillir que les couplets suivans :

Je garde un cheval arabe pour le jour de la bataille,
Je vis ce jour-là sous son ombre.
Dans le combat je tuai un héros. —
Gardez un cheval arabe, armez-vous d'un bouclier de fer.
     Karoughli!

Au jour de la bataille je bande mon arc de fer,
Droit sur mon cheval, nul ne peut me démonter.
Je suis un fils unique, je n'ai ni frère ni sœur. —
Gardez un cheval arabe, armez-vous d'un bouclier de fer.
     Karoughli!

Si je respire, la glace des montagnes se fond,
L'eau de mes yeux ferait tourner un moulin.
Ainsi parlait Jonas le Pari. —
Gardez un cheval arabe, armez-vous d'un bouclier de fer.
     Karoughli!

Après l'alarme que nous avions déjà éprouvée à Charaks, nous ne devions pas désirer d'avoir beaucoup de rapports avec les habitans; mais j'étais extrêmement curieux de les voir, et Ernazzar m'ayant dit que j'étais invité chez un ami, je l'y accompagnai sans balancer. Je fus agréablement surpris de voir ces nomades vivant, ici du moins, avec un certain luxe. Le khirgah, ou la tente, était haut et spacieux, son diamètre étant de vingt-cinq pieds. Les côtés étaient en treillis, et le toit était formé de lattes partant d'un châssis circulaire d'environ trois pieds de diamètre, à travers lequel passe la lumière. Le sol était couvert de feutres et de tapis des plus riches manufactures, et ressemblant à du velours. Des tapis à franges étaient également suspendus autour de la tente, ce qui la garnissait très-bien, et leur beauté était encore rehaussée par la circonstance qu'ils étaient l'ouvrage des femmes et des filles de notre hôte. D'un côté de la tente il y avait une petite garde-robe dans laquelle les femmes de la famille serraient leurs vêtemens, et au-dessus étaient les couvertures sus lesquelles elles dormaient; elles étaient en tissu de soie et de coton de couleurs variées. De l'ouverture circulaire du haut pendaient trois gros glands en soie, de couleurs différentes et délicatement travaillés par quelque main jeune et jolie. En un mot, l'appartement et son ameublement n'annonçaient nullement la demeure d'un peuple errant; cependant mon hôte m'expliqua comment toute la maison pouvait être transportée sur le dos d'un chameau, et l'ameublement sur un autre. A mon retour à la caravane, je manifestai ma surprise de l'aisance dont j'avais été témoin ; mais mes compagnons me dirent que je ne devais pas être étonné de ce luxe, puisque les Turcomans étaient des mangeurs d'hommes (*adam khor*), et que leur nourriture ne leur coûtait rien. Beaucoup de nations ont été appelées cannibales sur des fondemens tout aussi légers; et les marchands voulaient seulement dire que les Turcomans tiraient leur subsistance du produit de la vente des hommes.

Avant que je sortisse de la tente, notre hôte nous présenta, suivant leur usage, du pain et des melons; nous en mangeâmes en compagnie de quinze autres Turcomans qui étaient entrés. Ces gens coupent un melon avec beaucoup de dextérité et de propreté; ils séparent, par un seul mouvement de leur couteau, la pulpe de l'écorce, qui n'est pas plus épaisse que celle d'une orange, puis partagent le fruit en douze tranches. J'écoutai près d'une demi-heure leur conversation, qui roulait, autant que je pus le comprendre, sur les esclaves et les chevaux. Ils me prenaient pour un homme du Caboul, à cause de la toile que je portais en guise de turban, et je ne les détrompai pas. Ils se levèrent tous quand je m'en allai, et me dirent adieu avec tous les égards dûs à un bon musulman. Peut-être ne m'auraient-ils pas insulté s'ils avaient su la vérité; mais ils m'auraient accablé de questions sans fin; et il valait mieux observer leur usage sans encourir aucun inconvénient. Je ne fus jamais autant frappé de la physionomie de ce peuple. Le Turcoman a un crâne comme celui des

Chinois, le visage aplati, les pommettes des joues proéminentes, le visage allant en diminuant vers le menton, la barbe peu fournie; il n'est pas laid, son corps et sa taille sont mâles. Les femmes sont d'une blancheur remarquable, et souvent jolies.

J'aurais pu pousser plus avant la connaissance et dîner avec les Turcomans dans la soirée; mais je n'en fis rien : cependant je vais décrire leur repas, d'après ce que m'a raconté l'un d'eux. Quand ils veulent inviter un étranger à dîner, ils lui envoient dire qu'ils ont égorgé un mouton. Leur cuisine n'est pas très-propre. Leurs galettes ont à peu près deux pieds de diamètre et un pouce d'épaisseur; elles sont faites de la farine la plus grossière mêlée généralement avec des tranches de potiron. Celles-ci se mangent fraîches. Quand la société est réunie, la nappe est étendue, et chaque convive rompt la portion de galette placée devant lui. Ensuite la viande est apportée; elle consiste en un mouton entier cuit dans une énorme marmite russe. La chair est séparée des os, et déchirée en autant de petits morceaux que le pain avec lequel on la mêle : on hache une douzaine d'ognons, et on jette le tout dans la marmite où la viande a été bouillie et où le bouillon est resté. Le mets est servi dans des gamelles; on en place une de deux en deux convives. La manière de manger des Turcomans est aussi singulière que celle dont ils apprêtent leur repas; ils remplissent leur main ouverte, et commençant par le poignet, ils la lèchent comme des chiens, tenant leur tête penchée sur la gamelle qui reçoit tout ce qui tombe. Chacun à son tour y plonge la main, et avance sa tête au-dessus. Ensuite on sert les melons, et le repas se termine par une pipe de tabac. Les femmes ne mangent pas avec les hommes.

Le septième jour depuis notre arrivée à Charaks, quand chacun s'informait des brigands qui nous avaient précédés, nous les vîmes venir par détachemens de deux et de trois avec leurs chameaux boitans et harassés; le soir il y en avait près d'une centaine. Ils s'arrêtèrent auprès de la caravane, nous firent un récit animé de leur expédition, et se félicitèrent en termes pompeux de leur succès. Ils avaient effectué leur coup près de Meched, quatre jours avant, vers dix heures du matin, et passé avec leurs chevaux sous les murs même de la ville, en chassant devant eux hommes et animaux. Pas une âme n'avait paru pour arrêter leur marche; quand ils firent l'énumération de leur butin à quelques milles de Meched, ils trouvèrent qu'il consistait en 115 créatures humaines, 200 chameaux et autant de têtes de bétail. Ensuite ils étaient revenus sans hâter le pas; et maintenant ils faisaient halte à Charaks pour se rafraîchir. En chemin ils avaient déjà partagé leur prise. Un cinquième fut donné au khan de Khiva; la bande avait à se féliciter du nombre d'hommes valides et robustes, et de la petite quantité de barbes blanches qui se trouvaient parmi leurs captifs. En repassant les montagnes ils avaient rencontré les vedettes d'un petit détachement de cavalerie qui est posté là pour avertir les gens de Derbend, lieu situé entre Charaks et Meched. Dans le conflit, les Turcomans avaient eu un homme blessé, et pris un soldat persan, ainsi que quinze chevaux. Le malheureux Persan fut égorgé comme une offrande à Dieu, pour le remercier de l'heureuse issue de l'entreprise, parce qu'ils prétendent que le meurtre d'un Kizzilbach hérétique est agréable à la Divinité, de même ils tuent la plupart des hommes âgés qui tombent dans leurs mains, comme un sacrifice propitiatoire au Créateur. En effet, les Turcomans justifient la capture de ces être infortunés en alléguant que c'est pour les convertir à la véritable religion, et par conséquent pour faire leur salut. Malheureusement l'histoire du genre humain ne nous offre que trop d'exemples de ce zèle religieux mal appliqué. Les Espagnols poursuivirent leurs conquêtes dans le Nouveau-Monde, sous le prétexte spécieux d'y répandre le christianisme; ils ravagèrent les empires du Mexique et du Pérou, et en massacrèrent les habitans inoffensifs; et leurs prêtres avaient l'impiété de bénir ces outrages à l'humanité [1]. De même que les Turcomans ils se rendaient leur roi propice par le don du cinquième de leurs rapines. L'homme, n'importe qu'il soit gouverné par un roi ou par un khan, est le même dans tous les pays, quand nous jetons les yeux sur la frénésie et l'avarice, soit des Espagnols en Amérique, soit des

---

[1] ROBERTSON. Histoire de l'Amérique, liv. V et VI.

Turcomans nomades dans les déserts de la Scythie.

L'occasion que nous eûmes de voir ces brigands nous inspira une bonne opinion de leur courage, car plusieurs d'entre eux étaient assez mal armés. Tous portaient des sabres, la plupart des lances longues et légères, totalement différentes de celles des Ouzbeks, quelques-uns seulement avaient de petits mousquets. Leurs chevaux avaient l'air absolument rendus, et marchaient comme s'ils avaient couru sur du gravier; mais ils avaient été treize jours en mouvement, mangeant très-peu et travaillant beaucoup. Cependant, tout en admirant la bravoure de ces hommes, que penser des Persans qui sont campés à moins de deux journées de marche de Meched, sous les ordres de l'héritier présomptif du trône, et dont l'armée compte 20,000 soldats !

Le retour des Allamans nous aurait fait décamper sur-le-champ si des gens peureux n'avaient pas répandu le bruit que la moitié des voleurs attendait notre caravane sur la frontière de Perse. Notre départ fut donc différé encore une fois; ce qui me contraria singulièrement, car je n'étais pas à mon aise dans ce lieu. Pendant dix jours nous n'eûmes ni tente ni d'autre abri que les murs décrépis d'un vieux tombeau qui était infesté de reptiles. Quoique la terre eût toujours été notre lit, et que nous eussions cessé depuis long-temps d'éprouver les douleurs que l'homme civilisé ressent d'un bivouac occasionel, nous ne pouvions pas même étendre un tapis, de crainte de paraître trop riches aux Turcomans, qui constamment nous regardaient fixement, et nous adressaient fréquemment des questions. Notre pain était également plus dur que des galettes de farine d'avoine, et n'avait pas si bon goût. Il nous était très-difficile, le jour, de lire ou d'écrire pendant une heure, et le temps nous pesait singulièrement, notre patience était presque à bout. Durant notre séjour forcé, nous apprîmes qu'un des chameaux était devenu enragé, soit d'ennui, soit par toute autre cause plus puissante que j'ignore. Le pauvre animal écumait, gémissait, et refusait de manger; on nous soumit le cas; car il fut décidé que le chameau était possédé du diable; par conséquent il n'y avait pas de remède. A la fin ces gens eurent recours à l'expédient de l'effrayer en lui passant devant les yeux et le corps une torche allumée, et en brûlant des roseaux et des genets sous ses naseaux. Ils lui appliquèrent aussi un fer rouge sur la tête : l'animal se trouva très-bien de ce traitement très-rude de brûler le diable qui s'était logé dans une si vilaine créature.

Enfin, le 11 septembre, après avoir été retenus dix jours à Charaks, nous en sortîmes avec joie, au lever du soleil. Les Turcomans furent, jusqu'au dernier moment, fidèles à leur caractère. Ils nous avaient donné la permission de décamper; ils étaient convenus de nous taxer à la première halte; déjà nous étions en marche, lorsqu'ils envoyèrent l'ordre d'arrêter la caravane. Ils demandèrent un tilla et demi par cheval, ce qui est le droit de transit ordi-

naire pour une escorte jusqu'à la frontière de Perse.
La troupe ne nous accompagna que pendant un petit nombre de milles; puis, ennuyée, elle s'en retourna; nous ne fûmes pas du tout fâchés d'en être si bien débarrassés. Notre caravane s'était accrue de la jonction de deux autres qui étaient arrivées pendant notre séjour, de sorte que nous formions un corps considérable. Mais je crains qu'il n'y eût plus de gens timides que de braves dans le nombre; on y voyait des hommes, des femmes, des enfans, des marchands, des pèlerins et des esclaves émancipés; des Ouzbeks, des Arabes, des Persans, des Afghans, des Hindous, des Juifs, des Beloutchis, des Cachemiriens, des Turcs et des Turcomans; un Nogai, un Kirghiz nomade de Pamer, et enfin nous, Européens. De plus il s'y trouvait une jeune fille persane, âgée d'environ quinze ans, que nous avions recueillie à Charaks, et qui, disait-on, était d'une beauté incomparable. Elle avait été enlevée par les Turcomans; ses attraits vainquirent leur avarice, et l'homme qui l'avait prise voulut d'abord la garder; toutefois l'arrivée de notre caravane et de tant de marchands tenta sa cupidité; il offrit de vendre cette part du butin. Un commerçant de Teheran l'acheta au prix de soixante-dix-sept tillas d'or, et la pauvre fille, qui peu d'heures avant pouvait aller et venir, voir un chacun et en être vue, fut alors littéralement empaquetée dans un panier. Elle cessait d'être esclave, elle était devenue épouse; car peu importe qu'elle eût pu auparavant avoir un autre

mari; certainement quiconque sort des mains des Turcomans est régénéré. La belle dont je parle ne voulut pas manquer le premier marchand qui lui rendit visite; et déclara, pour qu'on se décidât plus volontiers à l'acheter, qu'elle embrasserait telle croyance qui serait agréable à son acheteur. Cette jeune Persane n'est pas la première de son sexe qui ait changé de doctrine en même temps que de nom.

L'après-midi, nous fîmes halte à une citerne éloignée de 18 milles de Charaks, dont le fort était encore visible, car le pays où nous avions cheminé est uni et entrecoupé de monticules graveleux. Au troisième mille, nous traversâmes le lit pierreux et maintenant à sec de la petite rivière de Tendjend, qui prend sa source dans les montagnes voisines, et se perd dans les sables. Ce n'est ni la rivière de Hèrat, ni l'Oxus, parce qu'il n'existe pas là un coin d'eau considérable comme celui que l'on voit sur nos cartes. Les flaques d'eau qui restaient étaient salées, de même qu'une grande partie du terrain. On aperçoit des restes de civilisation, mais pas d'habitans ni de champs en culture. Vers huit heures du soir, nous nous remîmes en route, la lune était dans son plein; et après avoir parcouru sept à huit milles, nous entrâmes dans des défilés entre des montagnes, et nous nous trouvâmes, un peu après le lever du soleil, à Mouzdèran ou Derbend, poste avancé des Persans, à 45 milles de Charaks. Pendant la dernière partie de notre marche, nous suivîmes un défilé profond où l'on court de grands risques de la part des Allamans aussi la peur nous fit doubler le pas : tous son instrumens de guerre étaient prêts, toutes les mèches allumées, et au bruit le plus léger les cavaliers faisaient halte, car à chaque minute nous nous attendions à rencontrer les Turcomans. Après une nuit d'inquiétudes continuelles, avec quel plaisir nous aperçûmes les tours de Derbend, dont onze couronnent la crête des monts et commandent le passage ! Il y avait quelques soldats des troupes irrégulières du grand roi ; c'étaient les premiers de ses sujets qui se fussent offerts à nos yeux sur son territoire. L'attaque des Turcomans les avait découragés, c'était la troupe qui avait perdu ses chevaux et quelques-uns de ses hommes.

Après avoir franchi le défilé de Derbend, notre caravane s'arrêta dans les champs au delà du fort de Mouzdéran, qui est sur un éperon isolé du plateau en descendant le col. Ce lieu fut jadis peuplé ; mais il y a quelques années, le khan de Khiva enleva en masse ses infortunés habitans et rasa leurs ouvrages de défense. Ce poste réparé pourrait protéger le chemin de la Perse ; toutefois un Persan ne peut hasarder sa vie à moins de recevoir l'aide de son roi. Une belle source d'eau tiède jaillit au-dessous de Mouzdéran. Son eau et celle de quelques autres fontaines se creusent un canal dans la vallée, où l'on voit encore les jardins et les arbres fruitiers des malheureux habitans qui ne s'y trouvent plus. Cet endroit nous parut délicieux après un séjour si long au milieu des campagnes désolées. On nous montra dans le défilé une caverne de laquelle on racontait beaucoup d'histoires fabuleuses; on prétendait qu'elle n'avait pas de fin. Elle fut en dernier lieu le théâtre d'un massacre et d'une calamité horribles. Les habitans de Mouzdéran, pressés par le khan de Khiva, s'y retirèrent, et quand ils en sortirent comme des abeilles qui s'échappent de leur ruche, ils furent égorgés ou envoyés en exil perpétuel au delà du désert.

Notre arrivée sur le territoire persan causa la plus vive satisfaction à beaucoup de personnes de la caravane, lesquelles, bien que natives de la Boukharie, étaient chiites. Je croyais qu'après être sortis de la cité sainte de Boukhara, nous serions pour toujours quittes de ces sortes de lieux sacrés; mais la capitale vers laquelle nous nous avancions, Meched i Moukhaddas (*Meched la sanctifiée*), nous parut, d'après tout ce que l'on en disait, l'emporter en sainteté sur Boukhara même. Nous apprîmes que, lorsque nous apercevrions ses dômes dorés, chacun se jetterait à genoux pour prier. Ici les Persans commencèrent à parler hardiment de leur croyance qu'ils avaient dissimulée si long-temps. Nous pûmes juger de l'esprit du lieu par l'anecdote suivante que raconta un homme de la caravane, lequel n'était nullement illettré : Un marchand récemment venu à Meched avait trop chargé un de ses chameaux; le pauvre animal, en arrivant à la ville, s'enfuit aussitôt au sépulcre du saint imam Réza, et là exhala ses plaintes. Sans doute il inspira un respect véritable aux prê-

tres du tombeau, car ils l'ajoutèrent à leur troupeau, l'ornèrent de housses et de clochettes, et lui accordèrent la prééminence sur tous les autres. Le marchand confessa sa cruauté, implora son pardon, et l'obtint en abandonnant son chameau. Un Européen doit toujours écouter et admirer ces sortes de contes, car bien que nous ayons affirmé sur la foi du Coran que la religion de Mahomet n'est pas appuyée sur des miracles, ses sectateurs n'admettent pas cette doctrine, et rapportent les cent mille déviations des lois de la nature, arrivées en faveur de la croyance musulmane. Ayant parlé chez les Ouzbeks du Coran et de son contenu, que j'avouai n'avoir lu que dans une traduction : « Homme simple que tu es, me répliqua-
» t-on, comment est-il possible de transporter ce
» saint livre dans une autre langue, puisque chaque
» lettre de chaque mot qui s'y trouve a un sens dis-
» tinct et particulier qui ne peut être compris que
» dans l'original?... » Depuis, je ne m'avisai plus de faire parade de mes connaissances relativement à la Bible ; puisque, si d'un côté on rabaissait ma science concernant le Coran, d'un autre j'entendais dire, pour la première fois, que l'ancien et le nouveau Testament ne se trouvaient nulle part que dans le Coran, avec lequel ils avaient été incorporés ; ainsi les livres que les juifs et les chrétiens donnaient pour tels n'étaient que des falsifications remplies d'erreurs ! Les supercheries des prêtres musulmans rappellent des fraudes semblables des moines des siècles de barbarie. Cependant en Europe les ecclésiasti-

ques comprenaient réellement la langue des saintes Écritures; tandis que chez les musulmans, plusieurs mollahs ne savent que lire, et n'entendent rien à la version qu'ils ont sous leurs yeux. Il y a par conséquent beaucoup d'hommes lettrés; mais ils composent des classes distinctes, dont l'une a l'intelligence et l'autre ne l'a pas; ils n'hésitent pas non plus à parler de leur savoir ou de leur ignorance, parce que la lecture du Coran est une occupation sublime qui couvre les plus énormes péchés.

Nous ne pouvions pas encore nous considérer comme parfaitement en sûreté sous la protection de Meched la sainte, qui est à 38 milles de Mouzédran; nous ne nous mîmes donc en route qu'à la nuit tombante. Au moment du départ, je tuai une tarentule, espèce de grosse araignée qui se promenait sur mon tapis; ses pates ressemblaient à celles d'un scorpion, et son corps à celui d'une araignée. On me certifia sa nature venimeuse; nos compagnons assuraient qu'elle lançait son venin au lieu de piquer.

Nous ne tardâmes pas à remonter la vallée tortueuse du Tedjend, qui était maintenant un joli ruisseau. Nous avions commencé notre journée avec un sentiment de terreur; bientôt survint une aventure qui augmenta la célérité de notre marche. Vers minuit le braire d'un âne annonça aux esprits timides que nous étions dans le voisinage de créatures humaines, tandis qu'il ne devait pas s'en trouver là. Le cri de : « Allaman ! Allaman ! » se répandit avec la vitesse de l'éclair, et la caravane prit dans un instant l'aspect d'un régiment en colonne ouverte, qui se ferme en double marche pour former un carré. Les chameaux de l'avant-garde s'accroupirent aussitôt, et les autres se rangèrent par derrière. De toutes parts les mèches furent allumées, les sabres dégainés, les pistolets chargés, et les infortunés marchands, à demi frénétiques de colère et de peur, caracolèrent devant leurs ballots de marchandises. La portion de la caravane qui n'était pas armée prit poste parmi les chameaux, qui au nombre de cent vingt présentaient un carré passable. L'inquiétude était excessive et générale; les esclaves éprouvaient une terreur plus grande que les autres, parce qu'ils savaient par une triste expérience le sort d'un captif chez les Turcomans. Après un quart d'heure de halte, quelqu'un de la caravane découvrit que les prétendus Allamans, qui nous causaient une si grande frayeur, n'étaient qu'une bande de vingt pauvres Eimâks nomades, qui venaient de cueillir sur les montagnes du bourghoum, substance tinctoriale. Ces gens étaient bien plus épouvantés que nous, car leur petit nombre eût rendu leur sort inévitable si nous eussions été des Turcomans. Aussitôt que la méprise eut été reconnue, un cri de joie fit relever les chameaux, et la caravane reprit sa marche avec une vitesse double de celle qu'elle a ordinairement; sept à huit chameaux s'avançaient de front, et elle ne s'arrêta pas au lieu de halte prescrit, elle poussa jusqu'à une dizaine de milles plus loin, quand le jour commençait à baisser. Dès que nous eûmes pris un mince repas, nous nous mîmes de nouveau en mouvement, et un peu après midi nous atteignîmes Ghouzkan, premier village habité en Perse et éloigné de 14 milles de Meched.

Nous restâmes quelques heures à Ghouzkan; ce qui nous fournit l'occasion d'observer la joie extrême des pauvres esclaves émancipés, qui enfin avaient atteint sains et saufs leur contrée natale. Beaucoup de marchands leur donnèrent des habits et de l'argent pour les aider à arriver dans leurs foyers, et nous nous joignîmes avec plaisir aux sentimens charitables de la caravane. Quelques ducats achetèrent une grande dose de bonheur. Ghouzkan est habité par un millier de Teimouris, qui sont une tribu des Eimâks. Ce sont de pauvres misérables qui couvrent leurs jambes de bandes de toile au lieu de bas, et se coiffent de bonnets de peau de mouton brune. Toute la population sortit pour nous voir passer, et plusieurs de ces Persans nous demandèrent d'un ton de tristesse si nous ne leur apportions pas des lettres de leurs parens et de leurs amis esclaves en Turkestan. Rarement les Turcomans épargnent Ghouzkan dans leurs incursions; dans la dernière, ils y avaient enlevé six enfans et avaient tué quatre hommes. On s'étonne que des créatures humaines se décident à vivre dans un lieu pareil. Le cercle des villages autour de Meched se resserre davantage tous les ans; le premier où nous entrâmes avait une tour sur chacun de ses champs; elle avait été élevée par le cultivateur comme une retraite où il pourrait fuir à l'approche d'un Turcoman. Quel état social que celui qui exige l'emploi de la charrue et du sabre à la fois dans le même champ!

On chargea les chameaux vers le commencement de la nuit, et long-temps avant le lever du soleil nous étions aux portes de Meched, à notre grande joie, et surtout à celle des pauvres esclaves persans, dont le cœur avait palpité à chaque pas qu'ils avaient fait pour revenir dans leur patrie.

CHAPITRE XIV.

LE KHORAÇAN.

Arrivée à Meched. — Entrevue avec Khousrou Mirza. — Sépulcre de l'imam Réza. — Tombeau de Nadir Chah. — Illumination. — Départ de Meched. — Koutchan. — Camp du prince. — Officiers européens. — Abbas Mirza. — Plans pour l'avenir. — L'auteur se sépare de M. Gérard.

Le 14 septembre, au point du jour, nous trouvâmes notre caravane qui attendait avec une impatience inquiète sous les murs de Meched. Au lever du soleil, les clefs des portes furent apportées; dès qu'elles nous eurent été ouvertes, une nouvelle scène se montra tout à coup à nos yeux avec une rapidité dont on ne voit d'exemple que dans les représentations théâtrales. Nous avions quitté le désert et les Turcomans nomades qui le parcourent; nous nous avancions en cortége régulier dans une ville très-peuplée, et dont les habitans nous regardaient avec l'attention de la curiosité. Nous n'avions plus devant les yeux les larges visages et les plus larges turbans des Turcs et des Ouzbeks; nous contemplions le Kizzilbach; fluet et au visage long, coiffé d'un bonnet de peau de mouton, sous lequel des boucles de cheveux passent par derrière ; ces gens nous considéraient bouche béante et les mains dans les poches. La rue dans laquelle nous étions entrés était spacieuse et belle; un aquéduc, dont des arbres ombrageaient les bords, la traversait; la magnifique coupole et les minarets dorés du sépulcre de l'imam Réza terminaient la perspective. Une troupe de cent vingt chameaux se dirigea le long de cette avenue, et entra dans le vaste caravanseraï des Ouzbeks. Nous les suivîmes, et nous étant assis sur le balcon, nous pûmes examiner la scène animée qui s'offrait à nous dans la cour au-dessous; mais le débordement avait inondé cet immense édifice, et force nous fut de chercher un logement dans une maison plus modeste ; nous le trouvâmes à peu de distance.

Abbas Mirza, prince royal de Perse, était alors dans les environs de Meched; et quoique cette contrée n'eût été visitée que par un petit nombre d'Européens, nous savions que des officiers anglais étaient attachés au service de son altesse royale. C'est pourquoi je me hâtai d'expédier un exprès au camp qui était éloigné de 100 milles; cependant nous fûmes agréablement surpris de recevoir un message de madame Shee, épouse du capitaine Shee ; elle était en ce moment à Meched : nous eûmes encore plus de plaisir de le tenir de la main d'un homme qui parlait notre langue et qui était sergent dans l'armée du prince. Depuis notre sortie de l'Inde, nous n'avions pas séjourné dans un endroit où nous fussions autant à notre aise qu'à Meched; on nous y combla de marques de politesse et d'attention. Nous abandonnâmes avec joie la coutume barbare de manger avec nos doigts; et quoique notre belle hôtesse fût une Géorgienne qui ne savait que le persan, nous nous imaginâmes encore une fois que nous étions dans la société de notre pays.

Je ne tardai pas à aller me promener par la ville, et je dirigeai d'abord mes pas vers l'ark ou la citadelle; j'y rencontrai avec surprise Khousrou Mirza, fils du prince royal; ce jeune homme avait été envoyé par son grand-père à St.-Pétersbourg, à l'occasion du massacre de l'ambassadeur russe en Perse. Il est gouverneur de Meched pendant que son père tient la campagne. Il me parut qu'il avait profité de son séjour en Europe; il conversa pendant près d'une heure avec moi, me fit beaucoup de questions sur nos voyages, puis plaisanta sur ma barbe et nos costumes, en m'assurant que ce serait une grande curiosité dans ma patrie. Il s'informa si j'étais catholique ou protestant, et témoigna de nouveau son étonnement de ce que nous étions arrivés sains et saufs en Perse; il m'invita à revenir le voir le lendemain; je n'eus garde d'y manquer, d'après l'impression favorable qu'avait produite sur moi cette première entrevue avec un membre de la famille royale.

Le lendemain, quand j'arrivai chez ce prince, à la citadelle, il était occupé d'expédier des affaires; le cérémonial observé pour approcher de ce rejeton de la royauté, est aussi rempli de formalités que s'il était le souverain du pays. Il aime beaucoup à parler; il me donna de grands détails sur son voyage de Russie, et s'exprima en termes remplis d'éloges sur l'éducation et les manières polies des dames de cet empire. Une personne de sa suite qui me parut jouir de quelque privilége, s'écria que son altesse ne pourrait jamais être excusée d'être revenue en Perse sans un de ces anges. Le prince répliqua que c'était impossible et s'en rapporta à moi; et je fus en conscience obligé de lui dire qu'un personnage de son rang aurait pu épouser la femme la plus illustre.

Khousrou Mirza me sembla âgé d'environ vingt-trois ans. Il a acquis naturellement de grands avantages sur les autres Persans; et je ne pus qu'être frappé et charmé de sa capacité et de ses remarques. Il me demanda si l'ancien art de la peinture sur verre avait été retrouvé, si nos progrès dans la sculpture pouvaient nous faire regarder comme parvenus à rivaliser les Grecs, enfin si la licorne avait été revue dans quelque coin du monde. Il me questionna ensuite pour savoir s'il était plus difficile d'introduire la discipline parmi des troupes irrégulières, qu'un nouveau système de lois et de gouvernement dans un pays. « Chez les Européens, disait-il, tout
» est fondé sur l'histoire et sur l'expérience; mais en
» Perse on est privé de ces guides. La Perse, qui
» avait une suprématie avant le siècle de Mahomet,
» est maintenant plongé dans un état de torpeur et
» de bigoterie; elle n'a d'autre littérature que le
» Coran. En Europe, les uns étudient la Bible, d'au-
» tres se consacrent aux sciences. Quant à la religion,

» j'ai remarqué qu'en Russie les personnages d'un rang
» élevé que j'ai fréquentés en avaient très-peu. » Je
dois avouer que j'éprouvais un vif plaisir à entendre
parler ce jeune homme d'une manière si sensée,
puisque quelqu'un qui reconnaît son ignorance a
fait le premier pas vers une amélioration.

Je n'ai pas besoin de faire une description détaillée
de Meched, puisqu'on en trouve une très-bonne et
très-exacte dans le livre admirable de M. Fraser, sur
le Khorasan [1]. La sainte cité de Meched est bâtie
autour du tombeau de l'imam Réza, cinquième descendant d'Ali; trois rues partant de ce sépulcre se
prolongent dans des directions différentes; deux sont
larges et spacieuses, ombragées de beaux arbres, et
animées par des eaux courantes. Une chaîne tendue
en travers des rues, à 300 pieds du tombeau, renferme le bazar et les richesses de Meched, et écarte
le bétail et les animaux de ce lieu sanctifié. C'est là
que la population s'est agglomérée, car les autres
quartiers de cette ville sont en ruine; quoique son
enceinte soit de 7 milles, je ne puis estimer à plus
de 40,000 le nombre de ses habitans. La plus grande
partie du terrain entouré est consacrée à un cimetière, parce qu'on est persuadé que les morts peuvent reposer en paix près d'un imam. Il s'y trouve
aussi des jardins ombragés pour récréer les vivans.
On dirait que les habitans de Meched ont du plaisir

---

[1] *Narrative of a journey into Khorasan in* 1821-22, by
J. B. Fraser. London, 1825, 1 vol. in-4°.

à creuser la terre ; il faut descendre pour entrer dans toutes les maisons ; on assure que celle que l'on a retirée par ces fouilles a été employée à construire et à réparer l'habitation. La ville est bien approvisionnée d'eau par des aquéducs et de vastes citernes. Les naturels du Turkestan racontent que l'Imam Réza alla demeurer à Meched, à cause de la perversité des hommes qui y vivaient, et afin de les convertir. Les Ouzbeks ont une chanson suivant laquelle : « Si Me» ched n'avait pas son dôme azuré, ce serait l'égout » commun du monde. » En revanche, les Persans, dans un langage poétique, décrivent cette ville comme « le lieu le plus éclairé sur la surface du globe, » car les rayons du créateur du monde y resplendis» sent. » Qui jugera entre les deux parties? A Boukhara un chiite se donne pour un sunnite; à Meched, un sunnite désire de passer pour un chiite.

Je me hâtai d'aller visiter le tombeau de l'imam ; car durant mes promenades de Meched je n'éprouvai aucun des inconvéniens que paraissent avoir suscités constamment à M. Fraser la défiance ou la bigoterie. C'est au milieu de la ville que repose la dépouille mortelle de Réza, sous un dôme doré, dont la magnificence est égalée par deux minarets revêtus d'une dorure en or bruni, qui, aux rayons du soleil, répandent une lumière éclatante. Une mosquée spacieuse, d'un bleu azuré, élève sa coupole plus haute et ses deux minarets, tout près du tombeau; elle fut bâtie par Gohar Chah, descendant du fameux Timour. Le pèlerin qui visite ce sépulcre doit d'abord parcourir le bazar et traverser la chaîne tendue; puis il entre dans le sanctuaire qui ne peut être violé, même pour saisir le plus grand criminel; il passe ensuite sous un haut portail cintré, et se trouve dans un vaste bâtiment quadrangulaire, ouvrage du grand Abbas, et lieu de repos pour les vivans et pour les morts. Il est entouré de petites chambres, comme un caravansseraï; c'est une *médressé*, un collége; le pavé en est formé de pierres sépulcrales, couvrant les restes des hommes auxquels leur dévotion ou leurs souhaits ont fait demander à être enterrés dans ce lieu. Les arceaux et les parois de cet édifice sont ornées de tuiles vernissées; elles ressemblent assez à des émaux, et ont un aspect de richesse et de propreté qui fait plaisir. Sur le côté occidental se trouve l'entrée du tombeau qui conduit sous une haute arcade gothique, magnifiquement dorée; elle est de plus décorée de miroirs incrustés dans le mur, et illuminée après le coucher du soleil par des lustres suspendus à la voûte. Il n'est pas permis à un infidèle de franchir ce seuil, à moins d'être déguisé; et ma prudence l'emporta sur ma curiosité; j'aurais pu échapper dans la foule; cependant j'aurais pu également être découvert; quoique j'aie appris que la beauté de ce lieu mérite qu'on courre des risques. La splendeur de ce qu'il aperçoit accroît la dévotion du pèlerin qui entre par une porte d'argent; on dit que le tombeau est préservé du contact des profanes par un grillage en fer et en cuivre, auquel sont attachées des plaques en argent et en bois où sont gravées des prières et des formules de bénédiction.

D'innombrables lampes d'or pendent au-dessus de la tombe de l'imam; elles sont allumées aux jours de fêtes des saints pour honorer ces solennités, et en même temps fournir aux prêtres l'occasion de déployer avec avantage les richesses et les joyaux que les hommes pieux ont offerts à ce sépulcre. Du côté opposé à la porte est la belle mosquée de Gohar Chah; j'y entrai sans hésiter. C'est un superbe morceau d'architecture, et l'arcade, dans laquelle le *mihrab* ou la niche tournée vers la Mecque est placée, est magnifiquement ornée et du travail le plus délicat. La beauté de cet édifice est rehaussée par deux minarets bleus qui s'élèvent majestueusement de chaque côté.

Meched n'a pas d'autre édifice remarquable que le sépulcre de l'imam Réza. On y voit quelques colléges et un vaste caravanseraï non achevé; il y en a vingt-un autres dans les différens quartiers de la ville; mais elle est le lieu de la naissance et celui de la sépulture du grand Nadir Chah. Ce tombeau, aujourd'hui profané et seulement reconnaissable aux ruines du monument qui autre fois le préservait de l'intempérie de l'air, est un des objets qui offre le plus d'intérêt au voyageur. Quel champ pour les méditations que ce lieu abandonné! Les fontaines et les fleurs qui l'entourèrent sont disparues; le pêcher, qui fleurissait au retour du printemps, est tombé sous la hache; les saules pleureurs et les cyprès ont été brisés. Un laborieux cultivateur a semé des navets sur l'emplacement que ces arbres occupaient. Ombre de Nadir, quel changement s'est opéré dans ces lieux! On a refusé après sa mort, à l'homme dont le bras puissant ébranla les royaumes de l'Orient, le petit coin d'un jardin que lui avait consacré l'affection de ses enfans. Voilà la récompense de celui qui délivra sa patrie d'un usurpateur étranger, et qui s'étudia à faire le bien de ses compatriotes; mais le bien-être d'un état ne comprend pas nécessairement celui de tous les membres de ce grand corps. Nadir frappa des coups du despotisme la famille qui a succédé à son empire; il maltraita le personnage heureux qui s'empara plus tard de son royaume, et chassa ses fils. Aga Mohammed Khan Khodja avait, dans sa jeunesse, été mutilé par l'ordre de Nadir Chah; néanmoins il avait conservé les sentimens d'un homme, et, pour se venger de l'affront qu'il avait reçu, il ordonna de déterrer le corps de celui qui le lui avait fait infliger. La tradition ajoute qu'il envoya les ossemens de Nadir à Téhéran, et commanda qu'on les déposât sous l'escalier qui mène à la salle d'audience, afin que les courtisans et tout le monde pussent les fouler aux pieds. Il n'est pas difficile de concevoir le chagrin d'un monarque qui n'était plus un homme, et si son ressentiment excite notre blâme, il n'en a pas moins des droits à notre sympathie. Mohammed Khan, eunuque, débarassa son pays de ces fléaux d'un palais. Quelques descendans de Nadir sont encore vivans à Meched, mais aveugles et pauvres. La personne qui me racontait ces détails ajouta qu'ils s'adressaient souvent à lui pour avoir du pain.

Nous reçûmes bientôt une réponse à notre lettre

adressée au camp du prince royal ; et nous fûmes invités à aller rendre nos respects à Abbas Mirza ; il venait de s'emparer de Koutchan, qui passe pour une des places les plus fortes de la Perse. Cette nouvelle causa dans Meched une joie extrême, qui se manifesta par toutes les démonstrations possibles. La ville fut illuminée pendant trois nuits successives ; car depuis le temps de Nadir aucun monarque n'avait subjugué les chefs du Khoraçan. Nous dînâmes à la persane avec Abdoul, notre ancien compagnon de voyage, et commerçant à Meched, ensuite nous sortîmes pour aller voir les illuminations. Parmi les inventions suggérées par la circonstance, celle que j'admirai le plus fut celle d'un boucher ; il avait placé sur une dizaine de moutons des lumières derrière la graisse, qu'il avait découpée en filets minces. Je le louai beaucoup de son idée heureuse, s'il pouvait empêcher la chair de ces animaux de rôtir. Dans une rue j'aperçus une figure pendue en l'air ; je supposai naturellement que c'était celle du chef Kurde, pris à Koutchan ; mais c'était le maudit Omar. Quel scandale pour les sunnites de contempler un de leurs saints califes, attaché ainsi ignominieusement entre le ciel et la terre ; mais il n'y avait là aucun de de mes amis de Boukhara pour me communiquer leurs commentaires sur cette indignité. Indépendamment de cette effigie au gibet, nous aperçûmes un homme suspendu réellement à une solive qui traversait la rue, il était entouré d'une lumière éclatante. Je ne pus découvrir comment la chose était arrangée; car le personnage avait une corde autour du cou, faisait mouvoir ses pieds, et se démenait comme un vrai pendu. Pendant que la foule regardait ce spectacle curieux, un plaisant attacha une douzaine de chandelles à la tête d'un bélier, qu'il lâcha au milieu de la rue; et l'animal s'ouvrit de force, tant par ses coups de tête que par les lumières qui la surmontaient, un passage à travers la multitude. En somme, le spectacle de cette illumination ressemblait plus à celles d'Angleterre que je ne m'y serais attendu au cœur de l'Asie.

Nous fîmes les préparatifs de notre voyage au camp, et nous dîmes adieu à tous nos amis et à nos connaissances de Boukhara. Nous allâmes les voir presque tous au caravanseraï, où avant de nous séparer nous bûmes avec eux une tasse de thé. Plusieurs de ceux qui avaient été délivrés d'esclavage vinrent nous rendre visite, et nous eûmes le plaisir de les saluer comme hommes libres. Je me séparai à regret d'Ernazzar, et je lui remis une lettre pour le visir du roi de Boukharie; comme elle contenait des nouvelles du Khoraçan, il parut fier d'en être le porteur, et marqua un vif désir de partir bientôt. Maintenant que nous n'appréhendions plus autant de passer pour riches, nous habillâmes Ernazzar de neuf, et nous le récompensâmes généreusement de ses services. Au moment où il nous quitta, je plaçai un pistolet à sa ceinture, et quoique cette arme fût de fabrique très-grossière, elle sembla un don magnifique à un Turcoman. J'avais aussi à écrire plusieurs lettres à nos amis du Turkestan, auxquels je m'étais engagé de donner de mes nouvelles. Ce fut avec un sincère plaisir que je m'acquittai de ma promesse; car à une si grande distance d'eux, et à une plus grande encore de nos amis de ce côté de l'Indus, je me rappelais les marques infinies de bonté et de bienveillance qui avaient contribué à notre contentement et à notre bonheur pendant que nous vivions au milieu d'eux, et que je ne pouvais oublier. Nos pensées furent peut-être plus agréables à Meched qu'elles ne l'avaient été durant tout le cours de notre voyage, puisque nous avions l'espoir de revoir bientôt nos compatriotes, et le reste de notre entreprise était, parlant par comparaison, très-facile. Nous avions maintenant la possibilité d'être convenablement et proprement vêtus, sans être obligés de payer chèrement cette portion de bien-être.

Après une semaine de séjour à Meched, nous partîmes de cette ville le 23 septembre, et nous remontâmes la rivière de son nom, jusqu'à Emirabad, qui en est éloigné de 40 milles. La nuit nous ayant surpris avant de pouvoir arriver à la station, nous étendîmes nos couvertures de feutre dans un champ où nous bivouaquâmes. Des lumières nous firent reconnaître que d'autres voyageurs se trouvaient près de nous; nous leur achetâmes du froment que nos chevaux mangèrent. A une douzaine de milles de Meched, nous passâmes devant les ruines de Tousé, qui fut jadis la capitale du Khoraçan; les habitans sont allés s'établir à Meched. La vallée baignée par la rivière que nous remontions est fertile; nous étions ravis de voir de vastes champs arrosés par des rigoles dans une contrée aride. Emirabad, que nous n'aperçûmes pas, est une place forte. Abbas Mirza s'en était emparé un mois avant notre arrivée, après un siége de cinq semaines. Elle est dans le territoire de Tchinaran.

Nous continuâmes à remonter la vallée dans une étendue de 60 milles, et le troisième jour depuis notre départ de Meched nous atteignîmes Koutchan. On dit que ce canton est le plus froid du Khoraçan; ce qui n'est pas difficile à croire, puisqu'au mois de septembre, au lever du soleil, le thermomètre descendit à 29° (—1°33). Comme l'eau entrait en ébullition à 206° (85°—), nous étions à 4,000 pieds au-dessus du niveau de la mer. La largeur de la vallée variait de 12 à 20 milles; au bas des montagnes il y avait des espaces verdoyans où croissent de très-beaux fruits; du reste le pays est nu et aride; les hauteurs sont dénuées d'arbres et même de broussailles. Elles s'élèvent à 2,000 ou 3,000 pieds au-dessus de la vallée. Nous passâmes par beaucoup de villages qui étaient abandonnés à cause de la guerre contre les Kurdes. Les chemins étaient durs et excellens. Nous rencontrâmes un grand nombre de soldats retournant dans leurs foyers, parce que la campagne était terminée; ils nous firent concevoir une opinion favorable des troupes du Khoraçan, car ils étaient armés de vrais fusils, et en bon état, ce que je n'avais pas vu depuis Caboul. Les hommes étaient de petite taille; mais je n'avais sous les yeux que les *Ildjéris* ou les miliciens du pays.

Nous arrivâmes au camp d'Abbas Mirza, un peu avant midi; nous nous y trouvâmes de nouveau avec des Européens. Notre déguisement était si complet que nous fûmes obligés de nous faire connaître, quoique nous fussions attendus. Nous déjeunâmes avec le capitaine Shee, M. Barowski et M. Bee, qui composent présentement le corps d'officiers au service du prince. Quelle douce satisfaction d'entendre la langue de notre patrie, et d'apprendre les événemens qui s'étaient passés durant notre absence prolongée! Nous arrivions dans un moment intéressant, la place n'ayant été prise que depuis peu de jours; nous marchâmes au milieu des fascines, des gabions, des sapes, des mines, des ouvrages avancés, des batteries, des chemins couverts, et des autres travaux d'une armée de siége. Rien de plus triste que l'aspect des remparts de la ville. Le parapet avait été presque détruit, plusieurs tours avaient sauté en l'air, toutes étaient battues en ruines; les soldats, délivrés des dangers de la campagne, remplissaient nonchalamment et avec insouciance le fossé, qui était une barrière d'un genre très-formidable, ayant 35 pieds de profondeur et 20 de largeur, mais il se rétrécissait dans le fond. L'armée du prince avait effectué un logement en travers de ce fossé; quelques heures de plus auraient décidé le sort de cette forteresse, quand son commandant se rendit à discrétion. Koutchan a 1 mille et demi de circuit; cette place était défendue par une garnison de 8,000 soldats. L'assaut aurait été très-sanglant; la chute de Koutchan doit être attribuée entièrement aux officiers européens, dont la science et l'habileté ont été aidées par le travail et les efforts des Persans.

Dans la soirée, le capitaine Shee nous présenta au prince royal. Abbas Mirza allait faire l'inspection de son parc d'artillerie; nous le rencontrâmes en chemin. Il nous reçut de la manière la plus gracieuse et la plus affable, nous félicita sur l'heureux succès de notre voyage à travers des pays qu'il n'aurait pas crus accessibles à des Européens. Il nous assura ensuite que nos peines étaient finies, puisque nous étions entrés dans une contrée où notre nation était respectée. Je remerciai le prince de sa bonté, puis je répondis brièvement aux diverses questions qu'il m'adressa sur les pays où nous avions passé. Sur ces entrefaites nous nous trouvâmes devant son artillerie; toute sa cour était restée à une cinquantaine de pas en arrière de nous. Abbas Mirza fit un signal, et six à huit personnes s'avancèrent. Il nous en présenta deux comme ses fils; il nous dit qu'un autre était Réza Kouli Khan, gouverneur de la forteresse soumise; il y avait aussi un autre chef kurde, et Yar Mohamoud Khan, ministre de Hérat. Quel spectacle pour nous que celui de ce fier chef kurde, maintenant réduit à rendre hommage à son vainqueur devant l'artillerie qui l'avait forcé à se rendre! Il paraît que la parade avait été commandée pour lui procurer la vue du parc, et nous étions arrivés au moment opportun pour être témoins de cette scène.

Le prince se tournant vers moi me dit : « Il faut » que tu voies mon artillerie ». Alors nous passâmes avec lui le long de la ligne, examinant chaque canon à mesure que nous nous en approchions. Abbas Mirza prit beaucoup de peine pour expliquer tout ce qui le concernait : les questions et la mine de l'infortuné Réza firent naître plus d'une remarque accompagnée d'un sourire. Ce chef déchu avait l'air égaré, et je crus qu'il faisait semblant d'être fou. Il demanda au prince de lui faire cadeau d'un grand mortier que nous admirions tous; Abbas Mirza lui répondit de ne plus s'inquiéter de ces choses-là. Les canons qui avaient été pris avec la forteresse étaient rangés en ligne avec le reste de l'artillerie; c'étaient des pièces russes fondues en 1784; elles avaient été prises au roi de Perse régnant. Le chef kurde prétendit ne pas les reconnaître; et quand on lui raconta leur histoire, il remarqua avec assez de justesse qu'elles étaient assez bonnes pour Koutchan. A la place de ce chef je n'aurais pas regardé comme un déshonneur d'être forcé à me rendre par un parc de trente-cinq canons de 4 à 32, et tous en très-bon état. Le prince assista ensuite à l'exercice de ce corps, et rendit complétement justice au mérite du capitaine Lindsay, aujourd'hui sir Henry Bethune, l'officier anglais qui l'avait organisé, et duquel il parla avec bonté. La cérémonie fut alors terminée, et nous nous retirâmes très-satisfaits de notre entrevue avec l'héritier présomptif du royaume. Je fus déçu à son aspect. Il a été un fort joli homme, mais maintenant il est enlaidi et il a l'air d'un vieillard; il ne peut plus se tenir droit, ses yeux pleurent et ses joues sont ridées. Il était simplement vêtu et marchait avec une canne à la main. Son fils aîné, Mohammed Mirza, était présent; ce prince n'a ni les manières distinguées, ni la dignité de son père; c'est cependant un homme agréable [1].

Le lendemain matin nous rendîmes nos devoirs au prince royal dans sa tente; il travaillait avec son ministre, le kaïm makam, et plusieurs autres personnes qui se tenaient debout autour de lui. Aucune pompe, aucun apparat ne distinguait un aussi grand personnage. Quand il eut arrangé les affaires dont il était occupé, il nous entretint de politique et parla de l'avantage incomparable pour l'Angleterre de soutenir la Perse; il m'engagea, quand je serais de retour dans ma patrie, à expliquer sa position présente, qui, bien qu'il fût à la tête d'une armée victorieuse, était très-embarrassante, puisqu'il n'avait pas d'argent pour payer ses soldats. Je dis au prince que j'apprenais avec regret ces détails sur les difficultés qui le tourmentaient, et que je ne pouvais qu'espérer qu'il les surmonterait toutes. Je ne lui avouai pas ma pensée, car je regardais le payement d'une somme d'argent à un tel gouvernement comme dérogeant au nom et à l'honneur de la Grande-Bretagne, puisqu'il tendait plus à rabaisser notre répu-

[1] Mohammed Mirza est aujourd'hui roi de Perse.

tation en Asie que nos exploits militaires dans l'Inde n'avaient contribué à l'élever. Toutefois le discours du prince ne manquait pas d'une certaine dose d'adresse. En effet, il m'assura gravement qu'il s'était mis en campagne pour empêcher les Ouzbeks d'enlever ses sujets et de les vendre comme esclaves. Le motif était certainement louable ; mais remarquez la conclusion : « Par conséquent j'ai droit à l'aide de la » Grande-Bretagne, puisque si vous dépensez annuel- » lement des milliers de livres sterling pour abo- » lir le commerce des esclaves en Afrique, je mérite » votre assistance dans ce pays, où les mêmes mo- » tifs existent pour l'exercice de votre philanthro- » pie ». Je fus ravi de la candeur et du sérieux de ce raisonnement que le prince avait sans doute emprunté de quelque gazette anglaise ou de quelque Anglais de ses amis.

Abbas Mirza passa ensuite à d'autres sujets ; il me questionna sur mon éducation et sur les notes que j'avais recueillies, concernant les contrées inconnues où j'avais voyagé. « Je connais votre usage, dit-il, et » c'est votre persévérance à vous y conformer qui a » élevé votre nation à un si haut degré de civilisation. » Il me demanda si dans mes courses j'avais rencontré des pommes-de-terre, et sur ma réponse négative il m'en montra, avec une satisfaction manifeste, un panier tout plein, qu'il avait cultivées lui-même. Elles étaient fort belles, et certainement elles donnent à ce prince un titre réel pour être membre honoraire d'une société d'horticulture.

Avec le véritable esprit d'un courtisan, le prince en revint aux Ouzbeks et aux différens pays du Turkestan dont il pensait que j'avais une connaissance parfaite. Il voulut savoir si j'avais découvert l'explication de certains passages de l'histoire de Timour, où il est parlé de l'opération de creuser une mine sous une tour, puis de la détruire par le feu. Je n'étais pas préparé à une telle question; je fis mention du feu grégeois employé au siége de Constantinople; et je dis que Timour était voisin de la Chine, où l'on pense que l'art de fabriquer la poudre à canon était connu à cette époque. J'ignorais alors que les tours minées par-dessous étaient soutenues par des ouvrages en charpente; et que, quand on mettait le feu à ceux-ci, le rempart manquant d'appui tombait nécessairement. Je répondis ensuite aux demandes du prince concernant les usages des Ouzbeks. Il sourit à leur horreur pour le tabac, puisqu'ils en vendaient publiquement; et me raconta que les domestiques d'un envoyé qui lui avait été récemment dépêché de la Khivie, happaient la fumée à mesure qu'elle sortait de la bouche de leur maître. Je n'avais jamais été témoin dans le Turkestan d'une action aussi sauvage. Quand je parlai au prince des idées morales des Ouzbeks, et des exemples de gens portant témoignage contre eux-mêmes, il me raconta un fait semblable rapporté dans la vie d'Ali. Une femme qui était enceinte demanda la mort en expiation de ses péchés. Le calife lui dit de revenir après la naissance de l'enfant qu'elle portait. Elle reparut alors, et s'accusa de nouveau ; il ordonna qu'elle fût lapidée ; mais en même temps il défendit que quiconque n'était pas exempt de la plus petite souillure, levât une pierre ; lui-même mit sa sentence à exécution. Je dis au prince que je regrettais de n'avoir pas connu cette histoire, parce que je l'aurais redite aux Ouzbeks.

Abbas Mirza me pria de lui fournir des renseignemens sur les ressources du pays voisin de Charaks, qu'il avait l'intention de visiter bientôt. Je m'empressai de les lui donner. Durant cette entrevue, il me parla géographie et mathématique en désignant ces sciences par leurs noms, et montra une instruction passable dans la première. Il discourut de la nouvelle Hollande; mais il ne me donna aucune lumière sur un de ses plans de prédilection qui est, à son avénement au trône [1], d'expédier pour cette contrée lointaine tous ses frères et ses neveux; jamais projet plus chimérique ne fut imaginé !

Ayant ensuite exprimé mon désir de continuer mon voyage vers la mer Caspienne, en passant chez les tribus turcomanes qui vivent en Perse, le prince m'assura, avec une politesse infinie, que je pouvais visiter tout canton du royaume que je voudrais. Il s'étendit sur les dangers d'une excursion parmi les Turcomans; toutefois il commanda à son secrétaire de préparer un *rakam* (ordre) qui me garantirait protection et sûreté, et me proposa d'accompagner un

---

[1] Pendant qu'on imprimait cet ouvrage, la nouvelle de la mort d'Abbas Mirza est arrivée en Europe.

khan qui allait de ce côté. Il m'offrit aussi une lettre pour son frère, le prince du Mazandéran, et fit annoncer à son fils, alors dans son camp, que je me dirigeais vers cette province. Nous prîmes ensuite congé d'Abbas Mirza, très-contens de cette entrevue. Je ne puis pas dire que j'eusse conçu une haute idée de ses talens; néanmoins ils le placent évidemment au-dessus de la médiocrité; on dit qu'il est dans ces conseils soumis à l'influence d'autrui. C'est, dans toutes les acceptions des mots, un homme de très-bonnes manières.

Beaucoup de personnes du camp vinrent nous rendre visite; la scène animée qui nous entourait nous intéressa infiniment. Nous trouvâmes là deux Persans qui avaient séjourné en Angleterre; c'étaient Mirza Baba le hakim bachi et Mirza Djaffier; tous deux soupiraient après le retour des jours qu'ils avaient passés dans notre patrie; ils y étaient des objets de curiosité; ici ils vivaient au milieu de leurs compatriotes. Mirza Baba est un homme spirituel et aimable; je n'ai jamais rencontré un Asiatique qui se rapprochât autant par le langage et par les manières d'un Anglais bien-né. Je plaisantai avec lui de *Hadji Baba* [1]; cet ouvrage a extrêmement blessé les Persans, et Mirza Baba m'assura que les Anglais ne comprenaient pas ce peuple. Je ne puis partager son avis, parce que je vis ensuite en Perse beaucoup de choses qui me prouvèrent que l'auteur de *Hadji Baba* n'avait pas toujours tort.

[1] C'est un ouvrage de sir John Malcolm.

Depuis notre arrivée dans le Khoraçan, mon compagnon, M. Gérard, avait formé le dessein d'aller de Meched à Hérat, et de là à Candahar, puis de retourner à Caboul, au lieu de marcher vers la mer Caspienne. Le principal objet de notre voyage était maintenant presque entièrement accompli : la route de Hérat, qui lui promettait des renseignemens intéressans, avait été parcourue sans accident par M. Arthur Conolly[1], lieutenant de cavalerie au Bengale et officier entreprenant, et aussi par tous les officiers français de Rendjit Sing. En conséquence nous nous préparâmes à nous séparer, après une fatigante et pénible pérégrination faite ensemble pendant huit mois. On peut s'imaginer ce que nous ressentîmes en ce moment; mais nous nous quittâmes avec la conviction que nous avions à peu près complétement achevé le projet primitif de notre entreprise, et que tant à l'orient qu'à l'occident, tous les dangers sérieux étaient maintenant passés.

A Koutchan, je permis à Mohoun Lal, le jeune Cachemirien, de s'en retourner dans l'Inde avec M. Gérard. Soliman, mon fidèle domestique Afghan, qui m'avait accompagné depuis Lodiana, me demanda aussi son congé; je le lui accordai; il ne savait ni lire ni écrire; mais il avait gardé de la manière la plus exemplaire mes secrets et mon argent, au milieu de circonstances qui offraient la possibilité de me trahir.

---

[1] M. Conolly vient de publier la relation de son voyage; elle est intitulée : *Journey to the north of India overland from England.* London, 1834, 2 vol. in-8°.

Il s'était montré digne de ma confiance entière, et les sentimens que je lui exprimai au moment de notre séparation furent ceux de mon approbation sans réserve et de mon affection sincère.

Je profitai de l'occasion qui se présentait, j'écrivis à tous nos amis du Caboul, et même au Maharadjah Rendjit Sing. Il y aurait de ma part de la présomption à m'imaginer que tous les grands personnages auxquels j'adressai des lettres fussent mes amis, quoique leurs protestations d'attachement eussent été grandes; toutefois, même en mettant de côté les souverains et les gouverneurs des pays et des villes, il y avait une longue liste d'hommes bons et respectables au nombre de mes correspondans, et je n'hésite pas à déclarer que je désire qu'ils fassent des vœux pour moi. Il ne sera pas hors de propos que je nomme ici les personnes auxquelles j'écrivis dans cette occasion, puisque toutes nous avaient prodigué des politesses et des bontés.

Le Kouch Beghi.............. à Boukhara.
Serdar Dost Mohammed Khan...... } Caboul.
Nabad Djabbar Khan............ }
Serdar Khan Lohani, de Caboul .. kara.
Serdar Sultan Mohammed Khan .....)
Pir Mohammed Khan }
Seïd Mohammed Khan } ses frères.... } Peichaver.
Mourad Ali Khan Nazir ....)
Ghoulam Kadir Khan } fils de Cazi Mollah
Mir Alem...... }   Housn.
Toghi Hosn Cabouli............ Lodiana.
Chir Mohammed Khan (son fils)..... Boukhara.

Mollah Rahin Chah Cachemiri. . . . . . ⎫
Naïb Mohammed Cherif. . . . . ⎬ Caboul.
Mian Fazil Haq Sahibzadé . . . . Peichaver.
Maharadjah Rendjit Sing. . . . . Lahor.
Serdar Lena Sing. . . . . Madjitia.
Serdar Hari Singat. . . . . Attok.
Mirza Seïd Ibn Yar Mohammed Balkhi. . . Boukhara.

CHAPITRE XV.

VOYAGE CHEZ LES TURCOMANS DE LA MER CASPIENNE.

Départ de Koutchan. — L'Atrak. — Boudjnourd. — Discipline turcomane. — Tribu des Ghireïli. — Bande turcomane. — Turcomans Goklan. — Leurs usages. — Turcomans de la Caspienne. — Chants nationaux des Turcomans. — Astrabad. — Peste sur les rivages de la mer Caspienne. — Jardin d'Achraff. — Le Mazendéran. — Paysans de ce pays.

Le 29 septembre je fis mes adieux à mon compagnon de voyage et aux officiers anglais au service du prince, et je dirigeai mes pas vers les bords de la mer Caspienne. Ayant rejoint Hamza Khan, récemment nommé gouverneur des Turcomans, habitant à l'est de cette mer sur le territoire persan, je me trouvai avec une troupe d'à peu près trois cents hommes, composée de Kurdes, de Persans et de Turcomans; maintenant les inquiétudes pour ma sûreté personnelle, auxquelles j'avais souvent été en proie durant un temps qui avait fini, s'étaient, je puis le dire, entièrement dissipées, puisque je considérais toutes les personnes qui m'entouraient comme des amis. Mon costume occasiona beaucoup de méprises dans la troupe; et après que je me fus fait connaître au khan pour le Firinghi que le prince avait recommandé à ses soins, je me sentis tout disposé à me mêler à ces Orientaux, comme si j'avais été l'un d'eux, parce que j'en aurais plus de facilité pour observer tout ce monde bien à mon aise. Après une marche de 26 milles, nous bivouaquâmes au delà de Chirouan, forteresse entourée d'un fossé plein d'eau; elle allait être démantelée par ordre du prince. Le petit nombre d'ouvriers employés à cette œuvre de destruction me fit supposer qu'elle serait bientôt abandonnée, et que cette place deviendra dans le temps un des repaires du Khoraçan.

Nous suivîmes jusqu'à une dizaine de milles de Boundjourd les bords de l'Atrak, rivière qui prend sa source près de Koutchan; nous la laissâmes alors coulant à l'ouest comme un petit ruisseau, et nous coupâmes plusieurs faîtes des montagnes. Après une marche de 38 milles, nous arrivâmes à Boundjourd, grande ville dans une vallée large; c'est la résidence d'un chef kurde, qui prudemment fit sa soumission à l'approche du prince, et qui, par cette action pleine de discernement, a conservé la possession de sa forteresse. Nous vîmes ici, pour la première fois, les Iliats, qui sont une tribu nomade du Khoraçan; un millier de leurs tentes noires était épars dans les environs. Ils me parurent ne pas différer des Ghildjis du Caboul. En allant à Boundjourd, nous rencontrâmes des troupes nombreuses de paysans qui retournaient dans leurs villages. Ils avaient pris la fuite au commencement de la guerre; les succès du prince les ramenaient dans leurs foyers : ces pauvres gens nous arrêtaient pour nous demander des détails de la campagne; mais les femmes et les enfans avaient de la peine à croire que nous ne fussions pas un parti de pillards kurdes. L'année passée, il n'y avait pas eu de récolte; cependant si le pays revient à un état de paix, il peut de nouveau jouir de la prospérité et du bonheur. La guerre produit partout des effets désastreux; et il est terrible d'être protégé par une armée persane. L'ennemi qui la combat se trouve dans une position meilleure, car il ne reçoit pas de réquisitions pour fournir du grain et des provisions; la nourriture du sujet obéissant est dévorée à l'instant.

A 4 milles de Boundjourd, nous sortîmes de la vallée où ce lieu est situé, et nous entrâmes dans des montagnes. Il était difficile de distinguer une chaîne soit à droite, soit à gauche; celles du sud étaient couvertes de pins. La température était fraîche et agréable, et on apercevait plusieurs espaces très-bien cultivés parmi les montagnes arides. Les vignobles de Sareouan, dans un vallon profond, sont d'un aspect charmant. Bien que le pays fût montagneux, la route était excellente. Après une marche de 36 milles, nous arrivâmes à Kila Khan, dans le territoire de Simalghan, qui est copieusement arrosé par des ruisseaux descendans des monts. Nous étions maintenant sur la ligne des Turcomans Taka, qui font constamment des incursions entre Meched et Tehéran; ils doivent toujours traverser les montagnes et les chemins où nous voyagions. Mais notre troupe consistait en deux cents Turcomans des tribus de Goklan et d'Yamoud, qui avaient servi dans l'armée du prince et maintenant étaient licenciés ; telle était leur part dans la gloire de la campagne du Khoraçan. Dès le second jour depuis notre départ du camp, nous avons eu un échantillon de leurs inclinations. Ayant rencontré une bande de villageois qui allaient vendre leurs raisins, ils battirent impitoyablement ces pauvres gens, et prirent la plus grande partie de ce qui se trouvait dans leurs paniers. D'après les lois d'un pays éclairé, ils auraient pu n'être pas blâmables s'ils se fussent réellement trouvés dans la disette de vivres. Le butin fut partagé également entre eux, et celui qui avait coopéré à la capture n'eut pas une plus grosse portion que celui qui était alors à l'arrière-garde ; ils m'apportèrent même une part de leur rapine. Ce fut en vain que le khan essaya de réprimer des violences de ce genre ; il n'avait aucune autorité sur ces gens-là. A la fin, ces pillards reçurent un avertissement énergique à Sareouan. Les paysans, sortis en force, assommèrent un des maraudeurs, action qui effraya ses camarades. Je ne pus m'empêcher de me réjouir secrètement de leur désastre.

Qu'elles sont longues les traites du Khoraçan, s'écrie un voyageur qui a couru depuis le lever du soleil presque jusqu'à son coucher, et qui ne peut plus se tenir sur son cheval exténué de lassitude, qu'en s'attachant au pommeau de devant de sa selle. Un

Européen qui chemine en galopant ne peut se faire une idée juste de la fatigue d'une course de 40 milles dans le Khoraçan, où il faut toujours aller au pas, et où à la fin de la journée il ne rencontre ni auberge ni rafraîchissement. « Par la tête du » prophète, dit un homme de notre troupe en ap- » prochant du lieu où nous devions faire halte, ce » chemin est plus long que les entrailles d'Omar, car » mon dos et mes genoux sont devenus insensibles. » J'éclatai de rire à cette comparaison bizarre, et je compatis aux doléances du plaignant : « *Pidr sokhta* » (que son père soit brûlé), continua le dolent » Persan, je n'ai jamais été si harassé. » Il y avait dans notre troupe plusieurs personnes enjouées; et après une connaissance de quelques jours, le Persan me parut un être bien meilleur dans sa patrie que dans les pays étrangers, où sa vanité est insupportable.

Après une marche de 38 milles, nous atteignîmes l'emplacement du village de Chabaz, et nous y cher- châmes en vain des habitans, quoique le pays fût fer- tile. La tribu des Ghireïli avait autrefois cultivé ce terrain, et y avait fait paître ses troupeaux; toutefois, dans ce pays on regarde, à ce qu'il semble, les êtres humains comme une propriété dont on peut disposer à l'égal des chevaux; Aga Mohammed Khan avait transporté tout ce monde dans le Mazendéran. Les gras pâturages de ce canton restaient négligés, car quel habitant de la campagne aurait voulu établir sa demeure près des Turcomans Taka, dont les tentes sont dressées seulement à une très-petite distance au delà des montagnes? Nous ne nous considérions pas même comme parfaitement sûrs dans la société de deux cents de ces hommes enclins au pillage. J'avais jusqu'alors, dans tous nos bivouacs, échappé à l'inconvénient d'avoir pour lit un terrain humide; ce matin, en me réveillant, j'étais raide et engourdi par la moiteur et la rosée. Le soleil eut bientôt séché mes habits, et un excellent cordial prévint toute fâcheuse conséquence. Nous voyagions au milieu de montagnes, tantôt montant, tantôt descendant; le pays était sauvage, pittoresque, romantique. Quelques pins chétifs croissaient sur le flanc des monts, qui généralement n'étaient couverts que d'une pelouse. Le peu de gens que l'on voyait était affable et parlait volontiers; que peut-on exiger de plus, même dans les arides cantons du Khoraçan?

Un Turcoman qui voulut faire connaissance avec moi me demanda brusquement en chemin des nouvelles de la Boukharie, reconnaissant, je le suppose, dans mon costume, celui de cette contrée. Il m'adressa la parole en persan, langue qui, je le crois, lui était aussi étrangère qu'à moi. « Je suis un Fi-
» ringhi », répondis-je; alors le Turcoman fit avancer son cheval en répliquant : « Allons donc, tu veux
» te moquer de moi; car les Firinghis ne portent pas
» la barbe longue; et ta tête rasée, en un mot tout
» ton vêtement, démentent tes paroles. » Ce fut en vain que je cherchai à le convaincre de la vérité. « Sunnite ou chiite, qui es-tu? » s'écria-t-il.— « A la
» bonne heure, puisque tu veux absolument que je

» sois un musulman »; et aussitôt je commençai à répéter les noms des quatre premiers califes; c'est le signe de reconnaissance des sunnites, et tous les Turcomans sont de cette croyance. Là-dessus mon homme : « Bravo, je savais bien que j'avais raison ! » et nous cheminâmes ensemble enchantés l'un de l'autre; et je continuai à jouer un rôle qu'on m'avait forcé de prendre; mais ce n'était pas assez pour le Turcoman d'avoir décidé quelle était ma religion, il détermina également ma patrie, qui devait être Caboul. Je ne laissai pas échapper cette occasion qui se présentait de bien connaître les Turcomans, dans le pays desquels nous allions entrer de nouveau.

Mon nouvel ami s'élança avec une précipitation extrême au milieu d'une bande de ses compatriotes pour courir après une perdrix (*kabk*) qui était partie tout près de nous. Il n'est pas si difficile qu'on le supposerait d'abord de prendre ces oiseaux, et la quantité qui en fut apportée le prouva. Ces kabks s'envolent à une ou deux reprises, rarement à trois, et alors on les ramasse. Cette chasse fit grand plaisir aux Turcomans, et je pris part à leur satisfaction, quoique sans me joindre à leur divertissement. Les longues lances dont ils étaient armés, leur activité singulière, et l'agilité qu'ils déployèrent à cheval, me fournirent, à ce que j'imaginai, une image de leur *tchapao*, c'est-à-dire de leurs excursions pour aller à la chasse des créatures humaines. Le cavalier turcoman, lorsqu'il galope, se penche en avant sur sa selle, ce qui lui donne un air pressé qui est extrêmement intéressant. Tout ce spectacle était digne de l'ancien pays des Parthes, que nous traversions en ce moment.

Je distinguai parmi les Turcomans un homme qui cheminait avec lenteur, et qui tout en marchant fredonnait quelques notes, pendant que ses jambes et ses bras semblaient battre la mesure; un instrument qui ressemblait à un *sitar* ou luth, servit à me convaincre que j'avais à la fin trouvé ce que je cherchais, un barde turcoman. « *Salam aleïkom* ! » dis-je au barde. Il me rendit mon salut très-gracieusement; hélas! notre conversation en demeura là ; car le barde ne savait d'autre langue que le turc, et je n'en savais que tout juste ce qu'il fallait pour l'instruire de mon ignorance. L'instinct inspira au barde la tâche que je désirais lui voir entreprendre, et il chanta un air de sa tribu ; mais le pas de nos chevaux ne lui permit pas de faire usage de son instrument. Dans tous les pays la musique est un talent dispendieux à acquérir ; voilà que le barde commence à me questionner sur sa récompense, en me faisant entendre qu'il ne doit pas donner en vain une preuve de son art. Un interprète qui vint à mon secours lui dit qu'il aurait un bon pilau le soir; alors le Turcoman, regardant derrière lui, s'écria : « Qui donc fera cuire le pilau » pour un homme qui n'a pas même un domes- » tique? » C'était un avis de voyager avec un certain train. Le barde resta en arrière pour s'informer qui j'étais; le soir j'eus le plaisir de le régaler d'un pilau, et d'écarter ses doutes sur ma solvabilité. En revanche, il me promit de me faire faire connaissance avec les menestrels de sa tribu.

A 6 milles de Chahbaz nous dîmes adieu aux montagnes et aux vallées où nous avions si longtemps voyagé, et nous descendîmes dans un vallon où est la source du Gourgan, et où nous cheminâmes en serpentant sans apercevoir le moindre signe de civilisation. A la fin de la journée, je me retrouvai avec plaisir au milieu des Turcomans. Ceux-ci sont de la tribu de Gokhan, et au nombre de neuf mille familles. Rien de plus beau que le canton où nous venions d'entrer; les montagnes étaient boisées jusqu'à leur sommet, les teintes des différens feuillages des arbres étaient si variées et si éclatantes qu'elles semblaient à peine naturelles. Un ruisseau coulait dans la vallée; presque tous les arbres fruitiers y croissent spontanément; le figuier, la vigne, le grenadier, le framboisier, le groseillier noir et le noisetier, poussaient de toutes parts, et en approchant du camp des Turcomans nous aperçûmes de vastes plantations de mûriers. Les groupes de tentes étaient épars sur le gazon près du ruisseau; notre troupe fit halte à un de ces campemens, sur la pente d'une belle pelouse verdoyante, au pied d'une montagne coiffée de nuages et revêtue d'un feuillage magnifique. Les Turcomans reçurent leur nouveau gouverneur avec toutes sortes de marques de respect, et désignèrent un certain nombre de tentes pour son usage; on m'en assigna bénévolement une : et pour la première fois depuis que j'étais parti de l'Inde, excepté durant mon séjour au camp d'Abbas Mirza, je me trouvai à l'abri sous une tente, au milieu de Turcomans. Comme leur hôte, je fus régalé de galettes au beurre et de melon, et je fis un repas splendide.

En descendant la vallée nous assistâmes à un intéressant spectacle, celui de la réception faite par une horde à son *aksakal* ou chef, qui nous avait accompagnés depuis Koutchan. Nous n'avions vu en lui qu'un Turcoman farouche, et quant à moi j'avais à peine pris garde à lui ; mais ici il avait un air distingué, et ce qui vaut mieux encore, patriarcal. Il avait été appelé à l'armé par le prince royal; maintenant il rentrait dans ses foyers. Quatre milles avant d'arriver au camp, une foule de Turcomans s'avança vers nous pour le féliciter de son retour; tous étaient à cheval, hommes, femmes, enfans ; plusieurs versèrent des larmes de joie en lui baisant la main. Plus loin, dans une partie ombragée de la vallée, une troupe de meilleure apparence que le reste avait mis pied à terre, et s'était rangée en ordre. C'était la famille de l'aksakal ; sautant à terre avec la vivacité d'un jeune homme, il se précipita en avant, et embrassa successivement quatre petits garçons, c'étaient ses fils. Cette scène était vraiment pathétique ; les spirituels et facétieux Persans, qui auparavant s'étaient amusés à imiter quelques-unes des actions et des exclamations des Turcomans, gardèrent le silence à cette ardente manifestation d'affection. Trois des garçons n'avaient pas dix ans, néanmoins ils montaient hardiment leurs chevaux et se joignirent à notre cavalcade.

Il n'y avait pas là de cloches pour annoncer très-loin la joie que ce jour causait aux Turcomans Gohklan; des signes plus évidens de leur contentement ne furent pas exigés d'eux. Une troupe de leurs compatriotes était revenue saine et sauve du théâtre de la guerre; la horde s'était réunie de tous les côtés; à mesure que ces Turcomans prenaient leur rang dans notre arrière-garde, ils nous donnaient, à nous spectateurs indifférens, le salut cordial de l'amitié. Les femmes s'écriaient : *Koch Ghildi* (soyez les bien-venus), et croisaient les mains sur leur poitrine pour preuve de leur sincérité, quand nous passions devant elles; je n'ai jamais été témoin d'une démonstration de joie plus universelle. Un cavalier plus content encore que les autres parut avec son cheval succombant sous une charge de galettes; il les distribuait à toutes les personnes qu'il rencontrait, en disant : «Prends » ceci; c'est bon aux yeux de Dieu; prend-le, tu es un » hôte et un étranger.» Il était impossible de rester froid à une scène semblable; et, si je pouvais peindre en termes plus expressifs les événemens de cette journée chez les Turcomans, je produirais les émotions les plus agréables; et cependant je parle de ces Turcomans sans frein et sans lois, qui ne vivent que de rapine et de pillage. Tant il est vrai que le caractère de l'homme offre partout un mélange indéfinissable, quoique très-évident, d'inconséquences et de contradictions.

Le khan que j'avais accompagné était sérieusement occupé des devoirs de son nouvel emploi. Il apportait de bonnes nouvelles aux Turcomans; eux, qui pillent tout le monde, avaient été pillés par les soldats du Mazandéran, qui, en se rendant à l'armée, avaient ravagé leur territoire. Le prince avait ordonné qu'on lui remît un état de leurs pertes. Aussi le khan, en allant donner cet avis d'un campement à un autre, fut-il accueilli à merveille. Je passai quatre jours avec lui, et je pus ainsi observer à mon aise les usages et les coutumes du peuple qu'il était destiné à gouverner. Nulle occasion n'aurait été aussi favorable, puisque partout ils nous recevaient bien, et que je venais à la suite d'un grand personnage. La tribu des Turcomans Gohklan est sujette de la Perse, qui l'a rangée sous sa suprématie depuis trente-six ans. Quoiqu'ils n'obéissent qu'avec répugnance, ils ne remuent pas ; ils ont échangé leurs habitudes de rapine pour les paisibles occupations de l'agriculture. Ils manquent de cette aisance et de cette abondance qui m'avaient frappé chez les Turcomans de Charaks. La tribu des Yamoud, située entre eux et la mer Caspienne, a été également soumise par la Perse ; mais la force de celle-ci, qui se monte, dit-on, à vingt mille familles, la met en état de résister et de se révolter fréquemment. Les Gohklan n'ont aucune puissance politique. Les Turcomans Taka, qui au nord sont limitrophes des deux tribus que je viens de nommer, se maintiennent indépendans de la Perse. Les usages de ces Turcomans ne diffèrent pas de ceux des hordes voisines de Boukhara, sinon qu'ils se rapprochent davantage de ceux des peuples civilisés. Leurs femmes cachent leur visage depuis le bas de la bouche ;

cependant je ne puis pas dire que les charmes personnels de celles que j'ai vues pussent exciter même un jeune homme téméraire à solliciter un baiser ou la vue de leurs lèvres vermeilles. Par leur costume, elles ressemblent plus aux Persanes qu'aux femmes du désert.

Dans nos courses d'un campement à un autre, je rencontrai un homme âgé d'une soixantaine d'années qui attira mon attention, parce que je remarquai que chacun descendait de cheval à mesure qu'il avançait, et allait lui baiser la main : en retour le vieillard donnait sa bénédiction; c'était un seïd turcoman. Un Persan, frappé de l'air de curiosité avec lequel j'observais ce qui se passait, cria au vieillard que j'étais un Européen; bientôt j'entrai en conversation avec celui-ci. Il portait le nom de Mohammed Ghilitch, nom mal sonnant puisqu'il signifie le glaive de Mahomet; toutefois le respect général qu'on lui marquait avait adouci ses manières, et l'âge avait mitigé sa voix; enfin ses sentimens ne pouvaient que plaire. Il me demanda si tous les Français étaient chrétiens, et lui ayant répondu affirmativement, il me dit : « Il est bon que chacun suive sa croyance; » un juif, un chrétien, un musulman ne seront qu'un » après leur mort. » Notre conversation tourna ensuite sur les Turcomans; il déplora leur usage de vendre des hommes, puisque la différence de religion ne pouvait fournir de justes motifs d'une telle cruauté. « C'est, me dit-il, un penchant de leur race, » car leurs inclinations sont vicieuses, et ils n'écou-

» tent aucun de mes conseils. Mais je parle à un
» Firinghi, s'écria-t-il en s'interrompant brusque-
» ment, jamais je n'en avais vu un ; et comment se-
» rait-ce possible, dans une contrée aussi éloignée.
» Où est le pays des Francs, et où est le désert des
» Turcomans ? Il doit y avoir quelque chose de par-
» ticulier dans notre destinée, continua-t-il comme
» se parlant à lui-même, qui nous a ainsi amenés
» l'un vers l'autre. Nos âmes (*roh*) doivent avoir
» communiqué ensemble dans un autre monde
» pour se rencontrer dans celui-ci. » Cette remarque
me parut singulière.

Après que nous eûmes cheminé l'un à côté de l'autre pendant près de 3 milles, nous nous arrêtâmes à un monceau de terre, au milieu duquel on avait fiché une perche ; nous en avions déjà rencontré plusieurs de semblables. « Qu'est-ce que cela ? de-
» mandai-je. C'est, répondit Mohammed Ghilitch, un
» *Youzka*; ce tertre désigne le lieu où un homme
» est mort ou bien a été enterré. Les Turcomans en
» passant à côté répètent une formule de bénédic-
» tion, et espèrent la bienveillance du défunt. C'est
» un ancien usage parmi nous, et tu verras beaucoup
» de ces buttes à mesure que tu avanceras. » Ces monumens simples ne sont pas des tombeaux, ce sont simplement des tertres ou des monticules élevés en honneur des morts. Je présume que cet usage vient des Mongols ; mais je n'eus pas l'occasion de faire des recherches ultérieures sur ce sujet. Le respectable seïd se dirigea vers le sommet d'une mon-

tagne où était sa demeure; il avait six fils. Il me serra la main, me donna sa bénédiction, me souhaita un heureux retour dans mon pays, et me recommanda à Dieu, suivant l'usage de ses compatriotes; nous nous séparâmes.

A la fin nous sortîmes de la vallée de Gourgan, et nous débouchâmes dans la plaine située à l'est de la mer Caspienne. Le paysage était magnifique. A notre gauche, les montagnes, maintenant disposées en groupes, s'élevaient à une hauteur considérable; elles étaient revêtues jusqu'à leurs cimes de forêts et de verdure. A droite, les vastes et verdoyantes campagnes arrosées par l'Atrak et le Gourgan étaient parsemées d'innombrables camps de Turcomans, et animées par de nombreux troupeaux de bétail. A une certaine distance devant nous s'élançaient les montagnes gigantesques de l'Elbourz : elles semblaient borner une plaine qui d'ailleurs n'a pas de limites. Un tableau semblable, bien fait pour plaire à quiconque le contemplait, avait encore plus de charmes pour un voyageur sorti des déserts de Scythie.

Avant que je prisse congé du khan, il satisfit ma curiosité au sujet des ménestrels turcomans, car il envoya chercher deux *bakchis* ou ménestrels pour qu'ils me fissent entendre leurs accens poétiques et les accords de leur lyre. Cet instrument était un sitar grossier à deux cordes; ils s'en accompagnèrent pour chanter leurs airs nationaux en langue turque. Le premier fut un chant sur une *attaque des Persans par les Turcomans Taka*. La traduction littérale que j'en donne fera concevoir une idée d'un chant de guerre turcoman :

LES TURCOMANS TAKA AUX KURDES.

« Loutf Ali Khan ! ta grandeur est passée, il est temps, Begler [1], » de te mener en esclavage ! Il est temps de réunir nos soldats » pendant la nuit, et de nous préparer à un tchapao [2] dans la » matinée.

» La poussière de vos campagnes s'élevera sous les pas des » chevaux des Turcomans.

» Les Takas enleveront vos filles vêtues de velours.

» Grâces soient rendues à Dieu, mon nom retentira jusqu'au » ciel.

» Si vous connaissez l'année de la chèvre [3], sachez qu'alors je » pillerai Meched.

» Toutes tes espérances dans le Khoraçan seront détruites ! » Begler, tu seras maintenant obligé de fuir à Tehéran.

» J'ai cent nobles jeunes gens qui veilleront sur toi.

» Ils ne cesseront pas un instant d'être attentifs, ils te traîne- » ront en ma présence, Begler !

» Oh Begler ! j'emporterai tes fils à Khiva ; ta puissance est » évanouie.

» J'assemblerai mes guerriers dans la plaine.

» Si tu as le sens commun, souviens-toi de mon conseil.

» Envoie-moi en tribut un jeune garçon et une belle fille.

» Oh ! Bheï Mohammed [4], ceci est le temps de ma félicité. »

Les kurdes, bien que formant une tribu persane, ne sont pas moins adonnés au pillage que les Turcomans, et il y a peut-être plus de verve dans le chant suivant, adressé en réponse à celui des Turcomans.

[1] Seigneur ou chef.
[2] Expédition de pillage.
[3] C'est la manière de compter les années chez ces peuples.
[4] Nom du poëte.

LES KURDES AUX TURCOMANS TAKA.

» Begler! présente mes respects aux Takas. Il y a un lieu nom-
» mé Arkadj.

» Tu en as joui assez long-temps.

» Tu es resté à Arkadj pendant plusieurs années. Begler! il
» est temps aujourd'hui que tu en décampes.

» Nous allons maintenant dresser nos tentes dans les plaines de
» Nisaeu [1].

» Nous ferons retentir les trompettes de la retraite à votre
» fuite.

» Nos cavaliers prendront ceux qui essaieront de s'échapper.

» Nous foulerons aux pieds ceux qui sont restés en arrière.

» Nous fixerons nos regards sur vos aimables filles.

» Nos braves guerriers, revêtus de leur armure, galoperont
» dans vos plaines.

» Nos soldats combattront au delà de ta place forte, Begler!

» Les remparts d'Akkal trembleront au bruit de notre artillerie.

» J'amènerai avec moi une armée puissante.

» J'irai au delà des plaines du Kaptchak [2].

» Mon avant-garde mettra pied à terre dans les champs de
» Maïmana.

» Ton peuple sera anéanti dans les sables du désert.

» Quand tu seras repoussé parmi les collines de sable,

» Tes pieds seront blessés, et ta bouche sera desséchée.

» Partout où tu pourras être, mes guides sauront te découvrir.

» Quand ils auront signalé ta présence dans un lieu, nous te
» prendrons toi et tes familles.

» Oh! Doukchoun, [3] c'est de moi-même que je parle ainsi.

» La plaine, maintenant si belle, te paraîtra bientôt un lit d'é-
» pines. »

---

[1] Noms de lieux situés sur le Gourgan.
[2] Plaines au nord du Sir ou Jaxartes.
[3] Nom du poëte.

Je ne tardai pas à quitter les Turcomans. Je descendis vers Astrabad par la plaine, évitant, autant que c'était possible, toute communication avec les Yamouds, qu'on m'avait dépeints comme moins pacifiques que les Gohklans. J'en rencontrai plusieurs bandes qui ne se conduisirent pas malhonnêtement, quoique je ne fusse plus dans la compagnie du khan, et que je voyageasse seul. Après avoir parcouru 80 milles, nous aperçûmes Astrabad, dont l'aspect est imposant. Au pied des montagnes, l'une desquelles est le fort délabré de Hamaouaran, lieu de la scène des romans persans, s'étend la vaste plaine des Turcomans. On ne pouvait distinguer que faiblement la mer Caspienne, parce qu'elle était éloignée d'une vingtaine de milles. Nous avions passé en chemin devant le Goumbez Kaous, haute coupole qui, à ce qu'on suppose, s'élève sur les ruines de l'ancien Gourgan. On dit que ce lieu fut jadis lié à la mer Caspienne par une ligne de forts, nommée *lanat nouma* (pluie maudite), parce que la malédiction était prononcée contre quiconque osait la franchir pour entrer dans le pays des Turcomans, dont elle marquait la limite. Les habitans parlaient des guerres des temps anciens, quand les eaux du Gourgan et de l'Atrek étaient teintes de sang; mais j'espère, comme je le crois, qu'à la façon des poètes ils s'exprimaient par métaphores.

A Astrabad, nous descendîmes à un caravansérai, et nous passâmes deux jours bien tristes dans cette *cité de la peste*. L'année précédente, ce fléau avait dévasté cette ville, et je parcourus sans nul plaisir ses rues désertes. La moitié des maisons et des rues était fermée, à la lettre, par le manque de maîtres; toute la population n'excédait pas 4,000 âmes. Ce mal affreux avait régné ici avec une violence épouvantable, et de plusieurs familles de dix à douze personnes, il n'en était resté que deux ou trois. Les malades, chez lesquels le bubon avait crevé, n'étaient pas morts, mais il avait laissé des cicatrices horribles comme marques de sa virulence; on aurait dit de blessures d'armes à feu. On se serait presque imaginé que ces gens s'étaient familiarisés avec la mort, bien que la maladie fût disparue. Le cercueil usité pour les enterremens était déposé le long du chemin; je vis des habitans lavant un cadavre à un des puits de la rue, près de boutiques de fruits. Je me hâtai de m'éloigner de ce spectacle. A mesure que je marchais dans ces rues solitaires, elles retentissaient du bruit des pas de mon cheval.

Astrabad est un lieu peu important. Un fossé sec et un rempart en terre, d'environ deux milles de circonférence, l'entourent; néanmoins, on voit dans l'intérieur des espaces qui ne ressemblent nullement au quartier d'une ville, et qui rappellent la campagne. C'est le berceau de la famille des Kadjars, famille qui règne aujourd'hui en Perse. Hanway nous apprend qu'au commencement du dix-huitième siècle Astrabad était un grand entrepôt de commerce : sa prospérité a déchu; il n'y a plus que quatre caravanseraïs, et seulement douze boutiques où l'on vend des toiles. Sa situation est avantageuse, puisque sa distance de la mer Caspienne n'est que de 12 milles. La magnifique chaussée construite par Chah Abbas, laquelle subsiste encore, entretient les communications avec les provinces au sud de cette mer. Son commerce avec la Khivie, est comparativement insignifiant, puisqu'une ou au plus deux caravanes d'une centaine de chevaux suffisent annuellement pour le négoce avec cette contrée. Le pays qui l'en sépare est livré au désordre : on peut expédier les marchandises avec plus de sûreté, en leur faisant suivre la côte orientale de la mer Caspienne et les débarquant sous la latitude de Khiva.

Le climat d'Astrabad est humide et désagréable, les pluies y sont si fréquentes, qu'il est très-difficile d'y maintenir debout un mur en terre. Voici l'ingénieux moyen inventé pour parer à cet inconvénient : on place une natte en roseau sur le haut du mur, on la couvre de terre, et on y plante des lis qui y croissent à merveille et le préservent de la pluie. Quoique Astrabad soit situé sous le même parallèle que Koutchan, le thermomètre, qui là au lever du soleil baissait au-dessous du point de la congélation, se tenait ici à 60° (12° 43) au mois d'octobre. La différence d'élévation au-dessus du niveau de la mer résout le problème. On récolte à Astrabad des oranges, des citrons, des figues et des fruits des pays chauds.

D'Astrabad je me dirigeai vers la mer Caspienne, que j'atteignis après une marche de 30 milles, en passant par Nokanda, village à maisons éparses. Nous aurions pu arriver plus tôt à la mer; mais j'avais une lettre de recommandation pour le khan de ce lieu, et d'ailleurs j'étais bien aise de voir la chaussée du grand Chah Abbas. Elle est encore en assez bon état; il paraît qu'elle avait douze pieds de large et qu'elle était faite de pierres rondes. Elle traverse une forêt touffue, où le figuier, la vigne et le grenadier croissent spontanément. Ce chemin restera sans doute, de même que ceux des Romains, comme le monument le plus durable de la magnificence d'Abbas. Sans cette route, la province de Mazandéran serait absolument impraticable pendant plusieurs mois.

Le khan de Nokanda m'accueillit avec beaucoup d'affabilité : c'était un homme très-communicatif, et un parent du khan, avec lequel j'avais voyagé chez les Turcomans. Il me donna un dîner à la persane, et me fit une infinité de complimens à la mode de son pays; je l'assurai en retour que l'hôte d'une soirée était un ami de cent ans.

Les forêts du Mazandéran m'avaient caché jusqu'alors la mer Caspienne; je ne la vis que le lendemain matin, quand je n'étais plus qu'à un demi-mille de ses rivages. Quel aspect magnifique elle me présenta, après avoir si long-temps aspiré au moment où je la contemplerais, pendant que je voyageais de Delhi vers ses bords! Elle roulait ses vagues comme l'Océan. Près de nous, une demi-douzaine de petits navires, nommés ici *gammi*, étaient à l'ancre; nous

nous embarquâmes avec le khan sur un de ces bâtimens, et nous nous avançâmes gaiement au large, d'où nous regardâmes cette belle côte. Nous accostâmes un petit navire russe; le capitaine, apprenant que j'étais Européen, ôta son bonnet de fourrure, et m'offrit pour me régaler un morceau d'esturgeon grillé. Je ne puis pas dire que je le trouvai bon : en revanche, depuis très-long-temps je n'avais pas reçu un tel salut, ni joui d'une société semblable. Tous ces bâtimens sont de construction russe; ils ont deux mâts et une voilure carrée; leur gréement est excellent. Il n'y avait pas alors dans le port de navire d'un tonnage considérable. Suivant une opinion généralement reçue, les eaux de la mer Caspienne ont baissé sur la côte méridionale; et depuis douze ans elles se sont retirées d'à peu près 36 pieds; j'en ai vu la preuve de mes yeux. Les habitans me dirent qu'en dedans du récif qui forme la baie d'Astrabad, l'eau de la Caspienne est douce, tandis qu'ailleurs elle est saumâtre. Comme c'est là que l'Atrak et le Gourgan ont leur embouchure, on se rend aisément compte de cette différence. Je ne quittai pas ses bords sans essayer de vérifier les sentimens relatifs à son niveau, qui est évidemment plus bas que celui de l'Océan. Un thermomètre, qui sur le bord de la mer entre en ébullition à 212° un tiers, n'y entre ici qu'à 213° deux tiers, ce qui, suivant M. Humboldt, dénoterait une dépression de 800 pieds; mais c'est trop. Toutefois, je n'employai pas de l'eau convenable pour l'expérience, et je me borne à dire que mon épreuve corrobore l'opinion relative à la dépression de cette mer intérieure.

Ayant pris congé du khan de Nokanda, je m'acheminai vers Achraf, qui est dans le Mazandéran, et un des lieux de prédilection de Chah Abbas et de Nadir Chah. Hanway, qui le vit il y a quelque quatre-vingt-dix ans, l'a très-bien décrit. Tous les beaux édifices dont il parle ont été détruits, quoique la manière dont ils avaient été bâtis eût pu les faire subsister pendant des siècles. Il en reste assez pour laisser une impression favorable du goût du monarque persan, puisqu'il est évident qu'ils étaient d'une architecture légère et pure, et du genre qui doit caractériser des maisons de plaisance au milieu de jardins. Un bassin superbe et tous les aquéducs sont encore très-bien conservés, et les cyprès, en vieillissant, ont atteint une grande hauteur. La position de ces jardins est superbe ; on y jouit d'une très-belle vue de la mer Caspienne.

A Achraf nous rencontrâmes une troupe de pèlerins de Boukhara et de Khiva qui vinrent loger dans notre caravanseraï. Ils nous apprirent qu'une caravane russe, destinée pour Manghislak, avait été pillée par les Kirghiz dix jours après son départ de Khiva. Sans les conseils du vizir de Boukhara, nous aurions accompagné cette caravane, et si nous avions réussi à traverser Khiva, nous aurions été enveloppés dans la catastrophe dont je parle ; elle lui arriva entre cette ville et la mer Caspienne. Les pèlerins racontèrent combien leur voyage de Khiva à Astrabad avait été fâcheux et difficile, et tous les mauvais traitemens que leur avaient fait éprouver les Turcomans. Je me félicitai de n'avoir pas été sourd aux avis qu'on m'avait donnés.

A un mille au delà d'Achraf, nous trouvâmes la grande chaussée barricadée et un villageois assis, un bâton à la main, pour empêcher qu'on ne passât. C'était le *conseil de santé* d'Achraf; nous apprîmes ici, pour la première fois, que la peste ravageait Sari, capitale du Mazandéran; c'était la ville où j'avais formé le projet de m'arrêter. Nous continuâmes notre voyage; nous étant reposés à un village éloigné de deux milles de Sari, nous y reçûmes la confirmation de la nouvelle de l'existence de la peste. J'étais maintenant sur le chemin de Balfrouch, ville assez importante, et de son port sur la mer Caspienne j'espérais y voir un plus grand nombre de navires russes, et ajouter à ma connaissance de cette mer et de cette nation; je changeai à l'instant mes plans, et me préparai à une retraite précipitée des rivages de la Caspienne et du Mazandéran.

Le lendemain je pris le grand chemin de Tehéran, et en passant en dehors des murs de Sari, il m'arriva un accident désagréable; notre route nous conduisit dans un cimetière où deux jeunes gens creusaient une fosse pour deux cadavres étendus près d'eux. Un tel spectacle me causa un frisson d'horreur; car les malheureux dont je voyais les corps étaient morts de la peste; mais quel fut notre étonnement quand les fossoyeurs, nous adressant la parole, nous supplièrent, comme bons musulmans, de les aider à faire à ces cadavres les ablutions usitées! « Vous aurez pour votre » peine cinq *sahib karans* (à peu près trois roupies), » s'écrièrent-ils. Nous gardions tous un silence morne, personne ne répondit; et bientôt nous étions loin de Sari, car nous avions hâté le pas de nos chevaux. Cette ville souffrit si affreusement de la peste l'an passé, qu'il n'y restait plus que trois cents habitans, parce que les Persans sont persuadés qu'on ne peut être atteint de la peste qu'une fois. Maintenant il y avait trop peu de monde à Sari pour que la maladie se répandît; sans doute elle n'y était qu'assoupie. On me dit que l'année précédente elle avait été portée de Balfrouch à Astrakhan; cette nouvelle fit évanouir mon envie de voir Balfrouch.

Durant notre marche, nous fûmes rejoints par un habitant d'Astrabad qui allait à Téhéran; il me donna divers détails sur la peste de l'année dernière. Il avait perdu un fils; lui et sa femme avaient pris la maladie. Elle nourrissait un enfant, elle ne discontinua pas, l'enfant échappa au fléau. Le mal n'atteignait son plus haut période que le dixième jour après l'invasion; il était invariablement accompagné de délire. Cet homme m'assura qu'il avait eu le spectacle horrible de voir le corps de son fils traîné à la porte par une dizaine de chats qu'il eut beaucoup de peine à éloigner; il m'assura que suivant son opinion plus de gens étaient tués par les chiens et les chats, ou mouraient de faim, que de la maladie. Personne ne voulait s'approcher d'une maison infectée, et aucun malade ne consentait même à en assister un autre. La peste et la nature humaine sont les mêmes dans tous les pays ; les affections et les passions ne sont jamais mises plus tôt à l'épreuve que par ce fléau dévastateur.

Notre séjour dans le Mazandéran allait bientôt finir. C'est une contrée désagréable ; le climat y est si humide, que les habitans y sont sujets aux fièvres tierces et quotidiennes, aux paralysies, aux hydropisies et à bien d'autres maladies ; ils ont le teint jaune, les enfans sont faibles et rachitiques. C'est un pays de serpens et de grenouilles ; toutefois, les premiers ne sont pas venimeux, ils appartiennent aux espèces aquatiques. On les voit courir de tous côtés en rampant et se tortillant ; ils sont de la grosseur d'une bonne cravache. Presque à chaque pas votre cheval dérange des grenouilles qui sautillent en vain pour se cacher, même dans cette région d'arbustes et de buissons. L'humidité y est si grande, qu'on n'y coupe pas le riz à la faucille comme dans les autres cantons où on le cultive ; on fauche le grain un peu au-dessous de l'épi, et on le place sur les tiges pour qu'il y sèche, autrement il pourrirait. Le Mazandéran est d'ailleurs une province d'une grande fécondité ; la canne à sucre y réussit ; mais il paraît qu'on ne sait pas tirer d'autre parti de son suc que de le vendre simplement converti en mélasse. Le coton y pousse aussi avec vigueur, et partout on élève des vers à soie. Les fruits sont bons, et beaucoup viennent spontanément. On y voit des bois entiers de grenadiers ;

on en cueille les fruits, et après en avoir fait sécher les grains, on les exporte comme des raretés dans d'autres pays.

Malgré leur air maladif, les paysans n'ont pas un aspect misérable; ils enveloppent leurs jambes de bandes de toile qu'ils fixent par une sandale et par des cordes lacées. C'est ainsi chaussés qu'ils marchent dans leurs routes boueuses; ils disent que cette chaussure vaut mieux que des bottes, parce qu'elle peut être séchée dans la soirée. Les hommes portent des manteaux de couleur sombre, et les femmes sont généralement habillées de rouge, les deux couleurs qui, je le suppose, sont le plus aisément préparées. Beaucoup de gens ont des bonnets en feutre au lieu de peau d'agneau. Les maisons de la campagne sont étouffées par la vigueur de la végétation; partout on voit les melons, les potirons, et d'autres plantes rampantes et grimpantes s'élevant sur les toits. Chaque habitation a un jardin et est entourée d'une haie de mûriers; la plupart sont élevées sur des poteaux en bois, à une hauteur considérable de la terre, afin de prévenir les mauvais effets de l'humidité. Les habitans passent les mois d'été et d'automne dans les montagnes où ils cultivent le riz. Ils y vivent dans des huttes qu'ils nomment *yailak*, pour les distinguer de leurs demeures ordinaires qu'ils appellent *kichlak*.

CHAPITRE XVI.

VOYAGE EN PERSE, RETOUR A BOMBAY.

Sortie du Mazandéran.—Défilé de Gadouk.—Firouzkoh.—Un Kurde.—Tehéran.—L'auteur est présenté au roi.—Départ de Tehéran.—L'auteur s'embarque pour l'Inde.—Fin du voyage.

Nous quittâmes la chaussée de Chah Abbas au village d'Aliabad, qui est à 12 milles de Balfrouch, et nous avançant au sud vers les montagnes, nous entrâmes dans la belle vallée qui est arrosée par le Tilar. Avant de quitter le pays bas, nous aperçûmes la cime neigeuse de Demavend. La vallée du Tilar a une étendue de 60 milles; c'est le plus considérable des passages du Mazandéran. Chah Abbas y fit tailler dans le roc une route longue de 10 milles; elle est encore praticable, quoiqu'il n'ait pas convenu à la politique de ses successeurs de la réparer. Nos chevaux y enfonçaient fréquemment dans la boue jusqu'au poitrail, et si Feth Ali Chah connaissait seulement la moitié des malédictions et des imprécations que les muletiers font pleuvoir sur sa tête et sur sa barbe, certainement il la ferait raccommoder pour la paix de son âme. L'aspect de cette vallée est très-pittoresque et romantique ; les montagnes sont couvertes d'arbres, et le murmure de l'eau, qui coulait à plusieurs centaines de pieds au-dessous du chemin produisait un effet extrêmement agréable. A mi-chemin, nous traversâmes le Tilar, sur un pont nommé *Poul i Safaed*, et nous quittâmes les feuillages touffus du Mazandéran.

Nous sortîmes finalement de la vallée par le col de Gadouk, qui conduit au plateau de la Perse. Ce nom signifie un défilé en turc. Pour déboucher de la vallée, la montée fut continue et graduelle ; à Firouzkoh, nous nous trouvâmes de nouveau à 6,000 pieds au-dessus de la mer. De chaque côté, à mesure que nous approchions du col, les précipices s'élevaient en formant des escarpemens majestueux ; le rétrécissement du chemin avait jadis fait naître l'idée de le fortifier. C'est la scène de roman, chantée par Ferdouci, l'Homère persan. On nous indiqua la caverne du *Déoi i Safaed* ou démon blanc, ainsi que le lieu où il fut tué par le vaillant Roustam. Des compagnons de voyage, qui sur la route s'étaient joints à nous, récitèrent des vers du *Chak Nameh*, et plus d'une fois, leurs observations me divertirent. Ils ne rêvaient pas à la vive imagination d'un poète national ; ils regrettaient la dégénération du siècle actuel, qui n'avait plus, comme ceux qui d'avaient précédé, des géans et des Roustam.

Le sommet du défilé était très-froid ; on dit qu'en

hiver, il est quelquefois fatal au voyageur. Chah Abbas y fit construire un bain et un caravanserai: ces deux édifices sont en ruines.

Il me semble que le défilé de Gadouk est identique avec les *pylæ caspiæ* (portes caspiennes), qu'Alexandre le Grand traversa en poursuivant Darius. Leur distance de *Rhages* ou *Reï*, ville ancienne, et voisine de la cité moderne de Tehéran, était, dit-on, de deux journées de marche; le voyage est de 90 milles. J'ai remarqué précédemment que c'était le plus grand des passages du Mazandéran, et nous avons vu qu'il a été chanté par le plus grand poëte de la Perse. Alexandre, en prenant ce chemin, arriva à *Hecatompylos*, d'où il s'avança dans la Parthie. En route, il attaqua les *Taburi*, et un fait très-extraordinaire, c'est que sur les monnaies modernes du Mazandéran, cette province est encore nommée *Tabaristan*.

Du col de Gadouk, nous passâmes dans une vallée triste et bornée de montagnes nues; à son extrémité on trouve Firouzkoh, village et fort, au-dessous d'un rocher nu, à une hauteur de 300 pieds. Ce lieu me rappela Bamian; car plusieurs habitations étaient creusées dans le roc, et les villageois y tiennent leurs troupeaux en hiver. Le climat y est rude, et la neige y couvre le sol pendant cinq mois de l'année. Quelle différence dans l'aspect des habitans! ici ils avaient des joues vermeilles et rosées. Je ne sais si notre élévation au-dessus des plaines basses du Mazandéran influait sur la cuisson de la viande; mais il fallut ici deux fois plus de temps pour cuire mon pilau; l'eau avait bouilli avant que la viande fût prête. Peut-être celle-ci était-elle coriace, et un vieux mouton était peut-être tombé sous le couteau du boucher.

Les habitans du Mazandéran passent pour les plus simples des Persans; nous nous divertîmes un peu aux dépens d'un de nos compagnons de voyage, qui demanda un médicament pour arrêter une fièvre intermittente. Je lui donnai de la quinine; ayant ensuite saisi une occasion de lui demander comment il trouvait le goût amer de cette drogue; « elle n'en a aucun » répondit-il; c'est qu'il l'avait avalée avec le papier qui la contenait.

En trois marches, nous parvînmes à Tehéran, éloigné de 90 milles de Firouzkoh. Les caravansérais de cette partie de la Perse ne sont que de méchantes cabanes; le voyageur y est logé à côté de son cheval. Le pays était aride, attristant et misérable; le nombre des villages, très-petit. Rien n'annonçait que nous approchions de la capitale d'un royaume. Près de Baoumein, dernier lieu de halte, il arriva un incident qui vaut la peine d'être raconté. Un de mes *yabous* ou chevaux avait succombé sous sa charge; j'allai au village pour en louer un autre; le marché fut conclu, et je payai le prix de l'animal à un Kurde avec qui j'avais fait l'affaire; je me préparais à continuer mon voyage, quand cet homme me dit: « Ne veux-tu pas acheter mon mulet en
» échange de ton yabou fourbu, et tu me compteras

» la différence? » Dans le cours de la conversation qui suivit, je reconnus que le Kurde me prenait pour un habitant du Khoraçan, et qu'il était par conséquent inutile de lui dire que j'étais un Européen. J'avais certainement bonne envie de son mulet, et comme je le regardais, cet homme s'écria d'un ton solennel : « Ah çà, comme nous sommes tous deux » de bons musulmans, terminons le marché et ne » nous trompons pas l'un l'autre. » — « Très-volon- » tiers, » repris-je, et après quelques autres paroles tout fut ajusté. Le mulet, ainsi que je m'en aperçus plus tard, avait les reins brisés, et mon cheval une maladie incurable; mais alors elle était aussi évidente pour le Kurde que pour moi. Ce fut ainsi que s'accommoda l'affaire entre deux *bons musulmans*, bien décidés à en user loyalement l'un envers l'autre. La Perse n'est pas le seul pays où les choses se passent de cette manière.

Le 21 octobre, je partis un peu après minuit, afin d'arriver aussi promptement que ce serait possible à la capitale du roi des rois; mais à quoi me servit mon empressement? A peine éloignés de quelques pas du caravanseraï, qu'une charge tomba de dessus le mulet, et tandis qu'on la remettait en place, un cheval se débarrassa de la sienne en ruant. Nous venions de remédier à ces désastres par une nuit extrêmement noire, et nous allions reprendre notre course, lorsque nous nous aperçûmes qu'un cheval s'était écarté, et ce qui m'inquiétait le plus, c'était celui qui portait mes notes, mes cartes et mes papiers. Ma langue s'attacha soudain à mon palais en entendant cette fâcheuse nouvelle, au milieu de Kurdes pillards, et au moment où toutes les difficultés du voyage semblaient être à leur terme. Après une recherche d'une demi-heure, l'animal fut retrouvé; je me remis en route, et je fis bonne diligence jusqu'aux portes de Téhéran, où j'arrivai à midi. Je me dirigeai aussitôt vers l'hôtel de l'ambassade anglaise, où je me présentai, à la porte extérieure, comme un Firinghi. Je ne tardai pas à me trouver avec sir John Campbell, notre envoyé à la cour de Perse, et je passai avec lui et son aimable famille quelques jours très-agréables; comme cet accueil bienveillant et hospitalier me sembla doux après mon long voyage!

Je fus d'abord conduit par l'envoyé devant *les piliers de l'état*, c'est-à-dire chez les ministres du cabinet persan, et ensuite j'eus l'honneur d'être présenté au roi le 26 octobre. J'avais vu le grand mogol en personne, les monarques de Caboul et de Boukharie, et d'autres personnages; mais je fus plus satisfait de me trouver devant le souverain de la Perse. La *kiblah alem*, ou l'attraction du monde, c'est ainsi que le roi est qualifié, était assis dans une salle revêtue de miroirs; nous étions encore au delà de l'éclat de son visage, que nous nous avançâmes et fîmes un salut. Nous étant avancés de nouveau nous fîmes un autre salut. « *Khoch amedid* (soyez les bienvenus)! » s'écria le roi à voix haute. Ayant alors monté quelques marches, nous nous trouvâmes en présence du prince. « *Damagh i chouma tchak est* (vos

» cervaux sont-ils nets)?» dit le monarque d'une voix sonore. Et nous nous rangeâmes dans un coin opposé à celui où se tenait le châh, puis nous répondîmes à ce compliment par un salut.

Sir John Campbell, le capitaine Macdonald et moi composions un groupe de chaque côté duquel se tenaient les ministres. Le châh était à une quarantaine de pieds de nous, et une quantité d'objets en cristal, arrangés avec aussi peu de goût que dans une boutique, nous séparait du roi des rois. Les lustres pendaient du plafond en si grand nombre qu'ils complétaient la ressemblance, et avant qu'aucune conversation eût lieu, on nous avertit de tenir nos sabres, de crainte qu'ils ne brisassent les miroirs encastrés dans le mur derrière nous. « Entend-il le » persan ? dit le roi à un de ses ministres. — *Belé,* » *belé* (oui, oui), fut la réponse; il parle turc, af» ghan, hindoustani, persan et plusieurs autres lan» gues. » Cependant je n'aurais pas tardé à éprouver de l'embarras si le châh avait choisi son idiôme maternel. « Tu as fait un voyage long et difficile », me dit-il d'un ton si affable et d'un air si bienveillant, que je n'éprouvai pas la moindre gêne, et que je commençai une conversation intime avec *l'asile du monde.* Il m'invita à lui nommer les villes que j'avais visitées, et je terminai leur longue liste en disant que, par la grâce de Dieu, j'étais enfin arrivé à la capitale auguste où il résidait. Là-dessus le monarque de s'écrier d'un ton de surprise : « Eh » bien, un Persan n'en aurait pas tant fait; mais

» qu'est-ce qui a pu t'engager à affronter les dangers
» et les fatigues d'un tel voyage? — La curiosité. —
» As-tu voyagé comme Européen? — Oui. — Cela a
» dû te coûter beaucoup d'argent? » Le monarque
rit de bon cœur quand je lui racontai que nous devions à deux ducats d'or et à un peu de thé notre libération des mains des Turcomans. « As-tu tenu
» des notes de ton voyage? — Oui, j'ai mesuré les
» montagnes, examiné les chemins et sondé les ri-
» vières. — Ces gens sont des lions, » s'écria le monarque étonné, — « *Belé*, *belé*, répétèrent ses minis-
» tres; ce sont des tigres, ce sont des Roustams. —
« Donne-moi une idée des affaires de l'Afghanistan,
» quelle est la puissance du chef de Caboul et de ses
» frères? » Je satisfis à toutes ces demandes, ajoutant en bon courtisan que ce chef était redevable de sa puissance aux Persans qu'il avait attachés à ses intérêts. Le châh s'informa de leur nombre et de leur tribu; je lui donnai là-dessus les renseignemens qu'il désirait. Il m'adressa ensuite des questions semblables sur tous les chefs entre l'Inde et la Perse, et m'interrogea sur la route traversant l'Hindou Kouch, et notamment sur les dimensions de l'Oxus qu'il appelait le Djihoun, et semblait regarder comme le plus grand fleuve du monde; il fit mention des déserts que ses eaux traversent, et voulut savoir s'ils étaient praticables pour une armée.

Le châh parla ensuite des habitans de la Boukharie, et me demanda s'ils étaient alarmés de ce qu'Abbas Mirza se trouvait dans le voisinage de leurs fron-

tières. Je n'ai pas besoin de dire que je répondis :
« Ils tremblent... » Les détails que je racontai sur les
prêtres ou mollahs firent sourire le châh, et quand je
prononçai les mots d'*Emir al moumenin*, commandant des fidèles, titre que prend le roi de Boukharie ; le visage du châh exprima le mépris. « As-tu
» mangé de la chair de cheval pendant que tu étais
» chez les Ouzbeks?—Oui, et elle n'a pas mauvais
» goût:—Mais comment t'es-tu débarrassé du mi-
» lieu des Turcomans?—J'ai jeté au chien un mor-
» ceau de viande, et j'ai échappé à ses mâchoires. »

Après une courte interruption dans la conversation, le châh, avec un air d'intérêt à ce qu'il disait,
me demanda quelle était la chose la plus merveil-
leuse que j'eusse vue dans mes voyages. L'occasion
était trop favorable dans cette cour dominée par la
vanité, et je répondis à haute voix : « Centre de l'uni-
vers, quelle vue a pu égaler ce que je contemple en ce
moment, l'éclat de ton visage royal, ô attraction du
monde! » Le châh fit un signe d'approbation, qui fut
suivi d'un murmure d'applaudissemens de la part des
ministres, démonstration manifestant la satisfaction
du monarque et des *piliers de l'état*. « Mais quelle est
» la ville que tu as le plus admirée? » continua-t-il.
Après mon élan d'adulation, je devais faire une réponse
précise, je lui dis que Caboul était le paradis de nos
voyages. Le châh s'enquit particulièrement de Balkh
et de l'état présent de cette ancienne mère des villes.

« Tu as été présenté au prince royal? » dit le roi.
— « Oui, son altesse royale m'a montré une bonté

» toute particulière en me faisant traverser le pays
» des Turcomans avec un khan. — Dis-moi, que
» penses-tu de Koutchan ? » Cette question me fournit une occasion de plaire au vieux monarque, en lui donnant des détails sur les succès de son fils, lesquels furent rehaussés par la description formidable que je lui fis de la force de cette place. « Le Naïb
» Sultanet (c'est ainsi qu'il nommait Abbas Mirza),
» sera-t-il en état de prendre Charaks et de réduire
» les Turcomans de ce canton? — Certainement,
» ils tomberont à ses pieds. — Cette place pourra-
» t-elle entretenir son armée ? » Je fis alors l'énumération des ressources de ce lieu. L'un des ministres, voulant ajouter aux détails demandés par le châh, dit que Charaks était le jardin d'Adam, qui avait coutume de venir de Serendib (Ceylan) pour le cultiver. J'avais entendu parler de cette tradition, mais elle n'était pas entrée dans la catégorie des renseignemens que je croyais propres à instruire le roi.

« Quelle opinion as-tu de l'armée de mon fils, est-elle puissante ? » Je répondis affirmativement. « Dis-moi franchement ton sentiment sur son état. » J'ajoutai que les habits et l'équipement des troupes étaient usés ; mais que dans le temps présent nulle puissance asiatique ne serait assez forte pour résister à de telles troupes, et que leurs succès récens les avaient animés d'une ardeur nouvelle.

Le roi, revenant alors à mes propres affaires, me demanda où je comptais aller ; je lui répondis que je retournerais dans l'Inde. Il ne m'adressa plus d'autre question sur ce sujet; il voulut savoir comment j'avais voyagé dans le Turkestan : je lui dis qu'un chameau m'avait porté, ce qui le fit sourire. Après une conversation sur divers objets, et un échange de complimens entre le châh et l'envoyé britannique, nous sortîmes de la salle d'audience, en faisant les mêmes saluts, et nous conformant aux mêmes cérémonies qu'à notre entrée.

Feth Ali Châh n'a nullement l'air d'un vieillard, quoiqu'il soit âgé de près de soixante-dix ans. Sa voix est pleine et sonore, il se tient très-droit, et avec beaucoup de dignité. Il était vêtu avec une grande simplicité; ses habits étaient de drap noir, ce qui ne lui allait pas bien, et ne faisait pas ressortir sa barbe, cette merveille de l'Orient. Je ne serais pas surpris que ce monarque survécût à son fils Abbas Mirza [1]. On dit qu'il a recours à l'*essence de perle* et de pierres précieuses qu'il emploie comme un tonique pour soutenir ses forces défaillantes; c'est une panacée à laquelle les médecins de l'Orient ont une confiance extrême.

Maintenant je balançais sur le parti que j'allais prendre; j'étais indécis entre l'Europe et l'Asie, quoique j'eusse dit au roi que mon projet était de retourner dans l'Inde; j'éprouvais une vive tentation de faire le voyage de Constantinople, dont je n'étais éloigné que de vingt journées de marche. Plût à

---

[1] Cette conjecture s'est vérifiée; mais depuis la publication du livre de M. Burnes, la nouvelle du décès de Feth Ali Châh est arrivée en Europe.

Dieu que je me fusse laissé aller à ce penchant, puisque j'appris plus tard que de cette capitale on m'avait rappelé en Europe ! Toutefois, je sentis que le but de mon voyage étant atteint, il ne me restait plus qu'à me diriger vers l'Inde, et y mettre en ordre les matériaux que j'avais recueillis. C'est pourquoi je partis de Téhéran le premier jour de novembre ; j'avoue que ce ne fut qu'avec regret, après dix jours passés au milieu de la société amicale que j'avais eu le bonheur d'y rencontrer.

Je gagnai la côte du golfe Persique en passant par Ispahan, Chiraz et Bender-Bouchir ; en chemin je visitai le tombeau de Cyrus et les ruines de Persépolis, ces restes impérissables d'antiquité. Ce chemin et le pays que je traversai ont été décrits trop souvent pour exiger même une remarque transitoire. Je n'essaierai même pas de hasarder mes sentimens sur les habitans après le portrait inimitable qui en a été donné dans le roman d'*Ali Baba*. Cet ouvrage, déduction faite du canevas de la fable, me parut offrir une peinture également vraie et fidèle des mœurs des Persans modernes. Plus tard j'ai lu les voyages de M. Fraser dans ce pays, et j'ose dire qu'autant que je suis en état d'en juger, ils contiennent la description la plus exacte de la Perse qui ait été publiée dans ces derniers temps. Si les faits et les sentimens exposés par ce voyageur intelligent et judicieux étaient plus généralement connus, on aurait des idées plus justes sur l'état de faiblesse et la position chancelante de cet empire, et on apprécierait mieux son poids et son influence dans la balance politique.

A Bouchir je trouvai que M. Blanc, agent britannique dans le golfe Persique, avait eu l'obligeance de retarder jusqu'à mon arrivée le départ du *Clive*, vaisseau de guerre de la compagnie anglaise des Indes. Je ne tardai pas à m'embarquer, et le 10 décembre je dis adieu à la Perse. Notre traversée de Bouchir à Bombay fut agréable; M. Macdonald, capitaine du *Clive*, ne négligea rien pour la rendre amusante et intéressante. Si nous reconnûmes que la mer d'Oman aux eaux d'un bleu foncé et ses rivages stériles avaient été le sujet de louanges exagérées de la part de poëtes dominés par leur imagination, nous eûmes quelque plaisir à jeter un coup d'œil sur l'île d'Ormus, cet entrepôt du commerce autrefois si fameux; sur la côte âpre et raboteuse de l'Arabie, avec la baie pittoresque de Mascat, et sur les bords arides du Mékran. Nous laissâmes tomber l'ancre dans le port de Bombay le 18 janvier 1833, et nous y passâmes le reste du mois en quarantaine. Ensuite je partis sans délai pour Calcutta, afin de présenter le résultat de mes voyages à lord William Bentinck, gouverneur général de l'Inde.

Je ne m'arrêterai pas à réfléchir sur les sentimens que j'éprouvai en rentrant dans ce pays après une pérégrination si longue et si pénible. A mon départ je voyais en perspective tout ce qui dans les temps anciens et modernes pouvait exciter l'intérêt et enflammer l'imagination : la Bactriane, la Transoxane, la Scythie et la Parthie; le Kharasm, le Khoraçan et l'Iran. Maintenant nous avions visité toutes ces contrées, nous avions suivi la plus grande partie de la route des Macédoniens, parcouru les royaumes de Porus et de Taxile, navigué sur l'Hydaspes, traversé le Caucase indien, et séjourné dans la célèbre cité de Balkh, d'où des monarques grecs, à une distance considérable des académies de Corinthe et d'Athènes, avaient jadis répandu parmi le genre humain et dans le monde la connaissance des arts et des sciences, et de leur propre histoire. Nous avions contemplé le théâtre des guerres d'Alexandre, des invasions de Djinghis et de Timour, conquérans grossiers et barbares, ainsi que des campagnes et des divertissemens de Baber, tels qu'il les a racontés dans le style délicieux et brûlant de ses mémoires. Dans notre voyage aux côtes de la mer Caspienne nous avions pris la route par laquelle Alexandre avait poursuivi Darius, en revenant vers l'Inde nous avions longé la côte du Mékran qui répond à *la Gédrosie*, et enfin nous nous retrouvâmes dans les parages où avait navigué Néarque, amiral de la flotte du héros macédonien.

MÉMOIRE

SUR

LA GÉOGRAPHIE,

L'HISTOIRE ET LE COMMERCE

D'UNE PARTIE

DE L'ASIE CENTRALE.

MÉMOIRE

SUR

LA GÉOGRAPHIE,

L'HISTOIRE ET LE COMMERCE

D'UNE PARTIE

DE L'ASIE CENTRALE.

La relation de mon voyage terminée, je vais traiter des objets qui, étant relatifs à la géographie et à l'état des pays que j'ai visités, me paraissent mériter de fixer l'attention. On verra que la ligne que j'ai suivie a traversé une portion de l'Inde, de l'Afghanistan, du Turkestan et de la Perse, et que je pourrais avec raison suivre cet ordre dans mes descriptions. Cependant, comme je n'ai pas l'intention de récapituler les travaux d'autrui ni de m'arrêter sur ce qui est déjà connu, je me suis borné à ce qui est nouveau et intéressant. Mes cartes rectifieront beaucoup de positions dans ces contrées, et même feront changer de place à de vastes chaînes de montagnes. Quant à l'Afghanistan, l'ouvrage précieux de M. Elphinstone, sur le royaume de Caboul, a donné des détails géographiques sur chacune de ces provinces. Mon domaine s'étend dans les routes peu fréquentées au delà de l'Hindou Kouch parmi les Turcs nomades, au milieu des déserts embellis çà et là par beaucoup d'oasis riantes et fertiles. Si mon lecteur place sous ses yeux la carte de mon voyage, il reconnaîtra que je ne parle que des contrées que j'ai visitées, à l'exception de ce que j'ai dit précédemment sur les sources de l'Indus, et de ce que j'exposerai dans un des chapitres suivans, sur le commerce de la Chine ; l'intérêt du sujet, j'aime à le croire, me servira d'excuse. Dans les deux derniers livres, je présente mon rapport à peu près dans le même état que je l'ai soumis au gouvernement général de l'Inde ; la forme n'est peut-être pas la plus convenable pour l'instruction du public, mais l'authenticité bien avérée dans ce cas donnera peut-être à ce morceau plus de droits à l'attention. Par des raisons qu'il n'est pas nécessaire d'expliquer, j'ai dû abréger cette portion de mon ouvrage et d'autres également.

NOTICE

SUR LA CARTE DE L'ASIE CENTRALE.

Les résultats de mon examen des pays situés entre l'Inde et la mer Caspienne sont présentés sur ma carte; mais les faits sur lesquels ces résultats sont fondés doivent être exposés afin que le public puisse juger de l'authenticité du document que je lui offre.

Les instrumens que j'employai furent un sextant de neuf pouces de rayon de Gilbert, et une boussole de Schmalkalder, divisée en 360 degrés. Je déterminai avec le sextant les parallèles des latitudes quand ce fut possible, soit par la hauteur méridienne du soleil, soit par l'élévation de l'étoile polaire; je mesurai avec la boussole la position relative des lieux ou les angles du terrain. Le temps de la marche fut noté sur le lieu même, d'après un excellent chronomètre d'Arnold.

Divers essais faits à l'aide d'observations astronomiques donnèrent les résultats suivans pour l'évaluation de la marche :

1°. A cheval, dans un pays plat tel que le Pendjab, ou les régions à l'est de la mer Caspienne, quand on ne voyage pas en caravane on parcourt 30 stades ou 3 3/4 milles à l'heure.

2°. A cheval dans un pays montagneux ou inégal, tel que celui qui est compris entre l'Indus et Caboul, quand on est accompagné de mulets peu chargés, 3 milles à l'heure.

3o. A dos de chameau, dans un pays plat, tel que le Turkestan, à peu près 3,800 yards ou 2 milles et 300 yards à l'heure.

Il a été tenu compte, dans chaque cas, des grandes sinuosités de la route, et elles ont été corrigées d'après le relèvement des pics des montagnes, ou d'après quelque point remarquable, soit en avant, soit en arrière.

L'évaluation de la marche des chameaux exige quelques explications ultérieures, parce que j'ai pris beaucoup de peine pour la constater, et j'ose espérer qu'elle pourra être utile à d'autres. Vingt-deux chameaux disposés en *kittar* ou cordon, c'est-à-dire attachés à la suite les uns des autres, couvrent un espace de 115 pas de 2 1/2 pieds chacun, ce qui équivaut à 94 yards faisant 282 pieds. Ils parcourent cet espace en 90 secondes, ou 76 2/3 pas par minute, ou 3,833 yards par heure : Ainsi

$$
\begin{array}{r}
76 \tfrac{2}{3} \text{ à la minute.} \\
60 \text{ minutes.} \\
\hline
4560 \\
40 \\
\hline
4600 \text{ pas.} \\
2 \tfrac{1}{2} \text{ pieds.} \\
\hline
3)\ 11{,}500 \text{ pieds.} \\
\hline
3833 \text{ yards.}
\end{array}
$$

Les chameaux marchent plus vite la nuit ou à la fraîcheur du matin, et ralentissent leur pas au bout de 25 milles; j'ai en conséquence pris le nombre rond de 3,800 yards comme base de mon évaluation. Je ne puis partager l'opinion de M. Macartney, qui estime la marche des chameaux à 2 1/2 ou 2 3/4 milles à l'heure. Volney nous apprend que le chameau de Syrie ne parcourt que 3,600 yards à l'heure, taux qui est inférieur à celui que j'ai adopté : et ce grand voyageur ne peut pas être très-loin de la vérité. Dans un pays sablonneux, j'ai employé l'expédient suivant pour constater la marche du chameau, et le résultat présente une approximation satisfaisante.

Un cordon de 7 cham. parcourt sa propre longueur en 26 sec.

10	42
7	28
8	35
8	37
12	50
52	218

Chaque chameau en cordon occupe à peu près 13 pieds ; de sorte que 52 chameaux couvrent 676 pieds, ce qui donne à peu près 3,700 yards à l'heure dans un terrain mou ; ainsi :

Si 218 secondes : 676 pieds ; 3,600 secondes : 3,700 yards.

Ce produit prouve que l'évaluation de la marche que je viens de présenter approche extrêmement de la vérité ; en effet, la position que j'attribue à Boukhara ne diffère que de 30 milles à l'ouest de celle que lui a assignée la légation russe, et qui est de 64° 55′ de longitude est. Sur la carte de M. Macartney, cette ville est placée par 69° 10′, quantité que M. Elphinstone changea en celle de 62° 45′, bien qu'il remarque qu'il n'est pas satisfait de cette position.

Je trouvai que la latitude de Boukhara était de 39° 43′ 41″ nord; mais je ne suis pas à cet égard d'accord avec d'autres auteurs; voici leurs déterminations :

MM. Macartney.	37° 45
Elphinstone.	39 27
Rennel.	39 25
Antoine Jenkinson.	39 10

J'ai trouvé également une coïncidence remarquable avec la longitude véritable, dans mes évaluations des points de la route de Meched à la mer Caspienne.

Ainsi, en partant de Lodiana, dans l'Inde, qui est par 75° 54′ de longitude est, et 30° 55′ 30″ de latitude nord, mes observations jusqu'à Peichaver coïncidaient presque avec la position de cette ville, déterminée par l'ambassade au Caboul. Celle qu'on lui assigna fut 71° 45′ de longitude, je l'ai placée par 71° 33′; cette ville est par 34° 9′ 30″ de latitude nord. La position de Caboul relativement à Peichaver a été changée, de même que l'emplacement des chaînes de montagnes; mais il est inutile d'entrer dans des détails des diverses modifications que l'inspection de ma carte et sa comparaison à d'autres indiqueront à l'instant. Avec l'aide de M. John Arrowsmith, qui par ses travaux a mérité les suffrages du public, les matériaux, fruits de mes recherches, ont été incorporés aux renseignemens géographiques les plus récens. J'ai eu soin de distinguer sur ma carte la route que j'ai suivie de celle des autres voyageurs.

Il me paraît convenable de consigner ici les observations de latitude que j'ai faites; celles qui sont marquées d'un astérisque eurent lieu la nuit.

Lodiana, sur le Setledje................	30° 55' 30"
Confluent du Setledje et du Beyah à Hari......	31 9 50
Lahor (porte du sud)..................	31 34 52
Ramnagar, sur le Tchénab................	32 19 33
Pend Dadan Khan, sur le Djalem..........	32 34 53
Rotas, en Pendjab....................	32 58 2
Djané Ka Seng, en Pendjab.............	33 41 8
Attok, sur l'Indus....................	33 54 46
Peichaver (détermination de M. Macartney)....	34 9 30
Caboul, quartier du sud...............	*34 24 5
Balkh (observation faite à 17 milles à l'ouest)...	*36 48 0
l'Oxus, à Khodja Sala.................	*37 27 45
Karchey, en Turkestan.................	*38 51 50
Boukhara (centre et moyenne de trois observations),	*39 43 41
Mirabad, près de Karakoul.............	39 21 51
Tchardjoui (rive méridionale de l'Oxus).......	39 0 30
Balghoui, dans le désert...............	*38 39 21
Khodja Abdoula, sur le Mourghab.........	*37 36 15
Charakhs (observation solaire)............	*36 32 10
——— (d'après l'étoile polaire)..........	36 31 10
Meched (quartier de l'ouest).............	36 15 44
Campement chez les Turcomans Gohklan.....	37 21 57
Kourd Malla, sur la mer Caspienne........	36 46 25
Tehéran, capitale de la Perse............	35 40 0

MÉMOIRE

SUR

LA GÉOGRAPHIE,

L'HISTOIRE ET LE COMMERCE

D'UNE PARTIE

DE L'ASIE CENTRALE.

LIVRE I.

GÉOGRAPHIE D'UNE PARTIE DE L'ASIE CENTRALE.

CHAPITRE PREMIER.

ROYAUME DE BOUKHARIE.

Limites et étendue.—Divisions politiques et naturelles.—Géographie physique. — Aspect du pays. — Climat. — Rivières. — Montagnes. — Minéraux. — Végétaux. — Denrées. — Fruits. —Animaux domestiques. — Animaux sauvages.—Oiseaux.— Vers à soie. — Maladies. — Villes. — Population.

SAMARCAND et Boukhara ont fourni le sujet de descriptions brillantes aux historiens et aux poëtes de tous les siècles. La contrée où ces deux villes sont situées forme une partie du *Turkestan* ou *Terre des Turcs*, c'est le nom que lui donnent les indigènes. La Boukharie est un royaume de peu d'étendue, que des déserts entourent de toutes parts et isolent. C'est un pays uni, ouvert, de fertilité très-inégale. Dans le voisinage du petit nombre de rivières qui l'arrosent, le terrain est gras, au delà il est nu et stérile. La Boukharie doit son importance à sa position centrale, étant située entre l'Europe et les régions les plus riches de l'Asie. Ses bornes sont : au nord, le lac Aral, le Sir-Deria ou Sihoun (le *Jaxartes* des anciens), et le Khanat de Khokhand ou le Ferghana : à l'est, les montagnes qui se détachent du plateau de Pamér; au sud, il s'étend au delà de l'Amou déria ou Djihoun (*l'Oxus* des anciens), et exerce une suprématie sur Balkh et les cantons d'Andkho et de Meïmana : à l'ouest, il est séparé du Khanat de Khiva par le désert de Kharism, qui commence à moins d'une journée de Boukhara. Dans cette énumération, 'ai assigné à ce royaume ses limites les plus étendues, car des provinces que j'y ai comprises ne lui montrent qu'une obéissance douteuse.

Le trait caractéristique de cette contrée est l'Oxus qui la coupe en deux et la rend habitable. Le Kohik, qui dans la partie inférieure de son cours, coule à angle droit vers ce fleuve, a ses eaux épuisées avant qu'il puisse y arriver. Une autre rivière, un peu au-dessous, partage le même sort, après avoir arrosé la province de Karchey. C'est sur les rives de ces divers cours d'eau qu'est située toute la terre cultivable de la Boukharie. Ce royaume est compris entre 36 et

45 degrés de latitude nord, et entre 61 et 67 degrés de longitude est. Seulement une très-petite portion de ce vaste espace est peuplée. D'Eldjik sur l'Oxus, à la frontière occidentale, à Djazzak qui est à l'orientale, ce qui est la ligne de culture traversant le pays, on compte 240 milles. De Balkh à Boukhara il n'en a que 260, et presque partout il est inhabité; le désert commence à 15 milles au delà de la capitale.

Voici, conformément aux indications données par les habitans, les divisions politiques et naturelles du royaume : 1o. Karakoul; 2o. Boukhara, et sept tomans ou cantons qui l'entourent; 3o. Kermina; 4o. Miankal ou Katta Kourghan; 5o. Samarcand qui a cinq tomans; 6o. Djazzak; 7o. Karchey; 8o. Labiah ou les rives de l'Oxus; 9o. Balkh et les provinces au sud de ce fleuve. Les six premières de ces huit divisions occupent la vallée du Kohik ou Zarafchan, dénominations qui signifient également la rivière répandant de l'or. C'est l'ancienne vallée de Sogd qui a obtenu les éloges de tous les siècles, depuis le temps d'Alexandre. Les conquérans arabes la regardèrent comme un paradis sur terre; toutefois une grande partie de sa renommée doit être attribuée à son contraste avec les territoires arides qui l'entourent, sa beauté captivant naturellement les yeux de ceux qui la contemplent après avoir long-temps voyagé dans un océan de sable. Néanmoins c'est réellement une superbe vallée. Karchey, situé à 60 milles au sud de Samarcand, est une oasis; une rivière venant de la province de Cheher Sebz, qui est contiguë, fertilise ce canton où elle épuise ses eaux. Le territoire le long des rives de l'Oxus est également très-favorisé de la nature. Cependant la lisière cultivée est étroite et en grande partie négligée. Balkh et les cantons au sud de l'Oxus doivent aussi leur fertilité à l'abondance des eaux qui jadis étaient réparties entre une multitude de villages ; mais les invasions de hordes pillardes ont désolé ces terres fécondes ; la seule marque de soumission que ces cantons donnent au roi de Boukharie est de lui envoyer tous les ans quelques chevaux en guise de tribut ; voici leurs noms : Aktché, Chibbergâni, Andkhouï, Maïmana et Seripoul ; tous, à l'exception du dernier, sont au nord des montagnes.

La structure géologique et la conformation générale d'une vaste plaine n'est pas moins intéressante que les traits d'une haute chaîne de montagnes ; cependant nous avons ici bien moins d'occasions d'observer et de décrire. La grande plaine du Turkestan a une élévation de 2,000 pieds, elle s'abaisse graduellement à l'ouest de Balkh, ainsi que le dénotent la pente et la direction des rivières, jusqu'à ce qu'elle arrive au lac Aral et à la mer Caspienne. Le pays au nord de l'Oxus et depuis le pied des montagnes jusqu'à Boukhara sont ce que je connais le mieux. On rencontre une suite des chaînes basses et arrondies de calcaire, d'oolite et de gravier, couvertes d'une verdure chétive, et alternant avec de grandes plaines d'argile durcie, qui sous ce climat sec offrent d'excellens chemins à l'artillerie la plus lourde. Çà et là s'élèvent des groupes de dunes de peu d'étendue, mais qui en ont assez pour observer les eaux de tous les ruisseaux coulant vers l'Oxus, et qui semblent se prolonger sur une ligne étroite parallèlement au fleuve; leur plus grande largeur qui est entre ses rives et Karakoul, peut être évaluée à 12 milles; plus à l'est, elles en ont au plus 6; et entre Karchey et l'Oxus, on ne voit plus que quelques dunes éparses. A l'ouest de Boukhara leurs dimensions deviennent plus considérables, et elles se rapprochent beaucoup des deux bords du Kohik, ne laissant qu'un petit intervalle pour la culture; ensuite elles courent au nord et à l'ouest dans les déserts du Kaptchak et du Kharism. J'ai parlé dans ma relation de leur étendue et de leur continuation au sud de l'Oxus. Ces dunes ont leur base sur le terrain le plus solide, et on peut, du premier coup d'œil, distinguer que le vent les a déplacées d'un autre endroit pour les transporter là. On rencontre de temps en temps dans les vallées des dépôts de sel et des ruisseaux salans, et presque tous les puits de ce canton sont ou salés ou saumâtres. Leu profondeur n'excède jamais trente-six pieds, et celle d'un grand nombre n'est que de dix-huit pieds. Entre Boukhara et l'Oxus, l'eau transsude à travers le sable, en août sa température n'était que de 60° (12°43) tandis que celle de l'air dépassait 100° (30°20). Elle était aussi agréable au palais que si on l'eût fait rafraîchir dans la glace. On dit que dans la saison froide ces puits sont chauds; il est donc évident qu'ils gardent pendant toute l'année une température égale. Le pays au nord de l'Oxus est habité faiblement par des tribus pastorales, et inculte ; cependant des restes d'aquéducs et de constructions, notamment entre Karchey et Boukhara, annoncent qu'un temps plus heureux a existé pour ces terres aujourd'hui négligées.

Le climat de la Boukharie est salubre et agréable ; il est sec et très-froid en hiver, ainsi que cela arrive ordinairement dans les pays sablonneux. Rien ne le prouve mieux que la congélation de l'Oxus. En été, le thermomètre monte rarement au-dessus de 90° (25° 75), et les nuits sont toujours fraîches ; toutefois ceci ne s'applique qu'à Boukhara, car en venant par le désert à cette ville au mois de juin, la chaleur s'éleva au-dessus de 100° (30° 20). La végétation très-vigoureuse des environs de cette capitale doit abaisser la température, ce qui explique la différence entre la chaleur brûlante du pays qui l'entoure et son climat plus doux. Boukhara est à 1,200 pieds d'élévation au-dessus du niveau de la mer. L'atmosphère y est constamment sereine et le ciel pur, d'un bleu éclatant, généralement sans nuage. Pendant la nuit, les étoiles brillent d'un éclat extraordinaire, et la voie lactée resplendit magnifiquement ; même de clair de lune une étoile est visible au bord de l'horizon à une élévation qui n'est que de trois ou quatre degrés. Des météores lumineux s'y montrent également et presque sans cesse sous la forme de fusées volantes ; on en aperçoit quelquefois une douzaine en une heure; ils sont de toutes sortes de couleurs, enflammés, rouges, bleus, pâles et jaunâtres. C'est un beau pays pour l'astronomie, et le célèbre observatoire Samarcand a dû jouir de très-grandes facilités pour ses travaux.

Au milieu de juillet, après quelques jours de chaleur plus forte qu'à l'ordinaire, nous éprouvâmes un violent tourbillon de poussière, accompagné d'un vent ardent; il venait du nord-ouest, et on pouvait le voir avancer : il fut dissipé au bout de quelques heures et laissa l'air clair et frais. L'année précédente j'avais été témoin, à peu près à la même époque, d'un phénomène semblable à Moultan, sur le Tchénab. Il paraît que ces nuages de poussière ne surviennent que près du désert; mais alors chaque coup de vent un peu fort devrait en soulever un semblable; c'est cependant ce qui n'arrive pas. En hiver, la neige couvre la terre pendant trois mois à Boukhara; les pluies du printemps sont quelquefois abondantes; néanmoins le climat est aride. L'évaporation de l'eau est si rapide, qu'aussitôt après la pluie les chemins sont secs. L'âge avancé d'un grand nombre d'habitans me porte à croire que la température est favorable à la constitution humaine.

J'ai parlé jusqu'ici de Boukhara et des cantons au nord de l'Oxus. A Balkh, la chaleur est accablante, et le climat insalubre, ce qu'on attribue à la mauvaise qualité de l'eau : elle est de couleur blanchâtre et mêlée d'une terre semblable à l'argile à pipe. Ce n'est pas son abondance qui donne naissance aux marais, car la plupart des canaux sont bouchés; et le pays, quand il est sec, continue à être également malsain. A Balkh la moisson se fait cinquante jours plus tard qu'à Peichaver; on y coupe le froment au milieu de juin, et à Boukhara au commencement de juillet.

En Boukharie, les rivières sont d'une importance extrême, puisqu'elles rendent une partie de ces terres inhospitalières, habitables pour l'homme. Elles sont au nombre de cinq dans ce pays : l'Oxus ou Amou-Déria, le Jaxartes ou Sir-Déria, le Kohik, la rivière de Karchey, celle de Balkh. Le Sir appartient à peine à la Boukharie; il a sa source dans les mêmes montagnes que l'Amou, traverse les pays de Khokhand et de Khodjend, passe ensuite dans un désert et se jette dans le lac Aral, vers les 46° de latitude nord. Il est bien moins considérable que l'Oxus, mais on dit qu'il a un cours plus rapide. En été, il est guéable; en hiver, couvert d'une glace quelquefois épaisse de six pieds, et sur laquelle les caravanes cheminent. Le Kohik a sa source dans les montagnes à l'est de Samarcand, et au nord de cette ville et de Boukhara. Dans la province de Karakoul, il forme un lac, au lieu de se joindre à l'Oxus, comme on le voit sur nos cartes. Dans la partie supérieure de son cours, il fertilise la riche province de Samarcand; au-dessous de cette ville, dans le Miankal, ses eaux sont dérivées de côté et d'autre pour l'irrigation : pendant trois ou quatre mois son lit est complétement à sec à Boukhara, ce qui occasionne de graves inconvéniens à cette capitale et à tous les pays au-dessous, puisqu'on n'y a d'autre eau que celle de cette rivière. Il est singulier que les habitans aient un penchant décidé à cultiver partout, dans une contrée aussi aride, une céréale qui ressemble au riz et qui exige également une surabondance d'eau. Le lac où le Kohik termine son cours, est connu vulgairement sous le nom de *denghiz* (mer); sa longueur est de 25 milles; il est de toutes parts entouré de dunes, très-profond, et, d'après ce qu'on m'a raconté, il ne diminue dans aucune saison. A la fonte des neiges, en été, l'eau y arrive aussi constamment qu'en hiver. Son eau est salée, quoique celle de la seule rivière qui l'alimente soit douce; mais ce fait est d'accord avec les lois de la nature, puisque ce lac n'a aucune espèce d'issue. La rivière de Karchey a sa source dans le même pays haut que le Kohik; elle passe par Cheher Sebz et Karchey, puis se perd dans le désert. Les bienfaits dus à l'eau se manifestent surtout dans le voisinage de cette rivière. Les campagnes de Cheher Sebz donnent de riches récoltes de riz, et celles de Karchey offrent une surface couverte de jardins et de vergers. A une distance de 16 milles d'un côté et de 6 milles d'un autre, les eaux de cette petite rivière sont distribuées dans des canaux : quand l'irrigation devient impossible, un désert stérile contraste de nouveau avec la verdure et les beaux herbages. Cette rivière est entretenue par la fonte des neiges; son eau est tellement sous la dépendance du chef de Cheher Sebz, qu'il peut en tout temps empêcher qu'elle se dirige vers les cantons inférieurs. L'usage pour cette rivière, ainsi que pour le Kohik, est de la laisser couler, pendant un temps déterminé, dans tels ou tels canaux, ce qui procure à chaque village l'avantage de la posséder une fois en dix jours ; telle est sa valeur et telle est l'application du cultivateur dans cette contrée. La rivière de Balkh prend sa source dans le revers méridional de l'Hindou Kouch, à peu près à 20 milles de Bamian, près du Bend i Berber, fameux barrage attribué à un miracle d'Ali, et qui paraît être dû à une avalanche de terre tombée dans un ravin. Cette rivière coule au nord dans les montagnes, et à 6 milles au sud de Balkh entre dans les plaines du Turkestan. Elle y est partagée en canaux nombreux, car on dit qu'il y en a dix-huit, et conduit à cette ville, ainsi qu'à Mazar à l'est, et à Akcha à l'ouest. Ce dernier lieu est à 50 milles de Balkh ; aucun des autres canaux ne va aussi loin, quoiqu'une portion de leur eau ruisselle jusqu'à la moitié du chemin de Balkh à l'Oxus, et serve aux Turcomans nomades à étancher leur soif et celle de leurs troupeaux. Il est impossible de dessiner le cours des canaux du territoire de Balkh, car ils l'entrecoupent entièrement, et partout on en aperçoit les traces. La pente douce du pays vers l'Oxus offre de grandes facilités pour l'irrigation des terres ; elles sont grasses et fécondes, ce qui explique la population considérable et la grande fertilité qui distinguaient autrefois ce pays.

Les montagnes de la Boukharie sont situées sur

ses frontières; à l'est et au sud elles forment ses limites : mais on n'en voit pas dans l'intérieur, à l'exception de quelques chaînes basses, près de Cheher Sebz et de Samarcand. La ligne septentrionale de l'Hindou Kouch, près de Balkh, est placée inexactement, puisque cette ville en est éloignée de 6 milles, dans une plaine, et en dehors des montagnes de la chaîne qui se dirige à l'ouest, et n'atteint jamais une latitude aussi haute. Nos cartes ordinaires représentent Balkh sur ces montagnes[1], et prolongent même la chaîne au nord-est jusqu'à l'Oxus. Je parlerai ailleurs plus en détail de cette grande ceinture de monts, dont ceux du voisinage de Balkh ne sont que des ramifications. Au milieu de l'été, on se procure dans cette ville de la neige venant des vallées éloignées d'une vingtaine de milles.

En approchant de Karchey, nous aperçûmes à l'est une chaîne de hautes montagnes neigeuses qui semblaient courir nord et sud. Les Boukhars les nomment monts Baïtoun, d'après un village de ce nom; ils nous assurèrent qu'ils étaient à six journées ou 150 milles de distance de Karchey. Au mois de juin, ils étaient entièrement enveloppés de neige, ce qui leur assignerait une élévation absolue de 18,000 pieds au moins, à en juger d'après l'Hindou Kouch. Aucun pic remarquable n'était en vue; ces monts se prolongeaient en une masse continue,

---

[1] Le texte du livre de M. Elphinstone dit que Balkh est dans une plaine; ainsi, les montagnes qu'on voit sur sa carte sont dues probablement à une erreur du graveur.

comme une formation trapéenne; de nombreux faîtes moins hauts s'en détachaient de notre côté; cependant ces monts de Baïtoun dominaient sur tous ceux qui les entouraient et donnaient l'idée d'une élévation très-considérable. Nous les revîmes au lever du soleil; mais en avançant à l'ouest de Karchey, nous ne contemplâmes plus cette perspective magnifique; je suis embarrassé pour désigner cette chaîne avec exactitude. L'empereur Baber parle des Karatagh ou montagnes noires dans le Karataghin; aujourd'hui ce nom est inconnu. Il paraît que ces monts terminent à l'ouest le plateau de Pamér; ils courent à angle droit vers l'Hindou Kouch, et presque sous le même méridien, ce qui vient à l'appui de l'opinion suivant laquelle ils ne sont qu'un rameau de cette chaîne. Au nord de l'Oxus, les montagnes commencent à s'élever dans la province de Hissar qui est indépendante; et celles que j'ai décrites paraissent en être le prolongement. Toutefois, dans le Hissar, elles ne sont couvertes de neige qu'en hiver; leur hauteur est plus considérable que celle que je m'attendais à trouver dans cette partie de l'Asie. Le pays situé à leur pied est habité par les Ouzbeks Kongrad.

Quand on parle des productions minérales de la Boukharie, les souvenirs se portent vers la funeste expédition tentée par les Russes en 1716 dans ces contrées, pour y chercher de l'or. J'ai dit précédemment que les noms de Kohik et Zarafchan signifient rivière donnant de l'or. Le résultat de l'entreprise du prince Békevitch est bien connu; il périt avec les trois mille hommes qui l'accompagnaient. Il n'y a pas de mines d'or dans le royaume de Boukharie ; mais ou trouve ce métal dans les sables de l'Oxus, plus abondamment peut-être que dans celui des rivières venant de l'Hindou Kouch. Depuis sa source jusqu'au lac Aral, les habitans lavent avec un grand profit ce sable après les grandes eaux, et rencontrent des grains ou des particules d'or plus gros que ceux de l'Indus; l'an passé on ramassa sur les bords de l'Oxus une pépite d'or pur et de la dimension d'un œuf de pigeon; elle est entre les mains d'un commerçant de Kouloum. Les sables en produisent le plus dans le voisinage de Dervaz. On dit que les falaises de lapis lazuli, suspendues au-dessus de l'Oxus dans le Badakchan, sont traversées également par des veines d'or; mais d'après les échantillons qu'on m'a montrés, c'est tout simplement du mica. Tous les autres métaux, tels que l'argent, le fer et le cuivre, sont apportés en Russie. Le sel ammoniac (*noutchadar*), est recueilli pur dans les coteaux voisins de Djazzak. Je ne connais d'autres productions minérales en Boukharie que le sel gemme. A Hissar, il existe dans des collines assez semblables à celles du Pendjab. Dans les plaines on l'extrait en masse; et, après avoir été lavé, il est prêt pour le marché. Au-dessous de Tchardjoui, à 2 milles de la rive droite de l'Oxus, il y en a un lit de 5 milles de circonférence et nommé Khouadja Hanfi. Il y est cristallisé imparfaitement, noir et de qualité très-médiocre; une charge de chameau de cinq quintaux ne coûte à Boukhara qu'un quart de tilla. (3 fr. 75 c.)

Les productions du règne végétal sont plus nombreuses. Le bois employé dans les constructions est celui du peuplier qui croît partout. Le coton, dont la culture est très-étendue, s'exporte tant en laine que manufacturé : on élève du chanvre ; on n'en tire d'autre parti que d'extraire de l'huile des graines de la plante, ainsi que la boisson suivante nommée *beng*, et on donne les tiges au bétail. On m'a raconté que l'arbrisseau à thé croît entre Samarcand et Khokhand ; cependant je doute de l'exactitude de ce renseignement, qui n'a jamais été confirmé convenablement. L'*esbarak*, petite plante à fleur jaune, des collines basses entre Karchey et Balkh, est employée pour la teinture, et on en obtient une meilleure couleur que celle qu'on tire de l'écorce de grenade. La garance (*bayak*) est également indigène ; on laisse ses racines dix-huit mois en terre. Les racines de la vigne fournissent une excellente couleur rouge foncé. Ni l'indigo, ni la canne à sucre, ne croissent en Boukharie ; ces végétaux pourraient y être cultivés ; leurs produits forment le principal objet de commerce venant de l'Inde. On remplace le sucre par la *tarandjabin*, gomme sucrée qui transsude du *khari choutar*, arbrisseau connu sous le nom d'épine du chameau. Vers la fin d'août, quand ils est en fleur, on le voit le matin couvert de gouttes qui ressemblent à celles de la rosée ; on le secoue, et elles tombent sur une toile placée au-dessous ; c'est ce qu'on nomme le tarandjabin. On en recueille annuellement quelques centaines de mâns, et on s'en sert pour préparer les confitures et les conserves. Quoique le khari choutar soit commun dans presque tous les pays de l'Asie, il n'y produit pas toujours du tarandjabin comme en Boukharie. Cette substance est inconnue dans l'Inde et dans l Afghanistan, et ne se trouve pas non plus à l'ouest de Boukhara, ou près de cette capitale ; bien qu'elle soit très-abondante à l'est, dans les environs de Karchey et de Samarcand. Il paraît qu'elle est particulière à certains terrains; elle est commune dans les déserts arides ; c'est probablement la séve surabondante de l'arbrisseau qui transsude et se durcit en petits grains. Les Boukhars sont persuadés que c'est réellement de la rosée ; l'idée est assez absurde ; toutefois, je n'ai jamais entendu dire que ce suc fût produit par un insecte, ainsi qu'on l'a affirmé. Très-probablement on pourrait faire du sucre avec cette substance, découverte qui serait inappréciable, puisque les Boukhars le remplacent, à cause de sa cherté, par le *chirn*, qui est du sirop de raisin ou de mûre. Le sucre pourrait aussi être extrait du djaouari, de la betterave et du melon.

Un autre arbrisseau précieux est l'*asl sous* ou l'*atchik boui*; il paraît être un indigo bâtard, et croît très-abondamment sur les bords de l'Oxus et des autres rivières de la Boukharie. Les racines de ce végétal s'enfoncent profondément en terre, et dans certaines saisons un petit ver arrondi s'y attache; cet animal donne une couleur rouge semblable

TOME III. 9

à celle du kermès; des commerçans m'invitèrent à leur en dire mon avis : l'insecte, quand on l'expose au soleil, s'anime; quand on le fait périr dans un four, il se racroville, et néanmoins fournit une teinture qui n'est inférieure qu'à la cochenille. Je l'ai comparée à celle de l'Amérique; elles m'ont paru semblables, sinon que la préparation des Boukhars avait moins d'intensité. Si cet insecte produisait de la cochenille, la découverte serait d'une haute importance dans un pays où on récolte de la soie, et il n'est pas douteux qu'on ne puisse le tuer par la vapeur de l'eau bouillante. Un Cachemirien avait essayé d'en former des gâteaux; mais cela n'a pas eu plus de succès que de le placer isolément dans le four.

Les grains qu'on moissonne en Boukharie sont le riz, le froment, l'orge, le djaouari (*djaougan*), la sésame (*ardjan*), le maïs, la gram, le moung et les haricots. Un fait étonnant, c'est que dans les cantons au sud de l'Oxus le froment a donné des récoltes trois années de suite. La moisson finie, on laisse entrer le bétail dans le champ, et l'année suivante les tiges poussent de nouveau et fournissent des épis. La seconde récolte est bonne, la suivante moins copieuse. Dans la Boukharie proprement dite, la terre n'est pas très-féconde; car à Karakoul on n'obtient que sept grains pour un. Le trèfle est cultivé et coupé sept à huit fois dans l'année; la luzerne a besoin d'une trop grande quantité d'eau. Le tabac de Karchey est excellent. La rhubarbe sauvage ou le rhaouach de l'Afghanistan croît également sur les coteaux de ce canton. Les plantes potagères abondent : il y a des choux, des navets, des carottes, des ognons, des radis, des brindjals et de vastes champs de betteraves. On ne connaît pas encore la pomme-de-terre. Quoique la Boukharie soit renommée pour sa fertilité, les denrées de première nécessité y sont chères ; ce qui pour la capitale peut être attribué à la grande population. La table suivante fera mieux comprendre ce que je dis :

DENRÉES ET QUANTITÉS.		PRIX.
Froment	50 livres.	1 roupie sicca (2 f. 50 c.).
Orge.	75 1/2	
Riz (1re. qualité)...	18 1/2	
Riz inférieur.	22 1/2	
Farine de froment . .	36 1/2	
Djaouari	64	
Moung.	48	
Gram.	36 1/2	
Haricots	43	
Mouton.	16	
Bœuf.	24	
Huile.	8	
Sel.	140	
Sucre.	1	
Ghi (beurre liquéfié).	4 2/3	

Les fruits de la Boukharie ont acquis une grande célébrité ; cependant c'est plutôt pour leur abondance que pour leur qualité : ils consistent en pêches, prunes, abricots, cerises, cerises aigres, pommes, poires, coings, noix, figues, mûres, raisins, melons, potirons et concombres. La plupart des fruits à noyau ne valent pas ceux de Perse, excepté les abricots de Balkh qui ont une saveur exquise, et qui sont presque aussi gros que des pommes : on les appelle *bakar khani*; on peut en acheter deux mille pour une roupie. Il y a aussi plusieurs espèces de raisins : les meilleurs sont le sabébi et le hosseïni; le premier est rouge, le second jaune et de forme oblongue, et tous deux sont très-sucrés. On ne taille pas les vignes comme en Europe. Les raisins secs sont les plus gros et les plus exquis qu'on puisse manger; les meilleurs sont d'abord trempés dans l'eau chaude, puis on les fait sécher, ce qui leur a valu le nom d'*ab-djoch* (eau bouillie). Les vins de Boukharie ne conviennent pas aux Européens par leur peu de goût; il y en a qu'on prendrait pour de la bière; ils ne peuvent pas se garder plus d'un an, particularité qui indique quelque défaut dans leur préparation. Les mûres sont délicieuses; on les fait sécher comme les raisins. Les pommes sont médiocres. La prune de Boukharie, si bien connue dans l'Inde, ne vient pas de ce pays, elle est apportée de Ghazna, ville de l'Afghanistan : elle est très-estimée.

Le melon est le meilleur fruit de la Boukharie. L'empereur Baber nous apprend qu'il versa des larmes en coupant dans l'Inde, après avoir fait la conquête de cette contrée, un melon du Turkestan; la bonne odeur de ce fruit lui rappelait sa patrie et d'autres objets qui lui étaient chers. Il y a deux espèces de melons, les habitans les désignent par les noms de chaud et de froid; le premier mûrit en juin, c'est le melon ordinaire musqué ou odorant de l'Inde, et il ne lui est pas supérieur par le goût; le second n'est mûr qu'en juillet, sept mois après avoir été semé, c'est le vrai melon de Turkestan ; il ressemble au melon d'eau : il est beaucoup plus gros que le melon commun, généralement de forme ovale, sa circonférence excédant deux ou trois pieds ; quelques-uns même sont plus gros, et ceux qui atteignent à leur maturité en automne ont plus de 4 pieds de tour. On s'imaginerait qu'un fruit aussi gros ne peut être d'une saveur délicate ou agréable ; cependant il est impossible d'en manger qui soit aussi sucré que le melon de Boukharie. Ce fruit m'avait toujours paru d'un ordre inférieur avant que je vinsse dans ce pays ; et je ne crois pas qu'à moins d'en avoir goûté on puisse se faire une idée de leur goût exquis. Les melons de l'Inde, de l'Afghanistan et même de la Perse, enfin ceux d'Isfahan, si célèbres, ne lui sont nullement comparables. La chair en est ferme, épaisse d'environ deux pouces, et douce jusqu'à l'écorce ; circonstance qui, pour les Boukhars, est une preuve évidente de leur supériorité. On extrait de ces melons une sorte de mélasse qu'il ne serait pas difficile de convertir en sucre. Parmi les diverses variétés de melons, la meilleure est nommée *kokitcha*, son écorce est jaune et verte ; une autre est l'*ak nabat* (sucre candi blanc), elle est jaune et très-juteuse. Le melon d'hiver, appelé *kara koubak* à cause de sa couleur verte foncée, l'emporte, dit-on, sur tous les autres.

La Boukharie, qui a un climat sec, un terrain sablonneux et de grandes facilités pour l'arrosement, paraît être le pays natal des melons ; à Boukhara on peut en acheter toute l'année; on les conserve en les tenant suspendus de manière à ce qu'ils ne se touchent pas les uns les autres; ceux d'hiver sont les plus propres à être ainsi gardés. Les melons d'eau de cette contrée sont bons, et acquièrent également un volume énorme; on dit que deux composent la charge d'un âne. Les concombres sont de même excellens [1].

Parmi les animaux de la Boukharie, les moutons et les chèvres ont droit au premier rang, puisque les uns donnent les peaux si fameuses, et les autres une espèce de laine à châle qui ne le cède qu'à celle dont on fait usage au Cachemir. Ces animaux broutent des genêts et de l'herbe sèche; leur chair est tendre et d'un goût exquis. Tous les moutons sont de la race appelée *doumba*, à larges queues, dont quelques-unes produisent dans la saison jusqu'à quinze livres de suif; leur dimension rend en quelque sorte ces moutons difformes, car ils ne marchent qu'avec une difficulté visible. Les moutons qui fournissent les toisons noires et frisées, si estimées partout et dont on fait des bonnets en Perse, sont particuliers à Karakoul, petit canton entre Boukhara et l'Oxus. Ils ne réussissent pas ailleurs; ils ont été transportés sans succès en Perse et dans d'autres pays; leur toison y a perdu la qualité qui la distingue, et est devenue

---

[1] J'ai apporté du Turkestan des graines de melon de toutes les variétés, et je les ai distribuées en Angleterre et dans l'Inde, espérant que ce fruit délicieux pourra s'introduire dans la Grande-Bretagne et dans ses possessions de l'est.

semblable à celle des autres moutons. Les Boukhars attribuent cette laine frisée à la nature des pâturages, et assurent que le *boyak*, nommé en persan *ronass*, espèce d'*agrostis* alongé, change les propriétés de ce mouton. Si celui de Karakoul s'éloigne seulement jusqu'aux rives de l'Oxus, où cette graminée est commune, on dit qu'il perd sa laine frisée. Les peaux des agneaux mâles sont les plus estimées; on les tue cinq à six jours après leur naissance, et ce temps ne s'étend jamais au delà de quinze jours; c'est à tort qu'on a dit qu'on éventrait la mère pour en tirer le petit; on s'en procure un très-petit nombre venus avant terme; la peau de ceux-ci est aussi fine que du velours, mais non frisée; elle est nommée *kirpak* et expédiée à Constantinople, où elle est vendue très-cher, parce qu'il n'y en arrive pas une grande quantité. L'autre sorte, appelée *danadar*, est envoyée en Perse, en Turquie et en Chine. La finesse de ces peaux diffère d'après l'âge des agneaux tués; quelques-unes sont frisées à merveille, d'autres plus grossières; celles qui ont les boucles les plus petites sont les plus recherchées; en Perse, on coupe quelquefois dix à quinze peaux pour faire un seul bonnet, ce qui est cause de la cherté de cette coiffure. A Boukhara, une peau ne coûte jamais plus de trois à quatre roupies sicca. La quantité de peaux exportées annuellement est à peu près de 200,000. On les nettoie en les frottant avec de la farine d'orge et du sel.

Les chèvres de Boukharie, qu'on trouve chez les Kirghiz nomades, donnent la laine dont j'ai parlé, ce peuple en a ignoré la valeur jusqu'à une époque récente; il continue encore à en faire des cordes pour attacher les chevaux et le bétail. Il y a quelques années, on en a exporté en Afghanistan et dans l'Inde. Les tissus qu'on fabrique avec cette laine sont bons, mais bien inférieurs à ceux de Cachemir, manufacturés avec la laine des chèvres du Tubet. Cette laine des chèvres de Boukharie est grise, on la retire de la racine des poils avec un peigne, si on ne l'enlève pas, elle forme des pelotes. La chèvre est de la taille ordinaire, de couleur foncée, et diffère de celle du Tubet, laquelle est un joli petit animal. Je ne sais pas si les chèvres de tous les pays donnent également de la laine; cependant il existe à cet égard de la ressemblance entre celles du Turkestan et celles du Tubet. On m'a assuré que même les chiens de cette dernière contrée produisent également de la laine, dont on fabrique annuellement à Cachemir un petit nombre de châles; ceux de Boukharie en diffèrent sous ce rapport.

Dans un pays entouré de déserts, les chameaux sont des animaux extrêmement importans; ils sont très-communs en Boukharie, et le commerce s'y fait entièrement par leur moyen. Ils y sont chers; on n'en a pas un bon à moins de soixante à soixante-dix roupies. Ils diffèrent par leur apparence de ceux de l'Inde et de l'Afghanistan, où ils sont souvent couverts d'éruptions cutanées et presque dépourvus de poils. En Boukharie, au contraire, ils ont la peau lisse, aussi unie que celle d'un cheval, et muent en été; on fait avec le poil qui tombe alors un drap d'un tissu serré, épais, et imperméable à l'eau; on le nomme *ourmak*; il conserve la couleur naturelle du chameau. Je présume que ces animaux doivent leur qualité supérieure au climat qui leur est favorable, et aux arbustes épineux qu'ils broutent et qui sont si communs dans cette contrée. Les chameaux se portent toujours mieux dans un pays sec et ne supportent pas volontiers la chaleur. Ils marchent sans peine pendant quatorze heures de suite; toutefois, leurs conducteurs évitent de les faire cheminer de jour si cela est possible. On croit à tort qu'ils peuvent vivre très-long-temps sans boire; en été ils souffrent beaucoup après le second jour, et en hiver ils ne peuvent se passer d'eau que pendant quatre. Tout ce qu'ils mangent est très-propre; néanmoins rien de plus fétide que leurs déjections. Leurs journées de marche, même avec nos caravanes, attestent combien ils sont robustes. Une fois nous parcourûmes 70 milles en quarante-quatre heures consécutives, en y comprenant chaque halte. Nos marches ordinaires étaient de 30 milles; rarement ils font plus de deux milles à l'heure. Le chameau dont je viens de parler est le dromadaire qui n'a qu'une bosse, les chameaux bactriens, ou à deux bosses, sont communs en Turkestan; ce sont les Kirghiz Kaïssaks du désert au nord de la Boukharie qui les élèvent; ils ont sous le cou une frange de longs poils noirs, et une touffe sur les cuisses; ils ont réellement bon air. Ils sont plus petits de taille que les dromadaires; néanmoins ils portent un poids de 640 livres anglaises, tandis que la charge des autres ne va qu'à 500. On m'a assuré qu'en croisant ces deux espèces, on obtient une variété très-vigoureuse et très-utile; elle n'a qu'une bosse.

Je réserve pour un chapitre séparé mes remarques sur les chevaux de Boukharie. Parmi les animaux domestiques de ce pays, les ânes sont ceux qui rendent le plus de services; ils sont grands et forts; on les emploie comme bêtes de somme, et on ne répugne pas à les monter, comme dans l'Inde. On n'a pas de mulets en Boukharie, d'après un préjugé religieux. Le gros bétail est de bonne taille, bien qu'inférieur à celui d'Angleterre; il n'y a pas de buffles.

Les animaux sauvages sont en petit nombre. On trouve une espèce diminutive de tigre, dans la vallée de l'Oxus: les sangliers, des troupes de cerfs, d'antilopes et d'ânes sauvages errent dans les plaines; il y a aussi des renards, des loups, des chacals et des chats: on voit des ours dans les montagnes de l'est, des rats, des tortues et des lézards dans le désert; les scorpions sont communs, toutefois leur piqûre est peu dangereuse. C'est l'expérience qui me fait parler ainsi. On dit qu'on ne rencontre pas de serpens au nord de l'Oxus; en effet, nous n'en avons pas aperçu un seul. Les sauterelles infestent quelquefois ce pays, notamment les environs de Balkh. On voit des aigles et des faucons; le gibier de toute sorte est rare; le pluvier et le pigeon sauvage sont communs; les oiseaux aquatiques nombreux dans certaines saisons. La cigogne ou *lag laga* construit son nid sur les mosquées des villes; cet oiseau de passage est regardé comme sacré. Les poissons de l'Oxus ne diffèrent pas de ceux de la plupart des rivières d'Asie. Le lakha, espèce de silure qui n'a pas d'écailles, pèse fréquemment six quintaux; les Ouzbeks le mangent. Les poissons du lac de Karakoul ont aussi bon goût que ceux de mer. Nous ne vîmes pas de crocodiles dans l'Oxus, et nous n'entendîmes point parler de ces monstres. Un pays aride n'est pas riche en insectes. J'eus l'occasion d'observer un fait singulier: des abeilles et des guêpes tombèrent sur une épaule de mouton exposée à l'air et y percèrent de grands trous; en hiver ces insectes se nourrissent fréquemment de chair au lieu de sucre. La viande que je leur vis dévorer était fraîche et non putréfiée; ils attaquent aussi du poisson sec.

Partout où il y a de l'eau, on élève des vers à soie. Tous les cours d'eau sont bordés de mûriers, tous les habitans nomades des rives de l'Oxus s'occupent de l'éducation de cet insecte utile. La soie du *lab i ab*, ou des bords du fleuve, est la plus recherchée pour sa douceur et sa finesse. Les feuilles du mûrier commencent à pousser vers l'équinoxe de printemps, époque à laquelle le ver éclot; son existence se termine avec le mois de juin. On tue la chrysalide dans le cocon, en le plongeant dans l'eau bouillante, puis on dévide la soie à la manière ordinaire. La soie de Boukharie est expédiée dans l'Inde et en Afghanistan; son abondance fait qu'elle est à bon marché. Le pays de Khokhand en produit aussi beaucoup, mais de qualité inférieure. On emploie pour teindre la soie la cochenille, la garance et l'esbarak. On se procure une couleur noire en mêlant de la limaille de fer avec de l'eau où l'on a fait bouillir du riz, et en la laissant reposer pendant un mois.

Parmi les maladies de la Boukharie, la plus fâcheuse et le *richta*, dragoneau ou ver de Guinée; elle est bornée à la capitale. On croit qu'elle est due à l'usage de l'eau des citernes en été, quand elles deviennent fétides et fourmillent d'animalcules. Les voyageurs en souffrent autant que les habitans; le mal ne se manifeste que l'année qui suit celle pendant laquelle ils ont bu de cette eau. Beaucoup d'Afghans en sont attaqués après leur retour dans leur patrie, et quelle que puisse en être la cause, elle est due assurément à quelque chose de particulier à Boukhara, puisque toutes les autres parties du pays en sont exemptes. On suppose qu'un quart de la population de cette ville souffre tous les ans du ver de Guinée; la prédominance de ce mal fait acquérir aux habitans une dextérité incomparable pour l'extraire. Aussitôt qu'ils s'aperçoivent de sa présence, et avant que la tumeur soit formée, ils passent une aiguille sous le milieu du ver, et frottant la partie ils l'enlèvent tout d'un coup; mais s'il se casse la plaie se forme, la douleur est excessive, et on ne guérit guères avant trois mois; si l'animal est roulé dans un endroit, l'extraction est facile; s'il est profondément enfoncé dans la chair, elle est plus difficile. Si la tumeur a commencé, ils ne tentent pas l'opération, ils laissent la maladie suivre son cours, et essaient d'extraire l'animal peu à peu, comme dans l'Inde. La longueur de ces dragoneaux varie de trois à quatre empans; on dit qu'ils sont plus communs chez les gens d'un tempérament froid; ils n'attaquent aucune classe de préférence à une autre. Les personnes riches, attribuant ce mal à l'eau, envoient chercher leur provision à la rivière, et ne boivent celle des citernes que quand elle a bouilli. On ne s'attend pas à ce que je puisse présenter quelque solution sur la cause de cette maladie; les médecins du Turkestan disent qu'elle est occasionée par celles que j'ai exposées plus haut. Je ne puis pas croire non plus qu'elle soit engendrée par les animalcules de l'eau.

Une autre maladie et le *makkom* ou *koli*, espèce de lèpre; les personnes qu'elle attaque sont regardées comme impures; cette maladie ne couvre pas le corps de taches comme la lèpre ordinaire; la peau devient sèche et rugueuse, les poils du corps tombent, les ongles et les dents se détachent, et tout le corps prend un aspect informe et horrible. Ce mal passe pour être héréditaire et pour provenir de la nourriture; il est malheureusement très-commun dans les cantons de Samarcand et de Miankal, ainsi qu'à Cheher Sebz et à Hissar, pays voisins; dans tous on cultive le riz. Quelques personnes attribuent cette maladie à l'usage du *bouza*, liqueur enivrante qu'on extrait de l'orge noir, et qui n'est pas, non plus que le lait de jument, usitée en Boukharie. Ce mal affecte l'ensemble de la constitution, et est incurable. Les hommes les plus humains disent que c'est une punition de Dieu, et repoussent loin d'eux l'infortuné qui en souffre. Un quartier séparé leur est assigné, de même que chez les anciens juifs.

Le choléra, ce fléau terrible, a ravagé ces contrées. Il paraît qu'il a suivi le chemin des caravanes, et que de l'Inde il s'est avancé pas à pas vers l'Europe. Il dévasta l'Afghanistan une année entière; il franchit l'Hindou Kouch, l'année suivante, et répandit la désolation à Balkh et à Khoundouz; pendant un an il sévit entre la vallée de l'Oxus et Hérat; puis il se porta sur la Boukharie, le Khokhand et les autres états habités par les Ouzbeks; ensuite il passa à Khiva, à Orenbourg et à Astrakhan. Les médecins du Turkestan n'ont pas découvert de remèdes pour le choléra.

Les habitans de cette contrée sont sujets à une sécheresse de peau continuelle; beaucoup perdent leurs cils et leurs sourcils, et leur épiderme devient rugueux et jaune. Je ne sais si ces incommodités sont causées par le régime diététique ou par l'aridité du climat. Les Ouzbeks mangent rarement de la chair de cheval, quoique l'on croie qu'ils en vivent. On la regarde comme un aliment échauffant et d'ailleurs très-cher. Ils aiment mieux le mouton; il n'y a que les gens de la classe inférieure qui se nourrissent de bœuf. La queue entière, épaisse et grosse du mouton, est cuite avec la viande dans un même vaisseau. On aime beaucoup tout ce qui est huileux, le fromage et le lait aigre.

Les ophtalmies sont très-communes; les fièvres

rares; les rhumatismes fréquens à Balkh. Le rachitis est ordinaire à Boukhara; les enfans ont généralement un air chétif et maladif qu'on ne remarque pas chez les adultes. Parmi leurs médicamens, j'ai entendu parler d'une huile extraite de la fiente de mouton; elle passe pour un spécifique contre les entorses, les meurtrissures et les blessures du bétail; elle est très-âcre, et les mouches évitent la partie qui en a été frottée. On m'a assuré qu'un éparvin des os d'un cheval a été réduit par l'application de cette huile. On se la procure par la distillation.

Boukhara est aujourd'hui la seule grande ville du royaume; sa population est à peu près de 150,000 âmes. Samarcand et Balkh, cités jadis célèbres, sont depuis long-temps devenues d'insignifiantes villes de province; l'une et l'autre le cèdent à Karchey, qui n'a cependant pas 10,000 habitans. Il n'y a pas d'autres villes. On voit des bourgs tels que Djizzak, Kermina et Katkourghan; mais aucun d'eux n'a plus de 2,500 âmes. Les villages sont également en petit nombre, et à de grandes distances les uns des autres; il y en a à peu près quatre cents. Je ne puis estimer la population de la Boukharie qu'à 1,000,000 d'âmes. La moitié se compose de tribus nomades qui vivent errantes dans les déserts. Les villages sont entourés de murs en terre, qui sont nécessaires pour les protéger. Dans les cantons cultivés, les habitations isolées, nommées *robats*, sont éparses sur la surface du pays, et toujours ceintes de murs.

CHAPITRE II.

L'OXUS ET LE LAC ARAL.

Source et cours de l'Oxus. — Lac Aral. — Profondeur, vitesse et pente de l'Oxus. — Son débordement. — Glaces. — Navigation. — Arbres de ses rives. — Avantages de ce fleuve.

L'Oxus ou Amou Déria, ou Djihoun, est un fleuve d'une étendue considérable et d'une célébrité classique. Les Grecs le connurent sous le premier de ces noms. Les Asiatiques l'ont nommé Djihoun ou Amou. *Djihoun* signifie rivière; cette appellation est employée dans tous les livres turcs et persans qui traitent de ces contrées; mais les habitans de ses rives, quand ils parlent de ce fleuve, l'appellent toujours *Amou*, et disent *Déria i Amou* : le fleuve ou littéralement la mer d'Amou. Il a sa source dans le plateau de Pamér, et y est formé par divers ruisseaux qui se réunissent sur cette région élevée de l'Asie. D'après les renseignemens que j'ai recueillis, sa source est à un degré plus au nord et à l'est que M. Macartney ne l'a marqué sur sa carte. On dit que quatre rivières coulant dans des directions opposées, sortent du voisinage du lac Sarikoul; ce sont l'Oxus, le Jaxartes, un des affluens de l'Indus et un ruisseau qui va alimenter un fleuve du Tubet.

L'Oxus arrose la fertile vallée de Badakchan, où il reçoit la rivière de ce nom, le plus considérable de ses tributaires; il est ensuite grossi par une multitude d'autres moins considérables, venant du Koundouz et du Hissar, et que M. Macartney a décrits. Il tourne entre les montagnes et s'approchant de 20 milles de Khoulloum, et beaucoup plus près de cette ville que nos cartes ne le marquent, passe à un demi-degré au nord de Balkh. Il n'existe pas de montagnes entre ses rives et cette antique cité, et à cet égard nos cartes sont fautives. Là il entre dans le désert, en coulant à peu près au nord-ouest, fertilise un terrain dont l'étendue de chaque côté n'est que d'un mille, arrive dans la Khivie, l'ancien Kharism, où il n'est plus répandu au loin par l'art, puis il se jette dans le lac Aral. Dans la partie inférieure de son cours, la quantité d'eau qu'on en a dérivée par l'irrigation est si considérable, et les subdivisions de ses bras sont si nombreuses, qu'il forme un delta marécageux couvert de roseaux et de plantes aquatiques, impénétrable au laboureur, et que son humidité constante empêche d'être rendu utile à l'homme.

Mon intention n'est pas de me livrer à une digression relative à cette question si souvent agitée; l'Oxus, dut-il, à une époque antérieure, porter ses eaux dans la mer Caspienne et non dans le lac Aral comme aujourd'hui ? Je dirai seulement que d'après des recherches sur ce sujet et d'après des traditions qui m'ont été communiquées, ainsi que d'après des renseignemens pris parmi les habitans du pays, je doute que l'Oxus ait eu jamais un cours différent de celui qu'il suit présentement. Au sud et au nord des Balkhan, des obstacles s'opposent à ce qu'il entre dans la Caspienne; son réservoir le plus naturel est l'Aral. Je conclus que les lits desséchés de rivières qu'on voit entre Astrabad et Khiva sont les restes de quelques-uns des canaux du royaume de Kharism, et mon opinion s'appuie sur les ruines qu'on aperçoit dans leur voisinage, et qui ont été abandonnées à mesure que la prospérité de ce pays a décliné. Nous expliquerons ainsi par des raisons évidentes ce qu'on a remarqué dans ces cantons, et nous n'aurons pas besoin de recourir aux tremblemens de terre et à d'autres commotions naturelles.

Les habitans du Turkestan disent que le mot Aral signifie *entre*, et que le lac a été ainsi nommé parce qu'il est situé entre le Sir et l'Amou (le *Jaxartes* et l'*Oxus*). Suivant une croyance populaire, les eaux de l'Aral s'écoulent par une issue souterraine dans la Caspienne. A Kara Goumbaz, lieu de halte des caravanes entre les deux lacs, on entend, dit-on, le bruit de l'eau qui coule sous terre. On raconte que son murmure ressemble aux mots *kara doum*, qui signifie *j'ai soif*; mais l'imagination des niais les sert toujours à souhait. La nécessité d'un canal souterrain quelconque est évidente aux yeux du peuple, l'Aral qui reçoit deux grands fleuves n'ayant pas de sortie; toutefois, ces gens ne songent pas à l'évaporation qui est incroyable dans un pays aussi sec [1], et où souffle également un vent continuel. Toutefois, il est très-remarquable qu'à Kara Goumbaz, dont je viens de parler, et qui paraît être un faîte de dunes bas et déprimé, on trouve de l'eau immédiatement au-dessous de la surface de la terre, tandis que plus au sud on n'en rencontre qu'à une profondeur de cent brasses. L'eau de l'Aral est potable, elle gèle rarement en hiver. On raconte une fable relativement à une des nombreuses îles de ce lac; une colonie y passa sur la glace avec ses troupeaux, et depuis elle n'a pas eu occasion de revenir. Les rivages de l'Aral sont habités par des tribus nomades; elles cultivent une grande quantité de froment et d'autres céréales, qui avec le poisson très-commun forment leur nourriture. Le voisinage de l'Aral n'est pas fréquenté par les caravanes.

L'Oxus est navigable dans la plus grande partie de son cours. Son canal est remarquablement droit, exempt de rochers, de rapides et de tourbillons, et peu obstrué par des bancs de sable. Si ce n'étaient les marais qui embarrassent son embouchure, on pourrait le remonter depuis l'Aral jusqu'à Koundouz, qui en est éloigné de 600 milles. Si on déduit l'étendue de ce delta, qui commence un peu au-

[1] Des observations du docteur Gérard, mon compagnon de voyage, le prouvent d'une manière très-satisfaisante. Une jatte pleine d'eau fut vidée complétement en deux jours par l'évaporation.

dessous d'Ourghendje, et qui n'excède pas 50 milles; on aura encore une ligne de 550 milles de navigation intérieure. Le volume d'eau de ce fleuve paraît considérable par le peu de longueur de son cours; mais il est le seul réceptacle des eaux d'un pays vaste et montagneux. Il n'est plus guéable après avoir reçu l'Akseraï, qui lui apporte les eaux de Khonndouz et de Talighan, au-dessous de Hazrat Imam; ces rivières sont entretenues par la fonte des neiges du versant septentrional du grand Hindou Kouch; entre ce confluent et Hazrat Imam, on ne peut passer l'Oxus que pendant six mois; alors le gué est praticable pour l'artillerie; c'est ce que le chef de Koundouz a souvent constaté. En sortant du terrain montagneux au-dessous de Kilef, à 60 milles au nord-ouest de Balkh, le lit de l'Oxus n'a pas plus de 1,000 pieds de largeur; dans la plaine il se répand davantage, et à 30 milles au-dessous de ce point, à Khodja Sala, où nous le traversâmes, il a 2,470 pieds d'une rive à l'autre, ainsi qu'on le détermina par le sextant. A Tchardjoui, 200 milles plus bas, à 20 lieues de Boukhara, son lit avait 1,950 pieds. Une description détaillée de ce fleuve à ces divers endroits fournira les meilleurs renseignemens pour décider de son importance, sous le rapport de l'art militaire et du commerce.

A Khodja Sala, le 17 juin, un mois avant que le gonflement périodique eût atteint son plus haut degré, l'Oxus était partagé en trois bras, séparés l'un de l'autre par des bancs de sable; la largeur respective de ces bras était 785, 339, 1,245 pieds, ce qui donne pour la totalité 2,369. Les sondes étaient irrégulières, la plus grande profondeur n'était pas de 20 pieds. Voici l'énumération de celles que j'ai trouvées : 6, 9, 12, 6, pieds, dans le premier bras ; 6 constamment dans le second ; 6, 9, 15, 19, 6, pieds dans le troisième. Ainsi la profondeur moyenne de cette rivière ne sera jamais moins de 9 pieds, puisque c'est le produit de 2,484 pieds divisés par 92, somme totale des différentes mesures. Il ne peut pas non plus y avoir beaucoup d'inexactitude dans le calcul approximatif, puisque le 17 août, précisément deux mois plus tard, lorsque le fleuve eut dépassé la plus grande crue, nous eûmes presque le même volume d'eau à Tchardjoui, près de Boukhara. Sa largeur était moindre, mais la profondeur plus grande : cinq coups de sonde donnèrent 12, 18, 29, 20 et 18 pieds. L'Oxus coule avec une vitesse de 1,800 pieds, ou près de 3 milles et demi à l'heure ; et je reconnais, par le point de l'ébullition de l'eau à Khodja Sala et à Tchardjoui, qu'il y a entre ces deux endroits une différence d'un degré et un tiers, ce qui donne une pente de 800 pieds sur une distance de 200 milles. C'est beaucoup pour un si grand fleuve, dans un pays si plat ; et le point de l'ébullition de l'eau étant sujet à de légères variations dans le même endroit, suivant l'état de l'atmosphère, il ne faut l'adopter que comme une approximation de la vérité. Le plus petit changement dans un instrument aussi grossier, pour une opération aussi délicate, produit une grosse erreur; néanmoins, après toutes les déductions je ne puis estimer cette pente à moins de 600 pieds, ou à peu près 3 pieds par mille; le cours de l'Oxus n'est pas tortueux, ce qui annonce toujours une descente plus rapide.

L'Oxus est sujet à une crue périodique, de même que toutes les grandes rivières qui sortent du versant méridional de la chaîne de montagnes gigantesques, où il a sa source. Dans les deux cas, la cause est analogue; c'est la fonte des neiges dans les régions élevées. Le débordement commence en mai et finit en octobre; mais un second, moins considérable, a lieu durant les pluies du printemps : il varie suivant le temps, augmentant quand le soleil brille sur un ciel sans nuage, et diminuant lorsque l'atmosphère est voilée. Pendant que nous étions sur les rives de l'Oxus, au mois de juin, ce fleuve baissa d'un pied et demi en trente-six heures, et il n'avait pas encore atteint à toute sa hauteur. L'action de l'eau se fait sentir rarement à un demi-mille au delà du lit de la rivière, quoique ses bords intérieurs soient bas et déprimés; mais il y a une berge de chaque côté, dont la distance de l'un à l'autre varie d'un mille et demi à deux milles, et en quelques endroits est plus considérable. La vallée qu'elles forment est revêtue de verdure et humectée, quoique rarement inondée par la crue; c'est là que les habitans cultivent la terre, et l'arrosent par l'art et l'industrie. Quelquefois les aquéducs s'étendent à 4 milles dans l'intérieur; alors il faut que l'eau soit élevée par les roues persanes pour être conduite dans les champs. Au delà de cet espace, ce n'est plus qu'aridité et stérilité ; la vallée même est en beaucoup de lieux infestée d'indigo bâtard, de tamarisc, de plantes sauvages, et les habitans la négligent. En hiver, le fleuve rentré dans son lit n'a plus que 1,200 pieds de largeur ; toutefois, il n'est jamais guéable. Durant la crue, les eaux de l'Oxus prennent une couleur rouge. J'ai constaté qu'un quarantième de leur volume consistait en vase tenue en dissolution ; et que sous l'influence de cette eau neigeuse, la température du fleuve était de 73° (18° 20) au solstice d'été, tandis qu'à l'air le thermomètre montait à 103° (31° 54).

On ne supposerait guères qu'un si grand fleuve, sous une latitude aussi basse que celle de 38°, gelât en hiver ; c'est cependant ce qui arrive assez souvent à l'Oxus. La partie supérieure de son cours au-dessus de Khoundouz est prise annuellement par les glaces ; les voyageurs et les bêtes de somme la traversent alors en allant à Yarkend ; il est vrai que là il coule dans une région haute ; toutefois, dans le désert, il gèle aussi quand l'hiver est rigoureux ; au-dessous de Khiva, c'est ce qui arrive tous les ans, et à Tchardjoui, à 70 milles de Boukhara, il gela, pendant l'hiver de 1831, d'une rive à l'autre ; la saison fut remarquablement froide, et les caravanes le passèrent sur la glace. A Kirki, à moitié chemin de Balkh, il gela également ; mais au bac de Kilef, vis-à-vis de cette ville, un canal étroit resta ouvert dans le milieu du fleuve, et pendant un mois intercepta le passage des bateaux et des caravanes. On pouvait lancer une pierre d'un bord à l'autre de cette glace, et il n'est pas douteux que l'obstacle qui les empêchait de se réunir dans cette partie étroite du fleuve ne fût uniquement la rapidité du courant resserré par un banc de peu de largeur. Il est constant que la température des déserts est plus chaude et plus froide que celle des contrées plus favorisées de la nature. Dans les déserts brûlans du Turkestan, il règne en hiver une froidure âpre, qui explique la congélation de l'Oxus : c'est néanmoins un fait curieux en géographie physique que le Danube, qui coule parallèlement à l'Oxus, et sous une latitude plus haute de sept degrés, ne soit pas sujet au même phénomène. En hiver, si l'Oxus n'est pas gelé, le passage des bateaux est rendu dangereux par les glaçons que ce fleuve charrie ; on en a vu qui faisaient couler à fond un bateau ; aussi les bateliers des bacs y font-ils grande attention.

Les bateaux dont on se sert sur l'Oxus sont excellens, quoiqu'ils n'aient ni mâts ni voiles ; ils ont la forme d'un navire, terminé à ses deux extrémités par une proue ; leur longueur est généralement de cinquante pieds, leur largeur de dix-huit. Leur port est à peu près de vingt tonneaux ; ils sont à fond plat, et profonds de quatre pieds ; quand ils flottent, leur plat bord est à deux pieds et demi, à trois pieds de la surface du fleuve, car, chargés, ils ne tirent pas beaucoup plus d'un pied. Ils sont construits en planches longues de six pieds, que fournit le *paki* ou *chicham*, petit arbre très-commun dans les broussailles des bords du fleuve; jamais on n'en voit de grands. Ces arbres sont abattus; on les dépouille de leur écorce, puis on les équarrit, et les ouvriers les emploient. Ces membrures sont attachées les unes aux autres par des crampons de fer; quoique ces embarcations soient grossièrement faites, elles sont fortes et solides, ce qui les adapte merveilleusement à la navigation d'un fleuve tel que l'Oxus; il y a peu de bateaux dans la partie supérieure de son cours au-dessus de Tchardjoui. De ce lieu à celui où il devient guéable, près du confluent de l'Akseraï, il y a une quinzaine d'endroits où on le passe en bac, et chacun étant pourvu de deux bateaux, nous n'avons que trente embarcations dans une étendue de 300 milles. La raison de ce nombre si restreint est toute simple : les habitans n'usent pas de la facilité que leur offre ce fleuve pour y naviguer. Au-dessous de Boukhara, la quantité des bateaux augmente; on en compte à peu près cent cinquante entre cette capitale et le Delta, ils appartiennent principalement à Ourghendje. Ils ne sont pas employés en guise de bacs, on s'en sert pour transporter des marchandises à Boukhara et pour en apporter. Elles sont embarquées à Eldjik, sur la rive droite du fleuve, à 65 milles de cette ville. Au-dessous du Delta, il n'y a pas de bateaux, et j'ai appris que sur le lac Aral on ne voit d'autres embarcations que de petites pirogues. En remontant le fleuve, les bateaux sont halés; en le descendant, ils se tiennent au milieu du courant, quand il est rapide, et lui présentent le flanc. On ne fait usage sur l'Oxus ni de radeaux ni de peaux.

J'ai décrit dans la relation de mon voyage la manière dont les bacs passent l'Oxus ; elle est réellement singulière, et ne doit pas être perdue de vue par ceux qui pourraient avoir le projet de naviguer sur ce fleuve.

Ce qui contribue surtout à rendre la navigation d'un fleuve facile, est la possibilité de se procurer, dans les pays qu'il traverse, des approvisionnemens de divers genres et surtout en bois. Le nombre des bateaux de l'Oxus est certainement petit, puisqu'il ne s'élève pas à deux cents ; mais il serait très-aisé d'y construire une flotte, le bois étant abondant, et fourni heureusement par des arbres isolés le long de la vallée de ce fleuve, et non par des forêts situées dans tel ou tel endroit. Le crue des eaux n'amène ni cèdres, ni pins, ce qui me porte à conclure que les montagnes d'où sortent l'Oxus et ses affluens ne sont pas ombragées de ces arbres. Les seuls que j'aie vus, sur ses rives, indépendamment du paki, sont le mûrier et le peuplier blanc ; ce dernier arrive en quantité considérable de Hissar à Tchardjoui en flottant ; on s'en sert pour la construction des maisons. C'est pourquoi dans le cas où il s'agirait d'augmenter le nombre des navires du fleuve, les ressources immédiates du pays voisin doivent être mises à profit ; elles sont très-importantes. Le genre de bâtisse des bateaux de l'Oxus n'exige aucune habileté dans l'architecture navale ; le bois n'est pas scié, il n'a pas besoin d'attendre pour qu'on le façonne, de sorte que l'on peut en tout temps user de la plus grande promptitude pour former une flottille, n'importe qu'il s'agisse de naviguer sur le fleuve, de le traverser, ou d'y établir un port. Je crois qu'on pourrait embarquer cent cinquante hommes sur chaque bateau de la dimension de ceux que j'ai décrits. On ne pourrait faire qu'un pont de bateaux, parce que le bois n'est pas assez gros pour être employé d'une autre manière, et le genêt ainsi que le tamarisc, si communs sur les rives, tiendraient lieu de planches, et donneraient le moyen de compléter l'ouvrage.

Un pont de bateaux fut jeté sur l'Oxus par Timour et par Nadir, et on montre encore au passage de Kilef, au nord de Balkh, des restes de bâtimens temporaires érigés par ce dernier conquérant. Le fleuve présente là de grandes facilités pour une opération de ce genre, puisque de chaque côté il coule entre des collines, n'est pas toujours rapide, et est étroit; les voyageurs le traversent fréquemment à la nage. Au-dessous des montagnes son lit est ferme et sablonneux, et partout les bateaux peuvent être amarrés aux branches des arbres.

Les avantages de l'Oxus, tant sous le rapport de la politique que sous celui du commerce, doivent donc être considérés comme très-grands; les nombreuses facilités que j'ai énumérées le montrent, soit comme un canal pour les marchandises, soit comme un chemin pour une expédition militaire. Ce n'est pas seulement ses traits caractéristiques, comme fleuve, qui nous font tirer cette conclusion. On ne doit pas avoir oublié que ses rives sont peuplées et cultivées. Il faut donc le regarder comme une rivière qui est navigable et dont on peut très-aisément étendre davantage la navigation. C'est un fait de la plus haute importance pour la politique et pour le commerce, soit qu'une nation ennemie le mette à profit pour satisfaire son ambition, soit qu'une puissance amie y cherche les moyens de donner de l'extension à son commerce. Dans ces deux cas, l'Oxus présente plusieurs belles perspectives, puisqu'il est la voie la plus directe, à l'exception d'un désert étroit, pour unir les nations de l'Europe aux contrées de l'Asie centrale les plus reculées.

CHAPITRE III.

VALLÉE DE L'OXUS SUPÉRIEUR, LE KOUNDOUZ, LE BADAKCHAN, LE PAYS DES KAFFIRS ET LES TERRITOIRES ADJACENS.

Esquisse du pays. — Le Koundouz. — Le Badakchan. — Mines de rubis. — Lapis lazuli. — Pays montagneux au nord du Badakchan. — Langues qu'on y parle. — Les Kaffirs. — Leur origine. — Leurs usages.

Les pays qui, au nord de l'Hindou Kouch sont situés dans la vallée de l'Oxus et de ses affluens en le remontant depuis Balkh, n'ont pas de nom général qui les désigne. A l'est de cette ville on trouve le Koundouz, sous lequel on peut ranger tous les cantons de moindre étendue, puisque l'émir ou chef de cet état les a réduits sous son obéissance. Plus à l'est encore on rencontre le Badakchan, qui dépend également du Koundouz. Au nord de ce territoire sont ceux de Chaghnan, Ouakhan, Dervaz, Koulab et Hissar, situés dans les montagnes et remarquables, parce qu'il s'y trouve des hommes qui prétendent descendre d'Alexandre le Grand. A l'est du Badakchan s'élève le plateau de Pamér, habité par les Kirghiz, et au delà du Belout Tagh, ou monts Belout, nous avons

Tchitral, Ghilghit et Iskardo, qui s'étendent vers le Cachemir, et dont la population réclame aussi une origine macédonienne. Au sud du Badakchan est le pays des Kaffirs Siapouch, peuple très-singulier, qui vit dans les montagnes de l'Hindou Kouch. Telles sont les contrées que je vais décrire, mais en réservant pour le chapitre suivant la descendance d'Alexandre, roi de Macédoine.

Le Koundouz est situé dans une vallée entre des collines basses; son étendue de l'est à l'ouest est de 30 milles et du nord au sud de 40; là il est borné par l'Oxus. Ce pays est arrosé par deux rivières qui se joignent au nord de Koundouz, et ne sont pas guéables durant la fonte des neiges en été. Le climat y est très-insalubre, la chaleur excessive; cependant la neige y couvre la terre pendant trois mois en hiver. La plus grande partie de cette vallée est si marécageuse, que les chemins qui la traversent sont construits sur des pilotis fixés au milieu des roseaux, des joncs et autres plantes des marais. On cultive le riz dans les endroits qui ne sont pas entièrement inondés, le froment et l'orge dans ceux qui sont plus secs. Les fruits sont des prunes, des abricots, des cerises et des mûres; ils mûrissent à Balkh et à Khouloum un mois plus tôt qu'à Koundouz; de cette ville on aperçoit les sommets de l'Hindou Kouch. Les monts qui bordent la vallée de chaque côté ne s'élèvent pas à 1,000 pieds au-dessus de la plaine. Ce sont des sortes de terres hautes couvertes d'herbes et de fleurs, mais sans arbres ni arbrisseaux, et offrant d'excellens pâturages.

Koundouz n'a pas plus de 1,500 habitans; car le chef ni son monde n'y séjourne. Les cantons voisins ne partagent pas l'insalubrité de celui de Koundouz. Ceux de Khouloum, Heibak, Gori, Indérab, Talighan et Hazrat Imam, qui en dépendent, ont tous, excepté le dernier traversé par l'Oxus, une température agréable et un terrain gras et fertile. Ces territoires sont arrosés par des rivières qui vont se joindre à l'Oxus, et la terre est évaluée d'après la facilité de lui procurer le bienfait de l'irrigation. Heibak et Khouloum sont situés sur la même rivière; à des jours déterminés, on arrête l'eau par des barrages, et à d'autres on la laisse couler. Les jardins placés sur ces rives sont beaux et féconds, parmi leurs fruits on retrouve la figue qui ne croît pas à Caboul.

Les pays situés plus haut sur l'Oxus sont exempts des inconvéniens de climat du Koundouz; les habitans et les étrangers parlent avec ravissement des vallées du Badakchan, de ses ruisseaux, de ses sites romantiques, de ses fruits, de ses fleurs, de ses rossignols. Ce territoire est traversé par l'Oxus, mais sa vallée est plus au sud, et à l'est de Koundouz. On la nomme quelquefois Fizabad; toutefois sa dénomination propre et plus ordinaire est Badakchan. Ce pays, jadis célèbre, est presque inhabité maintenant; il fut envahi, il y a une douzaine d'années par le chef de Koundouz, et son souverain détrôné; celui qui l'a remplacé ne jouit que d'un vain titre; ses cultivateurs ont été arrachés de leurs foyers, et un ramas de soldatesque sans frein est cantonné dans les divers territoires. Ce pays a souffert aussi d'un tremblement de terre qui, au mois de janvier 1832, détruisit beaucoup de villages et fit périr une grande partie de la population. Les chemins dans plusieurs endroits furent bouchés par des chutes de pierres, et la rivière de Badakchan fut arrêtée dans son cours pendant cinq jours par les débris d'une colline. Cette grande convulsion de la nature se fit sentir à minuit; il n'y eut presque pas de famille qui n'eût à pleurer la perte de quelqu'un. J'ai dit dans la relation de mon voyage que ce tremblement de terre ébranla Moultan et Lahor; mais il paraît que son centre d'action fut dans la vallée de l'Oxus. Les Badakchanis sont Tadjiks; ils sont très-sociables et si hospitaliers, qu'on dit que le pain n'est jamais vendu dans leur pays. Ils parlent le persan, et ont la prononciation des habitans de l'Iran; ils passent pour être des Persans issus de ceux de Balkh, et presque tous sont chiites. Ni Ouzbeks, ni aucun autre peuple de famille turque ne s'est établi chez eux, et ils ont conservé les mœurs et les usages qui régnaient au nord de l'Hindou Kouch avant l'invasion des Turcs.

Le Badakchan a acquis une grande célébrité pour ses mines de rubis, qui furent très-bien connues dans les temps anciens, et aussi des empereurs de Delhi. On dit qu'elles sont situées sur le bord de l'Oxus, près de Chaghnan, à Gharan, lieu dont le nom ne signifie peut-être que *cavernes*. Elles sont creusées dans des coteaux peu élevés; un homme m'assura que les galeries passaient sous l'Oxus, mais je doute beaucoup de l'assertion. On croit à tort qu'elles ne sont pas exploitées, puisque le chef actuel de Koundouz a employé des ouvriers à les creuser. Depuis qu'il a conquis le pays, ces gens se livraient à cette occupation de père en fils; cependant le produit étant insignifiant, le tyran de Koundouz voulut qu'ils travaillassent sans salaire; comme ils refusèrent de se prêter à cette condition, il les fit transporter dans les marécages insalubres de Koundouz où presque tous périrent.

Suivant une croyance vulgaire, on trouve toujours deux gros rubis ensemble, et souvent les ouvriers cachent une pierre jusqu'à ce qu'ils aient aperçu sa pareille, ou bien ils en cassent une grande en deux. On dit que la gangue des rubis est une roche calcaire, et qu'on les rencontre comme les galets qui existent dans des dépôts de ce genre. Dans le voisinage des mines de rubis, il y a sur le bord de l'Oxus des masses de rochers de lapis lazuli. La manière d'en détacher des portions m'a paru ingénieuse, quoique je pense que j'ai entendu parler de semblables moyens dans d'autres pays pour extraire des pierres de taille. On allume du feu sur le bloc de lapis lazuli, et quand la pierre est suffisamment échauffée, on verse dessus de l'eau froide, et le rocher se fend. Autrefois le lapis lazuli de l'Oxus était expédié en Chine; mais depuis quelque temps la demande en a diminué. J'ai vu beaucoup d'échantillons de cette pierre avec des veines qu'on disait être d'or; toutefois je présume que ce n'était que du mica. On ne recueille le lapis lazuli et le rubis qu'en hiver.

Au nord du Koundouz et du Badakchan, sont situés les petits territoires de Hissar, Koulab, Dervaz, Chaghnan et Ouakhan; tous sont montagneux. Le Hissar est bien arrosé et produit du riz. Il est indépendant de la Boukharie et du Koundouz, et gouverné par quatre chefs ouzbeks qui se le partagèrent après la mort de leur père; la capitale est sur un monticule à 40 milles à l'est de Dihnaou. Le Kohitan, chaîne de montagnes haute de 4,000 pieds, traverse ce pays du nord au sud; il s'y trouve un vaste dépôt de sel gemme rouge, qui est exporté dans d'autres contrées. La selle employée par les Hissaris diffère de celle du Turkestan; le siége est creusé en bassin, et recouvert de cuir, il y a un pommeau par devant. Le passage de Tirmez sur l'Oxus forme à l'ouest la limite du Hissar; à l'est il a le Koulab, petit territoire, quelquefois nommé Balghiouan, et récemment envahi par le chef de Koundouz, qui passa l'Oxus à gué et le conquit. Ensuite on trouve le Dervaz, gouverné par un chef tadjik indépendant; on obtient dans ce territoire beaucoup d'or par le lavage des sables de l'Oxus. Les cantons de Chaghnan et d'Ouakhan, situés plus loin, sont tous deux tributaires de Koundouz; chacun ne renferme que trois ou quatre villages. Ouakhan est le territoire cité par le célèbre Marco Polo; voici les seuls mots que j'ai pu recueillir de l'idiome qu'on y parle :

Père.	faît.
Mère.	nan.
Fils	kach.
Fille	pourtchad.
Feu	rekhna.
Eau	youbk.

Le chef d'Ouakhan se nomme Mir.Mohammed Rahim Khan. Il ne veut pas qu'aucun de ses enfans quitte les montagnes.

Les Chaghnanis ont aussi un dialecte particulier; voici trois mots de leur idiome :

Pain.	garda.
Fils	ghadik.
Fille	ghads.

Ils sont musulmans, je n'ai pas appris qu'on remarquât chez eux des traces d'anciennes superstitions. Ils nomment Dieu *Khouda*, ce mot est persan. On m'a raconté un singulier usage de tous ces montagnards : c'est qu'ils ferrent leurs chevaux avec la ramure des bêtes fauves, ils lui donnent la forme convenable, et la fixent avec des clous faits de la même matière; ils ne la changent que lorsqu'elle est complétement usée; on dit que cette coutume est empruntée des Kirghiz.

Le plateau de Pamér est situé entre le Badakchan et l'Yarkend, et habité par des Kirghiz nomades. Le centre de ce plateau est occupé par le lac Sarikoul, duquel on raconte que sortent le Jaxartes, l'Oxus et un affluent de l'Indus; cette plaine haute s'étend de toutes parts à six journées de marche du lac, et on assure que de sa surface on aperçoit toutes les montagnes à ses pieds; elle est coupée par des ravins peu profonds, et couverte d'herbes courtes mais alimenteuses; elle est très-froide; en été la neige ne disparaît pas des cavités. Les habitans se couvrent tout le corps et même les mains et le visage de peau de mouton, à cause de la rigueur de la froidure. Ce pays n'a pas de grains, les Kirghiz ne vivant que de lait et de viande, et ne connaissant pas même l'usage de la farine; si on leur en donne, ils la mêlent à leur soupe, et n'en font jamais de pain. Ils ont toutes les habitudes des Turcomans.

On m'a parlé d'un animal qui est particulier au plateau de Pamér, et appelé *rass* par les Kirghiz, et *kouchgar* par les habitans du pays inférieur. Il est plus gros qu'une vache, et moins qu'un cheval; il est blanc, des poils pendent de sa mâchoire inférieure; il a des cornes si grandes, qu'aucun homme n'est assez fort pour en soulever une paire, et que si elles restent à terre, les femelles des renards mettent bas leurs petits dans la partie creuse. Les Kirghiz prisent beaucoup la chair du rass; ils le chassent avec des flèches. On dit que cet animal préfère le climat le plus froid; sa barbe marque sa place parmi les chèvres. Il faut deux chevaux pour emporter d'un champ la chair d'un rass de grosseur moyenne.

L'espace compris entre les monts Belout et le Badakchan, et entre ce pays et le Cachemir, est occupé par le Tchitral, le Ghilghit et l'Iskardo, cantons habités par des musulmans chiites. Au nord-est du

Tchitral est le Gandjout, ainsi nommé parce qu'on y trouve de l'or. Ce sont tous ces territoires que M. Elphinstone, dans sa *Relation du Caboul*, a désignés sous le nom général de Kachgar. Cette dernière dénomination appartient à un petit territoire près de Dir, au nord de Peichaver. Et je n'ai jamais entendu un Badakchani ou un Yarkendi parler sous cette appellation commune du pays situé entre Badakchan et les monts Belout; ils ne connaissaient même que le Kachgar voisin d'Yarkend. Le Tchitral est arrosé par un affluent de la rivière de Caboul, et sujet au chef de Koundouz; dans le temps, Mourad beg a envahi ce canton, il en exige un tribut annuel en esclaves qu'il envoie vendre à Boukhara. Le chef de Tchitral prend le titre de Châh Kattore, et se vante de descendre des Macédoniens. L'idiome de Tchitral diffère de celui des cantons voisins; en voici quelques mots que m'a donnés un habitant :

Mère	nanan.
Fils	dirk.
Fille	djaor.
Homme	match.
Femme	kamour.
Eau	ough.
Feu	angar.
Dessus	atcha.
Dessous	aye.
Montagne	koh.
Forteresse	noghar.
Je vais	bougdho.
Où vas-tu	koura roubas.

Le canton prochain est celui de Ghilghit ou Ghilghitti, dont la langue est également distincte de celle de Tchitral; c'est un pays très-fort par son assiette, et indépendant de Koundouz. Le territoire d'Iskardo, plus à l'est, confine au Balti ou petit Tubet. La capitale, qui porte le même nom, est une place forte de construction irrégulière, et bâtie sur les bords de l'Indus : on dit qu'elle n'est éloignée que de huit marches au nord-est de la ville de Cachemir. Ce pays est indépendant.

A l'angle sud-est du Badakchan, et dans les montagnes situées entre ce canton et Peichaver, habitent les Kaffirs Siapoch ou *infidèles vêtus de noir*, ainsi nommés par leurs voisins musulmans, à cause de leur habillement en peau de chèvres noire. Ce peuple, confiné dans ses montagnes, est en butte aux attaques de ceux qui l'entourent et qui lui font la chasse pour se procurer des esclaves. Il y a quelques années, le chef de Koundouz perdit la moitié de son armée dans une de ces invasions. Je ne puis ajouter, sur la religion et le pays de ce peuple, aucun détail à ceux qu'on trouve dans le livre de M. Elphinstone, quoique j'aie eu des rapports avec Mollah Nadjib, homme recommandable et digne de confiance, lequel avait été envoyé dans le Kaffiristan pour y recueillir des renseignemens. J'ai beaucoup causé avec des gens qui avaient vu de ces Kaffirs; et à Caboul j'eus le bonheur d'en voir un tout jeune, âgé de dix ans, qui n'était sorti de son pays que depuis deux ans. Son teint, ses cheveux et ses traits différaient de ceux des Asiatiques; ses yeux étaient bleuâtres. Il répondit à diverses questions qui lui furent adressées sur sa patrie; et les mots de sa langue qu'il donna ressemblaient aux dialectes de l'Inde. Les Kaffirs paraissent être un peuple très-barbare, ils mangent des ours et des singes, combattent avec des flèches et scalpent leurs ennemis. Les communications fréquentes entre eux et les musulmans ont lieu par le pays de Laghman, situé entre Caboul et Peichaver, et habité par une tribu nommée *nimtcha mousulmans* (demi-musulmans).

Le Kaffiristan est un pays fort par son assiette et montagneux; les habitans aiment beaucoup le vin. On trouve de l'or natif dans leurs montagnes; ils en font des vases et des ornemens. Ces circonstances, leur mine et leur complexion, ont fait naître l'opinion qu'ils sont les descendans des Grecs. Le sultan Baber et Aboul Fazil ont fait mention de cette supposition; mais ces deux auteurs ont confondu les prétentions des chefs vivant sur l'Oxus, lesquels font remonter leur généalogie aux Macédoniens, avec les Kaffirs qui n'ont pas une telle tradition sur leur origine. La grande élévation de la contrée qu'ils habitent semblerait expliquer d'une manière satisfaisante les particularités physiques qui les concernent, et je crois qu'on découvrira définitivement que ces Kaffirs sont tout simplement le peuple aborigène des plaines, qui se réfugia dans les montagnes quand le pays inférieur embrassa la religion de Mahomet; tel est du moins le sentiment énoncé par les Afghans, et le nom de *haffir* (infidèle), corrobore singulièrement cette idée. Les Kaffirs sont des sauvages, et leurs usages ni leur religion n'offrent rien qui semble remarquable chez un peuple placé à leur degré de civilisation. Les tribus des montagnes de l'Inde ont une religion qui diffère du brahmanisme autant que celle des Kaffirs, et la cause en est évidente: ils habitent un pays écarté, et resté inaccessible aux mœurs et aux changemens qui ont pénétré dans des régions moins âpres. Les femmes des Kaffirs font tous les ouvrages extérieurs et suivent la charrue; on dit même que parfois elles sont attelées avec un bœuf.

CHAPITRE IV.

LES PRÉTENDUS DESCENDANS D'ALEXANDRE LE GRAND DANS LA VALLÉE DE L'OXUS ET DE L'INDUS.

Traditions concernant ces peuples. — Leur état actuel. — Examen de leurs prétentions. — Conjectures.

Quand je parle de l'existence de colonies grecques qui vivent dans les régions reculées de l'Asie, et qu'on prétend être issues d'Alexandre, roi de Macédoine, je dois dire préalablement que je ne me livre pas à des conjectures, et que je rapporte simplement l'assertion de divers tribus qui réclament cette descendance; par conséquent elle mérite notre attention. Marco Polo est le premier auteur qui a parlé de l'existence de cette tradition; il nous apprend que l'émir de Badakchan faisait remonter sa généalogie aux Grecs. L'empereur Baber corrobore ce témoignage, et Aboul Fazil, historien d'Akbar, petit-fils de ce monarque, indique le pays des Kaffirs, au nord de Peichaver, comme le séjour de ces Macédoniens. M. Elphinstone a, je le pense, réfuté avec succès la supposition de cet historien, puisque les Kaffirs sont des montagnards sauvages, étrangers à toute tradition relative à ce sujet, ainsi que je viens de le dire dans le chapitre précédent. Toutefois, M. Elphinstone confirme le récit de Marco Polo, en nous apprenant que le chef de Dervaz, dans la vallée de l'Oxus, prétendait descendre d'Alexandre le Grand, prétention reconnue par tous ses voisins. Tels étaient les renseignemens que je possédais à mon arrivée dans ces pays. Ils suffisaient, pensera-t-on, pour exciter une curiosité extrême, et on verra que j'ai trouvé de grands encouragemens dans mes investigations relatives à ces traditions, pendant que je voyageais dans la vallée de l'Oxus et dans les lieux mêmes où elles existent.

Si on croyait que les chefs de Badakchan et de Dervaz réclamaient seuls cette généalogie honorable, quelle fut ma surprise en découvrant que six autres personnages s'arrogeaient la même prérogative, et que leurs droits n'étaient pas contestés! Les chefs qui à l'est de Dervaz occupent les territoires de Koulab, Chaghnan et Ouakan au nord de l'Oxus, se présentent également comme descendans du héros macédonien. Dans les temps modernes, le chef de Badakchan recevait les mêmes honneurs que lui attribue le voyageur vénitien. Il porte le titre de châh et mélik ou roi, et ses enfans sont qualifiés châhzadé; mais depuis une douzaine d'années cette antique maison a été renversée par l'émir de Koundouz, et le Badakchan est maintenant gouverné par une famille turque. A l'est du Badakchan, en allant vers le Cachemir, on rencontre les territoires de Tchitral

Ghilghit et Iskardo, situés dans les montagnes; leurs chefs sont reconnus également pour avoir une origine grecque. Le premier de ces princes a le titre de châh kattore. Celui qui règne aujourd'hui est de petite taille et aussi célèbre dans ces contrées pour sa longue barbe que Feth Ali, châh de Perse. Le chef d'Iskardo occupe une forteresse remarquable sur l'Indus, et il prétend qu'elle fut bâtie du temps d'Alexandre; mais la tradition ne s'arrête pas dans le canton dont je parle, et qui, ainsi que je l'ai déjà dit, confine avec le Balti ou petit Tubet, car les soldats du Turkestan chinois envoyés pour tenir garnison à Yarkend et dans les villes voisines revendiquent aussi une origine grecque. Cependant, plus modestes, ils se contentent de regarder comme leurs ancêtres les soldats macédoniens de l'armée d'Alexandre.

Tel est l'état exact de tous les personnages qui veulent descendre de ce monarque; et ce qui confirme en quelque sorte leurs prétentions, c'est que tous ces princes sont des Tadjiks, peuple qui habitait ces contrées avant l'invasion des tribus turques. Néanmoins comment faire accorder ces notions avec les récits venus jusqu'à nos temps, et où nous apprenons que le fils de Philippe ne laissa pas même un héritier de ses conquêtes gigantesques, et encore moins une progéniture nombreuse qui a établi depuis plus de deux mille ans des colonies dans un coin écarté de l'Asie? N'importe, que cette descendance soit réelle ou fabuleuse, les habitans reconnaissent la dignité héréditaire des princes, et ceux-ci à leur tour réclament tous les honneurs de la royauté et refusent de marier leurs enfans dans d'autres tribus. Ces Tadjiks, aujourd'hui convertis à l'islamisme, regardent Alexandre comme un prophète, et aux distinctions qu'ils dérivent de ses exploits militaires, ils ajoutent l'honneur d'être de la parenté de l'un des envoyés que Dieu a inspirés. J'ai eu l'occasion de converser avec quelques personnes de la famille de Badakchan; mais rien dans leur figure ni dans leurs traits ne favorisait l'idée qu'ils appartinssent à une race macédonienne. Ils ont le teint blanc et assez semblable à celui des Persans modernes, et offrent un contraste frappant avec les Turcs et les Ouzbeks.

Les historiens d'Alexandre nous apprennent qu'il fit la guerre dans la Bactriane. La ville de Balkh, voisine des cantons dont il vient d'être question, est la *Bactra* des monarques grecs. En mettant de côté toute identité locale, les habitans modernes disent que le pays situé entre Balkh et Caboul était nommé *Bakhtar Zemin* (pays de Bakhtar), dénomination dans laquelle nous retrouvons celle de *Bactria*. D'après ce fait il n'est nullement improbable qu'une colonie grecque ait à une époque quelconque existé dans ce pays. On peut donc supposer que les princes de la dynastie grecque qui succéda à Alexandre dans cette partie de son empire, remontèrent la vallée de l'Oxus dont la fertilité les attirait; elle sera ainsi allée jusqu'à Iskardo, dans le Balti, et dans le voisinage du Cachemir : une telle émigration de colons grecs expliquerait peut-être la civilisation ancienne de cette belle vallée. L'introduction de l'islamisme semble avoir été dans chaque pays fatale aux annales nationales, et je présume que les traces qui existaient ici de l'invasion des Macédoniens ou de celle des Séleucides leurs successeurs ont été effacées dans cette grande révolution. J'ai déjà remarqué que les contrées baignées par l'Oxus supérieur paraissent avoir été hors de la route des conquérans turcs, et j'infère de leur langue et de leurs connexions avec la Perse qu'elles ont suivi le sort de cet empire, ce qui favoriserait l'opinion suivant laquelle elles furent conquises par Alexandre. Si nous ne pouvons nous décider à accorder aux princes modernes de ces cantons l'illustration d'appartenir à la lignée de ce monarque, du moins nous devons recevoir leurs traditions comme la preuve la plus décisive qu'il s'est emparé de cette région ; et jusqu'à ce que des argumens bien fondés soient allégués pour démontrer le contraire, je ne puis, pour ma part, dénier leur droit à l'honneur qu'ils réclament. Plusieurs indigènes m'ont fourni ces renseignemens, et comme ils n'élevaient aucun doute sur leur exactitude et leur authenticité, je me suis borné à rapporter ce qui pourra être examiné plus à fond par d'autres, et leur donner sujet de se livrer à des spéculations.

CHAPITRE V.

LA PROVINCE D'YARKEND ET SES RELATIONS AVEC LA CHINE, LA BOUKHARIE ET LE TUBET.

Esquisse historique de la province d'Yarkend. — Gouvernement chinois. — Singulière manière de communiquer avec Péking.—Habitans.—Les Kalmouks.—Pays entre Yarkend et le Tubet. — Relation avec Boukhara. — Khokhand.

YARKEND est une des villes frontières de l'empire chinois à l'ouest ; elle est à cinq mois de marche de caravane de Péking, résidence du monarque. Les productions de la Chine sont apportées à cette province occidentale, et vendues aux Boukhars et aux Tubetains, qui ont la permission de fréquenter des marchés déterminés. Yarkend est le plus considérable. Aucun Chinois ne peut franchir la frontière; le commerce avec la Boukharie se fait par des musulmans qui vont exprès à Yarkend. La vigilance pour empêcher l'entrée des étrangers est la même dans ce lieu que sur la côte maritime. Dans mes conversations avec les Ouzbeks de Boukharie, j'ai appris beaucoup de particularités sur la Chine, et j'ai eu l'occasion de voyager avec une caravane de marchands de thé venus d'Yarkend : je crois donc qu'une notice du pays qui dépend de cette ville, tout imparfaite qu'elle doit être, ne peut manquer d'avoir de l'intérêt.

Le territoire d'Yarkend et celui de Kachgar qui lui est contigu, formaient la principauté d'un souverain musulman connu sous le nom de Khodja de Kachgar ; sa famille jouissait de beaucoup d'influence en matière de religion, et jadis exerça une grande autorité. Les habitans de ce pays croyaient superstitieusement que les hommes de cette maison étaient invulnérables dans les batailles, et doués du pouvoir d'employer des moyens extraordinaires pour défaire leurs ennemis ; ils pensent encore que quiconque insulte un Khodja ne peut prospérer ; mais il y a à peu près quatre-vingts ans que des dissensions s'élevèrent dans le sein de cette famille. Le gouvernement chinois ou les *Khitaï*, ainsi que ces peuples nomment cette nation, fut invoqué comme médiateur : celui-ci, ainsi que cela arrive assez souvent, joua le rôle de conquérant. Depuis ce temps les Chinois ont gardé toutes les possessions de cette dynastie ; ce ne fut pas toutefois sans tentatives nombreuses de sa part pour les recouvrer, soit par des conspirations, soit pas des hostilités ouvertes. La dernière de ces entreprises eut lieu il y a cinq ans ; elle était aidée par les Ouzbeks de Khokhand : les Chinois ayant rassemblé une armée tirée de leurs provinces les plus lointaines dans l'est, s'avancèrent dans l'Yarkend ; le Khodja rebelle fut pris et envoyé à Pékin dans une cage ou charrette couverte. Le khan de Khokhand, bien qu'il eût été défait, s'est depuis arrogé le titre de *ghasi* (vainqueur) pour avoir combattu les infidèles. Après la première catastrophe de cette famille, quelques Khodjas s'enfuirent à Badakchan, et le chef de ce territoire les fit égorger; les Chinois, pour reconnaître ce bon service, lui envoyèrent annuellement un présent; ils cessèrent il y cinq ou six ans, quand le pays fut envahi par l'émir de Koundouz. Les musulmans bigots attribuent les infortunes du chef de Badakchan à sa conduite cruelle et perfide envers les Khodjas de Kachgar. Tant qu'une opinion semblable prédomine, les membres de cette famille doivent continuer à être des voisins désagréables pour les Chinois.

Malgré le temps qui s'est écoulé depuis la conquête d'Yarkend, le gouvernement chinois n'a nullement diminué ses précautions. Yarkend est toujours regardé comme un poste extérieur, et les rapports entre cette ville et Péking sont maintenus d'une manière très-remarquable. Le gouvernement de toutes les villes est laissé entre les mains des musulmans, et il n'y a pas plus de 5,000 Chinois à Yarkend. Les garnisons sont recrutées par des jeunes gens de quatorze et de quinze ans qui sont renvoyés après un long service. Ces soldats sont tirés de la tribu des Toungani, qui aspire à la parenté avec l'armée d'Alexandre; ils sont musulmans nés dans les provinces adjacentes, pourtant vêtus à la chinoise. Il ne leur est pas permis de se marier ou d'amener leurs familles à quinze marches du pays, et ils sont regardés comme employés dans une contrée étrangère. Les indigènes administrent sous la surveillance des officiers chinois. Le gouverneur d'Yarkend a le titre de hakim beg; il est subordonné à celui de Kachgar, et celui-ci, à son tour, dépend du djan djoum d'Ili, grande ville à quarante marches au nord d'Yarkend. Les lieux principaux de cette frontière sont : Ili, Yarkend, Kachgar, Aksou, Karasou, Yenghi-Hissar, etc. On dit que la population d'Ili est de 75,000 âmes : Yarkend qui la suit immédiatement pour l'importance en a 50,000; Kachgar est moins considérable. Celle-ci est située sur une rivière, dans une plaine fertile en grains et en fruits; elle est entourée de toutes parts de montagnes, excepté à l'est, côté où coule la rivière. Le climat est sec et agréable; il y neige rarement, et même il n'y pleut pas souvent.

Les communications avec Péking, ou comme on dit ici avec le Badjin et les provinces orientales, sont dirigées avec une méthode et une vitesse particulières aux Chinois. Le voyage dure ordinairement cinq mois; pourtant un exprès peut parcourir la distance en trente-cinq jours. Dans les cas d'urgence extrême, il ne reste que vingt et même que quinze jours en route. A chaque huitième ou dixième mille on a érigé des *ourtangs* ou stations, où il y a des relais de chevaux; il n'est pas permis à un messager de dire un seul mot à un autre. A chacune de ces stations se trouve une pile de bois à laquelle il y a ordre de mettre le feu dès qu'on apprend que les musulmans se sont soulevés ou ont envahi le territoire, et par ce moyen des nouvelles sont parvenues d'Yarkend à Péking en six jours. J'ai entendu dire que des ballons enflammés sont employés au lieu de tas de bois; néanmoins je crois que ce dernier procédé, qui est le plus simple, se trouve le plus conforme à la vérité. Ce fut sur un avis transmis de cette façon que la dernière armée chinoise fut expédiée contre Khokhand; on dit qu'elle avait été formée d'hommes pris dans toutes les provinces de l'empire, et se montait à 70,000 soldats; on ajoute que sous le rapport militaire elle avait un aspect très-singulier, et que beaucoup de fantassins étaient armés de grands mousquets qui ne pouvaient être portés que par deux individus.

Les Chinois d'Yarkend se mêlent très-peu des affaires du pays; ils l'abandonnent ainsi que le négoce aux musulmans; le gouvernement lève un droit d'un trentième; ses règlemens relatifs au commerce sont justes et équitables. La parole d'un Chinois n'est pas mise en doute, et la qualité du thé ne diffère pas de celle de l'échantillon. Le nombre des musulmans d'Yarkend est de 12,000 familles; ils sont Turcs et parlent un dialecte du turc, parfaitement intelligible pour les Boukhars. Les habitans de la campagne sont quelquefois appelés Mogols par ceux des villes, et c'est peut-être de là que dérive le nom vague de Mongolie.

Des Calmouks se sont fixés autour d'Ili et d'Yarkend. Leurs chefs et leurs grands personnages ont une singulière manière de se distinguer, c'est d'attacher des bois de cerfs à leurs bonnets; la dimension et la beauté des andouillers marquent la dignité, cela équivaut pour eux à des croix et à des cordons. Les Chinois emploient les Calmouks à la garde de leurs frontières.

Les musulmans d'Yarkend paraissent différer de leurs coreligionnaires vivant dans d'autres pays; car les femmes ont chez eux un pouvoir et une influence que l'on ne connaît pas ailleurs; elles prennent la place d'honneur dans un appartement, communiquent librement avec les hommes et ne se voilent pas; on dit qu'elles sont très-belles; elles portent des bottes à talons hauts, et richement ornées; on décrit leur coiffure comme très-jolie, c'est une haute tiare en toile. Quand un marchand boukhar vient à Yarkend, il épouse une femme pour le temps de son séjour dans cette ville, et quand il en part on se sépare de bon accord. Le prix des femmes n'est pas élevé, on en achète une très-belle pour deux à trois tillas (30 à 45 francs); long-temps après leur départ d'Yarkend les commerçans boukhars chantent les louanges de ses femmes.

Indépendamment des Chinois qui fréquentent Yarkend, on m'a dit que des négocians chrétiens, probablement des Arméniens, visitaient cette ville en venant de l'est : ils sont habillés à la chinoise.

Les relations avec le Tubet et la Boukharie sont soumises à des règlemens très-sévères. Les habitans de ces pays n'ont pas la permission d'aller au delà d'Yarkend et des villes voisines; quand ils entrent sur le territoire chinois, ils sont confiés à des personnes qui connaissent les pays d'où ils viennent et qui sont responsables de leur conduite. Ce système de police est si artistement organisé qu'on dit qu'il est impossible d'éluder sa vigilance. Un Boukhar qui s'était rendu suspect dans l'Yarkend, et qui ensuite fut attaché à mon service, resta trois mois en prison; il fut enfin renvoyé par le même chemin qu'il avait suivi en venant; mais préalablement on fit son portrait dont des copies furent envoyées aux villes de la frontière avec cette injonction : « Si cet homme entre « dans le pays, sa tête est à l'empereur, son bien à « vous. » Je n'ai pas besoin d'ajouter que depuis il n'eut pas la moindre fantaisie de revoir la province d'Yarkend.

J'ai obtenu des détails intéressans sur le pays situé entre Yarkend et Ladak en Tubet, d'un indigène qui y avait voyagé; ils ne donneront pas une idée favorable de cette route de commerce qui paraît assez fréquentée. Ce voyageur partit de Ladak en mars, et arriva en soixante jours à Yarkend, après avoir éprouvé des accidens et des difficultés sans nombre au passage des montagnes de Kara Koram. On n'est que vingt-huit jours en route, mais il en faut sept pour traverser les monts de Kara Koram, qui sont peu élevés, et à huit journées de Ladak. Telle était la violence du vent du nord et des tourbillons de neige, que durant quelques jours la caravane ne put avancer que de quelques centaines de pas. Malgré son peu d'élévation, la chaîne de Kara Koram doit être à une hauteur considérable au-dessus du niveau de la mer, puisqu'on y ressent de la difficulté à respirer, des vomissemens, des étourdissemens, et la perte de l'appétit. Le thé était regardé comme un spécifique pour tous ces inconvéniens. La tourmente s'étant apaisée, les voyageurs purent poursuivre leurs marches; mais huit de leurs chevaux étaient morts, et la caravane n'aurait pas non plus tardé à périr, car les animaux avaient consommé la paille des selles et des coussins, avant que l'on eût regagné le pays habité qui commença à la dix-huitième marche depuis Ladak. Là on rencontra quelques cabanes habitées par les Ouakhanis dont j'ai parlé; les voyageurs s'y fournirent de vivres pour eux-mêmes et pour leurs chevaux. A la dix-septième marche, ils avaient trouvé le défilé d'Yenghi Dabban, dont la longueur est de cinq à six milles; il est couvert par la glace, où ils furent obligés de tailler un escalier pour pouvoir continuer leur marche; à leur retour à Ladak, au mois de juin, la glace était entièrement disparue; il n'en revirent pas non plus sur le Kara Koram : fait singulier, puisque cette chaîne doit être plus haute que l'Hindou Kouch, qui est couvert de neiges éternelles. Au sud du Kara Koram, toutes les eaux vont joindre le Chiouk; il est donc évident que ce faîte, quoiqu'il paraisse bas, est la partie la plus élevée de la chaîne. Au nord, les eaux coulent vers la rivière d'Yarkend; la route suit ces défilés et sur une distance peu considérable traverse, dit-on, un ruisseau trois cent soixante fois. Le dernier col est le Khilastan, nom qui vient à ce qu'on est ensuite exempt de tout obstacle. La plus grande partie de ce pays n'est habitée que par des Kirghiz nomades, qui le fréquentent en été avec leurs troupeaux; cette route est parcourue alors en vingt jours. Il périt un grand nombre de chevaux sur ce chemin, et assez souvent un commerçant ramasse ses marchandises dans l'endroit où elles avaient été laissées l'année précédente. Il n'y a pas de voleurs dans ce désert, qui n'est peuplé que de chevaux sauvages.

La communication entre Boukhara et Yarkend a lieu par deux routes, l'une passant par la vallée du Jaxartes, l'autre par celle de l'Oxus. La première, qui va par Khokhand, est toujours praticable, sinon en été, où la fonte des neiges l'inonde. Dans deux endroits le voyageur éprouve de la difficulté à respirer; les dissensions survenues avec les Khodjas exilés et les Ouzbeks de Khokhand ont récemment fermé ce chemin aux caravanes; mais c'est la meilleure voie pour le commerce entre Yarkend et le Turkestan; celle qui mène par la plateau de Pamér, la vallée de l'Oxus, Badakchan et Balkh est plus tortueuse et en même temps moins accessible; j'en ai parlé plus haut.

Le Khokhand, l'ancien Ferghana, fut le royaume paternel de Baber : il est gouverné par un khan ouzbek, qui est de la tribu des Youz, et prétend être de la ligne de cet empereur. Ce pays est plus petit que la Boukharie, et sa puissance est maintenant sur son déclin; il est renommé pour sa soie. La capitale, qui porte le même nom, est sur le Sir (*Jaxartes*); elle est de moitié moins grande que Boukhara; c'est la plus considérable du Khanat. Marghilan est l'ancienne capitale ; toutefois, Indedjan est une ville remarquable ; les Chinois nomment Indedjanis tous les Turcs arrivant de l'Ouest. Les Khokhandis sont coiffés de calottes au lieu de turbans. Leur khan entretient des relations avec la Russie et Constantinople ; mais il n'a pas des dispositions amicales pour les maîtres d'Yarkend.

CHAPITRE VI.

L'HINDOU KOUCH.

Description de la chaîne désignée par ce nom. — Sa hauteur. — Son aspect. — Ses productions. — Roches qui la composent. — Le véritable Hindou Kouch.

La grande chaîne de l'Himalaya, qui fait la limite septentrionale de l'Hindoustan, prend à l'endroit où elle est coupée par l'Indus, le nom sous lequel elle a été désignée communément depuis les frontières de la Chine; en même temps elle suit une direction nouvelle et court à l'ouest; elle parvient à une très-grande hauteur dans les pics sourcilleux de l'Hindou Kouch, puis s'abaisse et diminue beaucoup. L'élévation des cimes fixe le nom d'Hindou Kouch à cette partie du faîte, mais cette dénomination générale est inconnue des habitans. Un chemin qui passe par une portion de ces monts est appelée également le col de l'Hindou Kouch.

La partie que je vais décrire est située entre Caboul et Balkh; nous la traversâmes en allant à Boukhara. Dans les plaines du Pendjab, nous avions eu une vue magnifique des montagnes prodigieuses qui séparent le Cachemir de la plaine ; c'est à ces monts que les habitans du pays attribuent le nom d'Hymalaya, sans l'appliquer exclusivement à ceux qui s'élèvent au delà de cette vallée célèbre. Après avoir passé l'Indus, nous nous trouvâmes bien plus près de l'Hindou Kouch que nos cartes ne le représentaient ; erreur due à ce qu'elles placent Caboul 15 minutes trop au sud. Dans la vallée de la rivière de Caboul, cette grande chaîne semblait suspendue au-dessus de notre route ; de même je ne m'aperçus que nous avions franchi les neiges perpétuelles de l'Hindou Kouch, que quand nous fûmes arrivés à Bamian, puisque, suivant ces mêmes cartes, les faîtes neigeux étaient encore à un demi-degré plus loin. Toutefois, nous étions réellement au delà, car la rivière de Bamian est un affluent de l'Oxus ; et le pays est incliné au nord ; il y a certainement des montagnes au delà de Bamian ; néanmoins, ce ne sont plus les sommets gigantesques de l'Himalaya. Une large ceinture déprimée s'étend jusqu'à Balkh ; c'est celle que les géographes arabes ont nommée la *Ceinture pierreuse* de la terre. Le seul point de ces monts qui soit couvert de neiges perpétuelles est le *Koh i Baba*, situé entre Caboul et Bamian ; la chaîne en se prolongeant ensuite vers Hérat n'offre plus qu'un labyrinthe de collines.

Nous avons traversé l'Hindou Kouch par six cols successivement, et après un voyage de treize jours, pendant lesquels nous parcourûmes 260 milles, nous débouchâmes dans la vallée de l'Oxus à Khouloum, située à 40 milles à l'est de Balkh. Les trois premiers cols s'ouvrent entre Caboul et Bamian; il y en avait deux couverts d'une neige si profonde à la fin de mai, que nous ne pûmes y marcher que le matin quand elle était gelée et assez ferme pour porter nos chevaux. Les trois autres cols, au nord de Bamian, étaient moins élevés, et libres de neige.

Nous commençâmes notre voyage à une élévation de 6,000 pieds, qui est celle de Caboul, au-dessus du niveau de la mer; nous remontâmes ensuite la vallée désignée par le nom de cette ville, où coule la rivière dont la pente est de 50 pieds par mille; enfin, nous atteignîmes à sa source qui est à une hauteur de 8,000 pieds; ce fut là que nous rencontrâmes pour la première fois de la neige. La plus grande élévation à laquelle nous parvînmes fut aux cols de Hadjigak (12,400 pieds), et de Kalou (13,000); ils étaient couverts de neige; la hauteur d'aucun des autres n'excède 9,000 pieds. Sortis du Kara Kouttal, le dernier de tous, nous descendîmes le long du lit d'une rivière dont la pente était de 60 pieds par mille, jusqu'à notre arrivée dans les plaines du Turkestan, où, à Balkh, nous étions encore à 2,000 pieds au-dessus du niveau de la mer [1]. A notre issue des montagnes,

---

[1] Toutes ces hauteurs ont été déterminées par le point d'ébullition de l'eau dans des thermomètres, soigneusement examiné et comparé. Chaque degré a été évalué approximativement à 600 pieds.

elles s'élevaient par une ligne brusque et escarpée à
2,500 pieds au-dessus de la plaine. Leurs flancs nus,
noirs et polis, offraient un aspect imposant, quoiqu'ils
eussent perdu beaucoup de leur sublimité et de leur
majesté. Ils s'abaissèrent au-dessous de l'horizon,
long-temps avant que nous fussions parvenus aux
rives de l'Oxus.

Je suis convaincu que tous les cols de l'Hindou
Kouch sont débarrassés de neige avant la fin de juin,
par conséquent, en les traversant, nous n'atteignîmes
nulle part à la hauteur des glaces perpétuelles. Je
connais tout l'intérêt attaché à ce point, et il paraît
qu'ici au moins la hauteur de l'Hindou Kouch excède 13,000 pieds. Les pics du Koh i Baba sont couverts de neige à une distance considérable au-dessous
de leurs sommets; je ne puis pas estimer leur élévation à plus de 18,000 pieds, en la jugeant de celle
d'où nous les observâmes. Le climat de cette haute
zone est très-variable; au mois de mai, le thermomètre, au lever du soleil, était au-dessous du point
de congélation tandis qu'à midi la chaleur et la
réverbération de la neige étaient insupportables. On
dit qu'à un certain degré d'élévation, et sous une
basse latitude, on trouve le climat des régions plus
tempérées; le fait ne peut être révoqué en doute un
seul instant; néanmoins, à cette élévation, les rayons
du soleil ont une très-grande force. A une hauteur
de 10,000 pieds les habitans labouraient la terre à
mesure que la neige disparaissait de la surface des
montagnes; la végétation est si rapide à cause de la

chaleur brûlante, qu'on récolte au commencement d'octobre ce qui a été semé à la fin de mai.

Cette partie de l'Hindou Kouch est entièrement dénuée de bois, et en plusieurs endroits de verdure; le rameau du Koch i Baba est surmonté de pics; partout ailleurs il offre l'aspect de montagnes arrondies et nues. Dans les défilés, le chemin passe fréquemment à la base d'un précipice escarpé qui s'élève perpendiculairement à 2,000 et 3,000 pieds, et présente des monumens d'une majesté dont il est difficile de décrire la solennité. Il y a à peu près sept ans, une secousse de tremblement de terre précipita, dans la vallée près de Sarbagh, une masse énorme de rochers, qui intercepta le cours de la rivière pendant quatre jours, et rendit long-temps le chemin impraticable. Il paraît que dans le cours des siècles les eaux se sont creusé un canal, et si on en juge par la stratification des rochers de chaque côté, ceux-ci ont jadis formé de leur sommet à leur pied les bords de ruisseaux, qui aujourd'hui coulent à quelques milliers de pieds plus bas. Ces murs naturels ressemblent à des pierres de taille ou à des assises de briques s'élevant en couches horizontales l'une au-dessus de l'autre. Le défilé que nous traversâmes est si tortueux, qu'à chaque demi-mille il offre en quelque sorte des enceintes distinctes qui ressemblent à autant de positions fortifiées, la vue étant bornée de chaque côté. Une partie de la vallée à laquelle cette remarque convient plus particulièrement est nommée *Daras i Zandan* (vallée du Cachot); j'ai déjà dit, dans la relation de mon voyage, que très-fréquemment les parois étaient si hautes, qu'à midi le soleil ne pénétrait pas au fond. Je ne pus, après mon départ de Bamian, prendre une hauteur du pôle qu'à 30 milles des plaines du Turkestan.

Les flancs de l'Hindou Kouch ne sont pas ornés de pins ni de cèdres; le seul chauffage que les habitans puissent se procurer est un genêt sec qui tient fortement à la terre; ses épines sont disposées comme les piquans d'un hérisson; on le nomme *koullah i Hezaré* (bonnet du Hezaré). A une hauteur de 7,000 pieds nous trouvâmes la plante de l'assa fœtida, poussant avec une grande vigueur; elle est annuelle, sa tige a 6 à 7 pieds; le suc laiteux qui en découle est d'abord blanc, puis il jaunit et durcit; alors on le ramasse dans des sacs de crin pour le livrer au commerce. Dans son état de fraîcheur ce végétal a l'odeur abominable qu'on lui connaît; toutefois, nos compagnons de voyage le mangeaient avec avidité. Si les émanations de l'assa fœtida sont désagréables, les habitans en sont amplement dédommagés par la diversité de plantes aromatiques qui croissent dans ces montagnes, et qui parfument l'atmosphère. Les rochers sont absolument nus; mais le petit nombre de végétaux qui se montrent dans leurs interstices sont pour la plupart odorans. Les pâturages, par leur nature aromatique, sont particulièrement favorables aux moutons; nous les apercevions qui broutaient les jeunes pousses de l'assa fœtida; on la regarde comme très-alimenteuse. On cultive l'orge dans cette région haute; le grain n'est pas entouré d'une balle. Les vallées de l'Hindou Kouch sont bien plus favorisées de la nature; on y trouve la plupart de nos arbres fruitiers. Souvent nous cheminions plusieurs milles au milieu de vergers d'abricotiers; leur fruit acquiert une qualité parfaite dans ces hautes régions. En descendant à Khouloum, nous vimes des cerisiers, des pêchers, des figuiers, des grenadiers, des mûriers, des poiriers, des coignassiers et des pommiers le long du ruisseau; car la largeur du défilé n'excédait jamais 600 pieds, et quelquefois était moindre; je remarquai souvent sur le bord de cette eau le groseillier noir, le framboisier et l'aubépine; l'herbe y est très-abondante, et parmi les autres plantes je pouvais découvrir la menthe poivrée et la ciguë.

La nature de ces vallées est très-favorable aux recherches du géologue; toutefois, je réclamerai sur ce point l'indulgence du lecteur; du reste, je ne puis lui faire concevoir une idée plus exacte de ces montagnes, qu'en décrivant avec détail le défilé par lequel nous descendîmes du col de Kalou à Bamian. Il est situé entre les deux grands cols neigeux dont j'ai parlé, et situé à 8,000 pieds de hauteur absolue. La coupe de terrain offerte aux yeux s'étendait sur une longueur de 20 milles; dans cet intervalle, la descente fut de 3,000 pieds. Les plus hautes montagnes entre Caboul et le Hadji gak me parurent être de gneiss ou de granit; après que nous eûmes franchi ce col, elles devinrent fortement imprégnées de fer jusqu'à leur sommet; ensuite nous vîmes du schiste bleu et du quartz; les parois des pentes escarpées du défilé étaient de mica-schiste, mais leur sommet offrait un contour raboteux de masses arrondies. D'énormes blocs de granit vert et d'autres roches que l'on disait avoir été détachés par l'effet du froid et de la gelée, avaient été précipités de ces hauteurs dans la vallée. En descendant plus bas, nous rencontrâmes des conglomérats de calcaire, dans lesquels étaient mêlées d'autres pierres assez semblables à du gravier. Une dizaine de sources, dont l'eau était d'une couleur de rouille foncée, découlaient de diverses parties de ce rocher, et teignaient ses flancs. Ces eaux sont purgatives et ont un goût métallique; je présume qu'elles passent sur des couches ferrugineuses. On trouve une source pareille dans la vallée menant au col de Hadji gak. Nous vîmes ensuite d'immenses falaises d'argile rougeâtre et violette, auxquelles succédèrent des massifs d'argile dure, mêlée de roches plus dures, jusqu'à Bamian. C'est dans ce massif que les idoles et les cavernes de Bamian ont été taillées, car on le travaille aisément.

Les environs de Bamian sont très-riches en minéraux. On trouve de l'or ainsi que du lapis luzali à Faouladat, et aussi dans les monts d'Istalif, au nord de Caboul. Il y a dix à douze mines de plomb dans le défilé tout près de Bamian; elles sont en exploitation; on y voit également du minerai de cuivre, d'étain et d'antimoine; du sulfate de cuivre (*niltota mourdarsang*) et du soufre; on trouve de l'amiante (*sang i poum*, coton de montagne) à Djadrân, au nord-est de Caboul, et du fer à Badjaour, au nord de Peichaver.

En cheminant au nord de Bamian, le pays resta le même jusqu'au point où nous eûmes franchi le premier col pour descendre ; des falaises de granit, noircies par les météores, s'y élevaient en colonnes de couleur sombre et majestueuses, à peu près comme le basalte : les débris tombés du sommet offraient les minéraux que j'ai nommés. Les deux derniers cols de l'Hindou Kouch présentaient un aspect entièrement différent de celui que j'ai décrit ; ils consistaient en calcaire d'un brun clair, de formation primitive, à ce que je suppose, et d'une grande dureté, et montrant, quand on le brisait, des angles très-aigus. Cette pierre est si glissante par le poli qu'elle prend, que l'un des cols qui en est composé est nommé *dandan chikan* (brise-dent). Ce fut dans cette roche que nous rencontrâmes ces précipices hauts et escarpés qui étaient suspendus au-dessus de la vallée quand nous la descendîmes. Avant que nous fussions arrivés dans la plaine, des roches de grès parurent de chaque côté. Dans un de ceux-ci je remarquai près de Heïbak des galets siliceux isolés, bien arrondis, incrustés par intervalles réguliers, et suivant une ligne aussi droite que s'ils eussent été placés par l'art. Le silex est extrait pour en faire des pierres à fusil. Il existe aussi un dépôt de soufre entre les deux derniers cols de l'Hindou Kouch.

Je viens de décrire la nature du pays que j'ai observé par moi-même, mais je n'ai point parlé de l'Hindou Kouch proprement dit, montagne qui est située à peu près à un degré à l'est de ma route. Ce pic énorme est visible de Caboul et entièrement enveloppé de neige d'une blancheur éblouissante ; je l'aperçus aussi de Koundouz, qui en est éloigné de 150 milles au nord. Sa hauteur doit être considérable, puisque les voyageurs se plaignent de la difficulté de respirer qu'ils y éprouvent, et portent avec eux du sucre candi et des mûres pour la rendre plus facile. Les hommes les plus robustes y souffrent d'étourdissemens et de vomissemens. Des milliers d'oiseaux y tombent morts sur la neige, parce qu'on croit que la violence du vent les empêche de voler ; mais il est plus probable que la cause en est due à la rareté de l'air : cependant les oiseaux sont habitués à se trouver à des hauteurs plus considérables que les hommes et les mammifères ; quelquefois ils essaient de passer en marchant, et de grandes quantités sont prises au piége : l'empereur Baber fait mention de ce fait. Les bêtes de somme ne sont pas moins incommodées que l'homme ; beaucoup s'abattent et succombent. Les voyageurs observent le silence le plus profond en traversant l'Hindou Kouch ; personne ne parle haut ni ne tire un coup de fusil, de crainte que l'ébranlement causé par le bruit n'occasionne une chute de neige, appréhension qui ne paraît pas tout-à-fait dénuée de fondement.

Mais le phénomène naturel le plus singulier de l'Hindou Kouch paraît être le ver de neige, qui, dit-on, ressemble au ver à soie parvenu à tout son développement. Cet insecte ne se trouve que dans la région des glaces éternelles; il meurt quand on l'éloigne de la neige. Je ne pense pas que l'existence de cette créature soit révoquée en doute, parce que je ne l'ai pas vue, puisque j'en parle d'après le témoignage de beaucoup de personnes qui ont passé l'Hindou Kouch.

CHAPITRE VIII.

LA TURCOMANIE.

Pays nommé ainsi.—Sa nature.—Les Turcomans.—Leur origine.—Leurs tribus.—Langue.—Canton de Merve.—Caractère général des Turcomans.

J'ai employé les noms de Turcomans et de Turcomanie, parce qu'ils désignent d'une manière générale un peuple de la grande famille turque et le pays qu'il habite ; d'ailleurs ces noms ne sont pas absolument inconnus en Europe, et probablement ne peuvent causer des méprises. La Turcomanie est la contrée située au sud de l'Oxus ou du Turkestan ; elle s'étend de Balkh à la mer Caspienne, et occupe l'espace compris entre cette immense nappe d'eau et le lac Aral. Une ligne tirée de Balkh à Astrabad, sur la Caspienne, villes situées presque sous la même latitude, séparera la Turcomanie de l'Afghanistan et de la Perse. Sur la côte sud-est de la Caspienne, où la Turcomanie touche à ce dernier royaume, elle est montagneuse et arrosée par le Gourgan et l'Atrak, rivières qui tombent dans cette mer; partout ailleurs sa surface est unie et n'offre qu'un désert sablonneux où l'eau est très-rare. Les rivières qui coulent des montagnes sont promptement absorbées par le sable et ne peuvent se frayer une issue vers l'Oxus; la plus considérable est le Mourghab ou la rivière de Merve, et le Tedjend qui passe à Charaks. Ce pays n'a ni villes ni villages, car les Turcomans sont un peuple nomade, se transportant d'un lieu à un autre avec leurs troupeaux et leurs khirgahs ou demeures coniques, pour chercher de l'eau et des pâturages.

Le désert des Turcomans est un vaste désert de sable, tantôt uni, tantôt s'élevant en dunes comme on en voit sur le rivage de la mer; elles augmentent de volume du côté de la Caspienne, et sur ses bords atteignent à une hauteur de 60 à 80 pieds. Elles semblent reposer sur une surface argileuse, durcie, qui est visible en plusieurs endroits. Il n'était pas difficile de traverser ces monticules sablonneux; et les puits, quoique peu nombreux et très-éloignés les uns des autres, ne sont pas très-profonds; l'eau est rarement à plus de quarante pieds de leur ouverture. Tel est le désert des Turcomans, et ce peuple se vante de ne jamais se reposer à l'ombre d'un arbre, ni sous celle de l'autorité d'un roi. Ils n'exagèrent pas; en effet, un jardin est une chose inconnue chez eux, leur désert n'est pas animé par un seul arbre, et ils n'obéissent pas à un souverain permanent. Ils ne reconnaissent que le gouvernement de leurs *aksakals* ou anciens, bien que dans quelques cantons peu étendus ils soient soumis à la puissance des nations voisines. Le Turcoman passe sa vie à piller le bien d'autrui et à enlever les personnes; ses enfans sont dès leurs plus jeunes ans élevés dans ces habitudes de rapine. Suivant un de leurs proverbes, que j'ai cité précédemment, un Turcoman à cheval ne connaît ni père ni mère; dicton qui peint très-bien leur compassion quand ils sont occupés à une expédition de pillage ou *tchapao*. Les Turcomans n'ont heureusement pas de chef commun pour guider ou diriger leurs efforts réunis; ce manque d'une direction centrale diminue leur puissance et les effets de leur barbarie.

Les Turcomans diffèrent des Ouzbeks parce qu'ils sont exclusivement nomades; l'origine de leur nom est obscure; on m'a assuré que le mot *Turkamé* signifiait vagabond, et les Turcomans me l'ont dit eux-mêmes. Turcoman est aussi, à ce qu'on prétend, formé de *Turk manind*, qui en persan signifie un Turc, d'après le mélange des races produit par l'usage des Turcomans qui enlèvent les habitans des pays voisins. *Tourk man*, je suis un Turc, peut également être regardé comme une dérivation. *Turci* et *coman*, peuple mêlé, semble venir de trop loin; du reste, tout ce que je viens d'exposer peut bien ne pas paraître satisfaisant à plusieurs critiques, car l'esprit est sujet à divaguer quand il est question d'étymologie. Toutefois, nous inférons de ce qui précède que les Turcomans sont des Turcs qui se distinguent des Ouzbeks et des autres peuples de cette famille improprement nommés *Tar-*

tares ou *Tatars* par les Européens. La demeure primitive des Turcomans doit sans doute avoir été dans les pays au nord-est de la Boukharie, pays habité par Djinghis, par Timour et par les Ouzbeks; mais eux-mêmes se disent originaires de Manghislak et des côtes nord-est de la mer Caspienne; ils ont successivement envahi les contrées qui, du temps des Romains, étaient occupées par les Parthes belliqueux. J'ai entendu parler parmi les Turcomans d'une tradition vague et incertaine, suivant laquelle ils sont les descendans des soldats placés en garnison dans cette région et amenés d'ailleurs par Alexandre le Grand.

Tous les Turcomans se considèrent comme issus d'une souche commune, bien qu'ils soient partagés en différentes tribus, et qu'ils accordent aux unes une sorte de prééminence sur les autres. Le nombre total des familles est estimé à 140,000 : je les diviserai en deux sections principales, Turcomans de l'est et de l'ouest.

Turcomans orientaux.

Salor (de Charakhs)	2,000 familles.
Sarak (de Merve)	20,000
Ersari (du Haut Oxus)	40,000
Taka (de Tadjend)	40,000
Sakar (de l'Oxus)	2,000
	104,000

Turcomans occidentaux.

Yamoud (d'Astrabad et de Khiva)	20,000
Gohklan (du Gourgan)	9,000
Ata (du Balkhan)	1,000
Tchaoudar (de Manghislak)	6,000
	36,000
	140,000

La plus illustre des tribus turcomanes est celle des Salor; ensuite vient celle des Ata, qui passent pour être de race seïde et descendre du calife Othman. On dit que les trois grandes tribus des Yamoud, des Gohklan et des Taka, sont issues de trois frères; néanmoins la dernière ayant eu pour ancêtre un esclave persan, est inférieure aux deux autres. Il serait sans aucun intérêt de s'étendre sur la liste insignifiante des subdivisions de ces tribus; je me bornerai à citer pour exemple celle des Gohklan partagée en neuf divisions qui campent à part les uns des autres; voici leurs noms :

1 — Ghaï.
2 — Karabal khan.
3 — Baïndar.
4 — Kevich.
5 — Kaïk-Souranli ou Arkakli.
6 — Aye-Darouech.
7 — Tchakar ou Bagdali.
8 — Yangak ou Garkas.
9 — Sangrik.

On dit que dans un temps cette tribu fut composée de vingt-quatre divisions, ayant chacune un *youz kaieli* ou commandant de cinq cents hommes; des dissensions intestines, qui subsistent encore et probablement ne cesseront jamais, et les guerres contre la Khivie et la Perse, ont diminué ce nombre et troublé les habitudes patriarcales de toute la race turcomane.

Bien que les Turcomans ne placent pas leur patrie primitive dans une contrée plus éloignée que les rivages de la Caspienne, cependant ils prétendent qu'ils sont les fondateurs de l'empire ottoman. Leur dialecte paraît différer de celui des Osmanlis; l'échantillon que j'en donne, et que je tiens des Turcomans mêmes, servira non-seulement à réfuter ou à confirmer leurs assertions sur ce point, mais aider à des investigations sur d'autres.

Homme	erkets.
Femme.	aïlehi.
Fille.	kiz.
Fils..	ougli.
Visir.	kouschbeghi.
Oiseau.	kouch.
Mer	deria.
Montagne . . .	dagh.
Tène.	yerr.
Froment. . . .	boughdié.
Orge.	arfa.
Melon	kaoun.
Eau	sou.
Feu	ot.
Froid	saouk.
Chaud.	issi.
Soleil	goun.
Lune.	aye.
Étoile	youldouz.
Sabre	ghilitch.
Fusil.	doufeng.
Tapis	pâlas.
Père.	ata.
Mère.	cidja.
Frère	dogan.
Sœur.	ichig.
Oril	gouz.
Nez	bourou.

Dent.	disch.
Bouche.	aghyz.
Barbe	sakàl.
Cheveu.	satch.
Pied.	ayak.
Main.	ill.
Genou.	diz.
Blanc.	ak.
Noir.	kara.
Jaune.	sari.
Rouge.	kizzil.
Glace.	bouz.
Neige.	kar.
Pluie.	yaghisch.
Tonnerre.	gok-ouberdi.
Ciel.	gok.
Éclair.	yeldrem.
Cheval.	at.
Chameau.	doya.
Vache.	segher.
Chèvre.	getchi.
Brebis.	koyoun.
Sel.	touz.
Sable.	koum.
Boue.	laï.
Lait.	soud.
Pierre.	dasch.
Mort.	sakalàt.
Mariage.	toï.
Je.	ouzoum.
Toi.	sen.
Sommeil.	okhi.
Bateau.	gemi.
Soie.	yipek.
Bon.	yakchi.
Perdre.	yitti.
Tuer.	oldi.
Noyer.	sou doucheli.
Fuir.	youz ep kidili.
Laine.	youn.

Coton	pakta.
Maladies	khasta.
Près	yakin.
Loin	ouzak.
Faim	atch.
Sang	kan.
Odeur	is.
Un	bir.
Deux	iki.
Trois	outch.
Quatre	tourt.
Cinq	bach.
Six	alti.
Sept	yedi.
Huit	sikkas.
Neuf	daghaz.
Dix	oun.
Vingt	igarni.
Cinquante	illi.
Cent	youz.
Mille	ming.

Au milieu des terres stériles de la Turcomanie et entre la Boukharie et la Perse, est situé le canton de Merve, jadis fertile, et dont la capitale passe pour avoir été bâtie par Alexandre le Grand. Elle est plus connue des lecteurs européens par l'épitaphe d'un de ses rois souvent citée par les moralistes : « Tu as » été témoin de la grandeur d'Alp Arslan, élevé » jusqu'aux nues; vas à Merve, et contemple-le en- » terré dans la poussière. » L'histoire de ce lieu est obscure; on le nomme encore *Merve cháh i djihan* (Merve le roi du monde), et les habitans indiquent les ruines de *Merve i makan* comme étant la ville fondée par les Grecs. Ils connaissent mieux les exploits de sultan Sandjar, dont le tombeau subsiste encore, et qui régnait il y a environ 800 ans. Merve resta long-temps sous la dépendance de la Perse ; ce fut là qu'Ismael Séfi, souverain de ce royaume, défit en 1510 Cheibani khan, fondateur des Ouzbeks. Sous les Persans, le territoire de Merve devint florissant et riche; les eaux de sa rivière, qui auparavant s'étaient perdues dans le désert, furent distribuées sur toutes les terres par des canaux et l'emploi judicieux de digues; le pays devint opulent, le peuple heureux. Récolter cent pour un, est un proverbe qui atteste à la fois la fécondité du terroir et la prospérité des habitans. Un passage d'un poëme persan invite « les croyans à se réjouir de réciter les prières de » l'après-midi dans le climat sec et délicieux de » Merve [1] ». Ici aussi les champs de froment offraient le phénomène étonnant de trois récoltes successives données par la même semence, dont il a été question au sujet des cantons d'Andko et de Meimana. Tel était l'état prospère de Merve sous Beiram khan, chef bien connu, qui fut vaincu en 1787 par Chah Mourad, roi de Boukharie. Ce monarque fit démolir le château et les canaux, et transporta la plus grande partie de la population dans sa capitale, où elle forme encore une communauté séparée. Plus tard, le reste de ses habitans a été mené en Perse, et ce pays florissant, qui contrastait si magnifiquement avec le reste

---

[1] Le reste du passage recommande Hérat pour la prière du soir; Baghad pour celle de l'heure du sommeil, et Nichapour pour celle du lever du soleil.

de la Turcomanie, partage aujourd'hui sa stérilité, tandis que les hordes des Turcomans nomades ont pris la place des hommes qui avaient des habitations fixes. Des ruines du château de Merve, le voyageur peut encore contempler un espace de trente milles de circonférence, aujourd'hui dépeuplé, et où il découvre des villages abandonnés et des murs délabrés. Il n'y a de cultivés que les champs situés sur les bords du Mourghab; les Turcomans y récoltent encore de très-beaux melons, du djaouri et des melons exquis.

On m'excusera de m'être étendu sur les beautés de Merve, puisque nous sommes encore en Turocmanie, et que nous tâchons de donner de l'intérêt à ses tristes solitudes en décrivant cette oasis jadis magnifique. De Balkh aux rivages de la Caspienne, le pays et les habitans sont presque dans l'état de nature. Les Turcomans n'ont ni science ni littérature; ils n'ont pas même de mosquées, quoiqu'ils ne soient pas absolument sans religion : c'est un peuple belliqueux; leurs habitudes domestiques les rendent propres à l'heure de la bataille; leur nourriture est simple, elle consiste dans le lait et la chair de leurs troupeaux. Le lait de jument et le bouza sont inconnus au sud de l'Oxus; les Turcomans ignorent même l'art de la distillation : des juifs de Meched parcourent quelquefois les camps de ces nomades avec des liqueurs fortes dont le prix est très-heureusement au delà des moyens des pauvres. Les Turcomans boivent le lait des chamelles, qui est agréable au goût : ils sont peut-être de pair avec la cavalerie irrégulière de telle nation que ce soit, et leurs chevaux ont des qualités incomparables. Ils prennent le plus grand soin de ces nobles animaux, dont nous parlerons ailleurs plus en détail.

CHAPITRE IX.

HABITANS DU TURKESTAN.

Portrait général de ces peuples. — Les Ouzbeks. — Les Kirghiz. — Les Tadjiks.

Le mélange des peuples turcs avec les nations plus occidentales a produit de nombreux changemens qui ont été très-favorables à leur apparence extérieure, et qui ont également occasioné de la dissemblance entre plusieurs de leurs tribus. Néanmoins un physionomiste n'inférera pas de ces altérations du type primitif que le Turc de l'Oxus diffère de celui d'Yarkend. Les Turcs s'unirent par des mariages aux Tadjiks du Mavar al Nahr, comme les Seljoukides aux Persans : et parce que les uns sont plus beaux, ils ne peuvent pas être considérés comme appartenant à une race différente. Les habitans du Turkestan n'ont pas encore perdu entièrement le caractère distinctif de leur race. On retrouve encore chez eux de petits yeux, des fronts aplatis, une barbe peu fournie; mais on n'y voit pas ces visages hideux dont font mention les historiens qui ont raconté leurs invasions. Du reste, les femmes de cette contrée ne furent jamais dépourvues de beauté. On connaît les vers de Hafiz, dont voici la traduction : « Que ne puis-je captiver le » cœur de la jolie fille turque de Chiraz ; je donnerais » en échange de la tache noire de ses joues toutes les » richesses de Samarcand et de Boukhara. » Il est bon de noter ici que le Chiraz dont parle le poëte n'est pas la ville de Perse où il était né ; c'est un village au nord de Samarcand ; et cette Roxane, fille d'Oxyartes, à laquelle Alexandre donna sa main en Transoxane, était, suivant le témoignage d'Arrien, la plus belle femme que les Grecs eussent vue en Asie, après l'épouse de Darius. Toutefois, l'habitant des villes a plus changé que le paysan ; et dans la chaîne de l'Hindou Kouch, je vis chez les Hezarès, ainsi que je l'ai raconté, des physionomies qui rappelaient bien le type turc ; et les Hezarès Tatar, horde composée d'un millier de familles, passe pour descendre des soldats de Djinghis Khan ; ce nom mérite d'être remarqué, puisque la seule tribu qui se le donne également est celle des Nogais, sur la frontière de la Russie.

Telle est la vicissitude des hommes et des choses dans ces régions peuplées de Turcs, que si on s'informe de la famille de Zagataï ou Djagataï, c'est-à-dire des illustres descendans de Djinghis Khan, et si on peut les retrouver, on découvre qu'ils croupissent dans la plus abjecte pauvreté. Les rois de Boukharie prétendaient être issus directement de ce conquérant; mais un perfide ministre a, par un assassinat, tranché le fil de cette lignée. Le khan de Khokhand fait remonter son origine à Baber; il occupe le royaume de Ferghana, que possédait ce prince, devenu plus tard empereur dans l'Inde.

Les Ouzbeks se partagent en trente-deux tribus, qui existaient, dit-on, dans le temps où ils menaient la vie pastorale. Voici quelques-unes des principales :

A Boukhara.	Mangat.
Khokhand	Youz.
Hissar	
————	Lakaï.
Béisoun.	Kongrad.
Kaouadian	Dourman.
Koundouz	Katghan.
Khouloum	Moïtan.
Heibak	Kangli.
Balkh	Kaptchah.
————	Yabou.
Maïmana.	Ming.
Ourghendje . . . ·	Kongrad.

L'histoire nous montre que les peuples nomades ont un penchant déterminé à changer de place, même pour se transporter à des distances prodigieuses; et de nos jours les Kalmouks, qui appartiennent à la famille des peuples mongols, ont donné un exemple mémorable de cette propension; leur migration des rives de la mer Noire aux frontières occidentales de l'empire chinois, patrie de leurs ancêtres, prouve la facilité prodigieuse avec laquelle une nation nomade porte sa demeure d'un lieu à un autre. Cet événement se passa vers la fin du dix-huitième siècle ; beaucoup d'habitans du Turkestan, qui en furent les témoins, me l'ont décrit. Ce peuple marcha en masse avec tous ses troupeaux ; on dit que la colonne qu'il formait occupait en largeur un espace de trois journées de chemin. Il s'avança, renversant tous les obstacles, parvint dans le *Dacht i Kaptchak*, au nord du Sihoun, et enfin dans les campagnes voisines d'Yarkend et d'Ili, d'où ses ancêtres étaient partis. Les Kalmouks, n'étant pas musulmans, furent attaqués à leur passage par les fidèles, et à peu près 1,500 d'entre eux furent amenés à Boukhara ; mais cet accident ne produisit qu'une bien faible impression sur la masse totale des émigrans, dont le nombre était évalué à cent mille familles.

Les Kirghiz, qui habitent au nord de la Boukharie, sont partagés en plusieurs hordes ; celles des Kirghiz Kaïssaks passent l'été sur les frontières méridionales de l'empire russe, et en hiver se rapprochent de Boukhara où ils vendent leurs moutons. Les Kirghiz que j'ai vus avaient le visage aplati et ressemblaient beaucoup aux Turcomans ; j'ai déjà dit qu'ils habitent le plateau de Pamér.

Les aborigènes du Turkestan sont les Tadjiks ou Tats, quelquefois nommés à tort Sarts ; c'est un sobriquet que les tribus nomades leur ont donné. Les peuples turcs venus du Nord à une époque reculée, renversèrent la puissance des Tadjiks, et ensuite les mêmes hordes se sont bouleversées les unes les autres. Les Tadjiks sont adonnés au commerce. Leur idiome est le persan, qui a été long-temps celui de ce pays, car le Turkestan tomba sous la domination des Persans long-temps avant le siècle des califes. Je trouve même dans un manuscrit persan, dont je fis l'acquisition à Boukhara, que cette langue fut employée par l'ordre des Arabes eux-mêmes, pour convertir les habitans à l'islamisme. Les Persans sont nombreux dans le Turkestan, puisque nous regardons les habitans de Merve comme étant de cette nation, ainsi que les esclaves et leur lignée. Il y a aussi des Juifs, des Hindous, des Arméniens.

J'ai déjà parlé des Turcomans; il y a aussi dans cette contrée un autre peuple turc, ce sont des Nogais venus de Russie; ils se sont établis au nombre d'un millier de familles à Boukhara.

CHAPITRE X.

CHEVAUX DU TURKESTAN.

Le cheval turcoman. — Ses variétés. — Manière de le nourrir. — Etendue du commerce qu'on en fait. — Ses traits caractéristiques.

Le cheval acquiert une grande perfection en Turkestan et dans les pays au nord de l'Hindou Kouch. Le climat en est favorable à sa constitution, et les habitans montrent la sollicitude la plus patiente pour sa propagation et sa nourriture, de sorte que ses bonnes qualités s'y développent complétement. Le cheval turcoman est un animal grand et robuste, plus remarquable par sa force et sa vigueur que par la symétrie et la beauté de ses formes. Son encolure est droite et noble, mais la longueur de son corps déprécie son extérieur aux yeux d'un Européen; il n'a pas non plus la tête aussi petite, ni le poil aussi lisse que la race arabe. Ce manque d'agrément est amplement compensé par des avantages plus essentiels; et son utilité fait sa beauté. Les historiens d'Alexandre nous apprennent que les pays traversés par l'Oxus étaient célèbres pour leurs chevaux; et les liaisons subséquentes et intimes de ces contrées avec l'Arabie nous donnent lieu de regarder comme très-probable le mélange de leurs races respectives. La tradition vient à l'appui de cette conjecture. Les habitans de Chibbergân, près de Balkh, disent que leurs chevaux descendent de la fameuse Rakch de Roustam, la jument de l'Hercule persan; tradition indiquant clairement qu'ils sont d'origine persane. Timour amena de ses conquêtes en Chine, dans l'Inde, en Perse et en Turquie, les plus beaux chevaux de ces contrées lointaines, à Samarcand sa capitale, et à Cheher Sebz, sa ville natale, qui est dans le voisinage. Nous retrouvons aujourd'hui, dans ce même canton, chez les Karabir, tribu des Ouzbeks, les plus parfaits chevaux de l'Orient. Il paraît que le grand Nadir imita l'exemple de Timour, et on attribue à ce conquérant l'introduction de plusieurs races célèbres de chevaux, venues de l'Inde en Perse. La plus fameuse est celle de Merve, quoique l'animal soit petit. Une autre qu'on rencontre sur l'Oxus, et qu'on nomme *aghabolak*, est marquée invariablement par une fossette sur quelque partie du corps.

La manière dont un Turcoman élève son cheval éveille l'attention, et explique peut-être les bonnes qualités et la supériorité de cet animal; car l'éducation laisse les impressions les plus durables, soit chez les hommes, soit chez les animaux. La nourriture qu'on lui donne est très-simple et exempte des épiceries et du sucre qu'on lui fait manger dans l'Inde, et qui constituent les trente-deux et les quarante-deux *massalas* (ingrédiens). On lui apporte de l'herbe à des instans réglés, le matin, le soir et à minuit; après qu'il s'est repu pendant une heure, on le bride, et on ne le laisse jamais ronger et grignoter comme en Europe. Toujours la nourriture sèche est préférée; si on la remplace par de l'orge verte et du djouari nommé ici *djaougon*, l'animal ne reçoit pas de grain. Dans d'autres temps, il a une fois par jour de huit à neuf livres d'orge. Le trèfle et les végétaux des prairies artificielles sont cultivés en Boukharie et sur les bords de l'Oxus; quand on peut s'en procurer, on les emploie toujours secs. La tige du djouari (*holcus sorghum*), qui est de la grosseur d'une canne, et contient beaucoup de substance saccharine, est un aliment bien plus recherché. La longueur des intervalles entre les momens des repos habitue ces chevaux aux privations; la provision d'eau qu'on leur distribue est également très-peu abondante. Un Turcoman, avant d'entreprendre une expédition, dresse, ou suivant son expression, *rafraîchit son cheval* avec autant de patience et de soin que le jockey de courses le plus expérimenté en a pour le sien, et l'animal est amené à maigrir avec une exactitude inconnue peut-être à celui-ci. Après lui avoir fait subir une longue abstinence de nourriture, il le fait courir grand train, puis le mène à l'eau. Si le cheval boit copieusement, c'est un signe qu'il n'est pas suffisamment dégraissé; on le fait jeûner et galoper de nouveau jusqu'à ce qu'il donne cette preuve exigée comme indispensable. Le

Turcoman abreuve son cheval quand il est échauffé, puis il le fait caracoler avec vitesse pour bien mêler l'eau et l'élever à la température du corps de l'animal. Par le moyen de ce traitement, la chair du cheval devient ferme, et il acquiert une vigueur incroyable; des renseignemens authentiques m'apprennent que ces animaux parcourent une distance de 600 milles en sept, et même en six jours. Dans tous les temps, la célérité est considérée comme une qualité inférieure à la vigueur. Aux fêtes des mariages, où les courses de chevaux forment une partie des divertissemens, les paris sont décidés par une traite de vingt à vingt-cinq milles. Des enfans de huit à dix ans montent les chevaux dans ces occasions, et l'ardeur avec laquelle les Turcomans se livrent à ces passe-temps n'est surpassée dans aucun pays. Le cheval qui a remporté l'avantage est promené ensuite dans le voisinage comme si son maître était encouragé par une association de fermiers dans ces déserts.

J'ai indiqué le lieu où se trouvent les chevaux les plus célèbres du Turkestan; ceux qu'on amène quelquefois dans l'Inde, sous le nom de chevaux turcomans, sont élevés dans les environs de Balkh, dans les territoires d'Andkho et de Maïmana, les plus orientaux de la Turcomanie et sur les rives de l'Oxus; ils sont moins estimés que ceux de Boukhara, de Merve et de Charakhs. Le prix est la meilleure preuve de cette assertion, puisque les chevaux de la partie orientale sont rarement vendus plus de 100 tillas (650 ronpies), et plus souvent encore la moitié de cette somme. Chez les Turcomans de l'Ouest, un cheval est fréquemment payé 200 tillas, et il y en a dans les écuries du roi de Boukharie pour lesquels 300 tillas ont été comptés. Ces chevaux diffèrent beaucoup de ceux qui sont envoyés de Candahar et de Caboul dans l'Inde, et qui appartiennent à une race distincte et inférieure. Ils sont également élevés dans le Turkestan, mais employés seulement comme nos bêtes de somme. Très-peu de véritables chevaux turcomans sont expédiés au delà de l'Hindou Kouch, puisqu'ils ne trouvent pour acheteurs que les chefs afghans et la cour de Rendjit Sing. Les seuls chevaux de la meilleure espèce peuvent procurer du profit à celui qui les amène dans un pays. En arrivant dans l'Inde ils reviennent au moins à 1,000 ou 1,200 roupies, et peu d'Européens vivant dans ce pays seront disposés à donner ce prix par addition au petit bénéfice demandé par le marchand. Tel est du moins le langage des maquignons, et il semble assez croyable, puisque les qualités qui recommandent un cheval à un Turcoman n'ont pas autant de valeur aux yeux d'un Européen; le goût de celui-ci paraissant devoir être plus satisfait des chevaux venus du golfe Persique. En parlant des chevaux amenés du Turkestan, M. Elphinstone a observé, dans sa *Relation du Caboul*, que si les haras de l'Hindoustan réussissaient, ce commerce serait anéanti; prédiction qui a été accomplie, car j'apprends que toute la remonte de la cavalerie du Bengale est maintenant fournie par les haras, à l'exception d'un petit nombre de chevaux pour l'artillerie. Les chevaux de petite taille qu'on y élève sont également achetés par des officiers et des Hindous; et présentement il n'y a pas de prince assez riche et assez puissant pour que les marchands de chevaux aient l'idée de continuer plus long-temps un commerce qui leur occasionne des pertes. La redevance annuelle de cinquante ou soixante chevaux que le souverain de Lahor a imposée au chef de Peichaver est fournie en chevaux turcomans, parce que Rendjit Sing est bizarre dans ses choix. Il est certain que la perfection des chevaux turcomans n'a pas été exagérée, puisque quelques-uns de ces animaux, admis dans notre cavalerie il y a une vingtaine d'années, sont encore excellens pour le service, et appréciés très-haut par les officiers de cette arme. Si on songeait à s'en procurer un certain nombre, on pourrait facilement en trouver à Meched, qu'on tirerait de Charaks et de Merve, ou par le moyen d'un agent à Caboul; des Afghans expédiés de cette ville pourraient aussi les acheter.

La race des chevaux turcomans est extrêmement pure. Quand l'animal est excessivement échauffé, ou a fait quelque travail considérable, une des veines de son cou s'ouvre naturellement. D'abord je n'ajoutai pas foi à cette allégation, cependant il fallut bien que je me rendisse au témoignage de mes yeux. Les Turcomans châtrent leurs chevaux, et suivant une croyance populaire parmi eux, ces animaux sont alors plus alertes et plus en état de supporter de grandes fatigues que les étalons. Ce peuple est persuadé que ses chevaux ont l'ouïe très-fine, et se fie souvent à ses jumens pour donner l'alarme dans le cas de l'approche d'un ennemi. Je fus particulièrement frappé de la belle encolure des chevaux turcomans, et on me raconta, quoique je n'aie pas pu vérifier l'exactitude de cette assertion, qu'ils sont souvent renfermés dans une écurie qui n'a d'autre ouverture qu'une fenêtre au toit, ce qui accoutume l'animal à regarder en l'air, et lui donne un port si noble. L'invention paraît bien adaptée à un objet semblable. Les plus beaux chevaux turcomans sont rarement vendus, car on peut dire que leurs maîtres ont autant d'affection pour eux que pour leurs enfans. Toutefois, il ne faut pas s'imaginer que tous les chevaux du Turkestan sont également renommés ; presque tous les habitans du pays situé au nord de l'Oxus ayant une monte quelconque, il y a un grand nombre de ces animaux qui sont très-inférieurs. A Boukhara on voit beaucoup de chevaux cosaques qui sont petits et à poil hérissé, à crinière et queue longues ; on les admire avec raison ; ils sont amenés du désert compris entre la Boukharie et la Russie.

LIVRE II.

ESSAI HISTORIQUE SUR LES PAYS SITUÉS ENTRE L'INDE ET LA MER CASPIENNE.

CHAPITRE PREMIER.

ÉVÉNEMENS ARRIVÉS EN AFGHANISTAN DEPUIS 1809.

Remarques préliminaires. — Châh Choudja est déposé. — Avénement de son frère Mahmoud au trône. — Prise du Cachemir. — Ligue avec les Seïks. — On rompt avec eux. — Bataille avec les Persans. — Le vizir est mis à mort. — Chute de Mahmoud. — Choudja est rappelé. — Il s'échappe. — Magnanimité de son épouse. — Son frère Eyoub placé sur le trône. — Perte du Cachemir. — Progrès des Seïks. — Démembrement total de la monarchie afghane.

Avant que de parler des affaires du Caboul, il est nécessaire que je traite d'abord des événemens qui se sont passés dans ce royaume depuis 1809, époque à laquelle M. Elphinstone a terminé le récit qu'il en a donné.

Durant cette période, la monarchie afghane a été totalement démembrée; ses provinces ont chacune déclaré leur indépendance, ou bien ont été conquises par les Seïks. J'ai déjà raconté que deux des ex-rois de Caboul vivent en exil sur une terre étrangère; et du vaste empire fondé par Ahmed Châh Dourani, Hérat est la seule ville qui reste en la possession de l'un de ses descendans. La prompte dissolution d'une puissance qui était si formidable mérite de fixer l'attention, puisque ces révolutions politiques, dans un pays contigu à l'Inde, peuvent finalement influer sur ses destinées.

Châh Choudja oul Moulk perdit son trône dans la plaine de Nimla, en 1809, aussitôt que la légation britannique eut repassé l'Indus. Sa puissance avait décliné graduellement depuis la chute de son vizir et l'assassinat de son compagnon Mir Ouaïz. Il n'avait pu réussir à se concilier Feth Khan, chef de la maison des Barakzis, si influente, qui avait épousé la cause de Mahmoud son frère, et l'avait placé éventuellement sur le trône de l'Afghanistan. Jamais la fortune de la guerre ne fut plus capricieuse que dans cette occasion. Choudja entra en campagne avec une bonne armée d'environ 15,000 hommes. Akram Khan, son vizir, fut tué, et il fut défait par un corps de 2,000 soldats que commandait Feth Khan. Les troupes du roi ne s'étaient pas formées en ordre de bataille, et les rebelles, conduits par un général expérimenté, remportèrent une victoire signalée, quoique placés sur un terrain très-désavantageux. Choudja s'enfuit avec précipitation dans le pays des Khiberis, laissant sur le champ de bataille la plus grande partie de ses joyaux et de son trésor, qui devinrent la proie du vainqueur. Quatre mois après sa défaite, il essaya à Candahar de regagner son trône; mais de même que toutes les tentatives qu'il a faites depuis, celle-là échoua.

Aussitôt que la journée eut été décidée, Mahmoud monta sur l'éléphant qui avait été caparaçonné pour Choudja, et le son des trompettes le proclama de nouveau roi. La confusion dans le camp était si grande, que beaucoup de gens ignorèrent le résultat de la bataille jusqu'à ce moment. Alors les nobles et les capitaines de Mahmoud vinrent lui protester de leur obéissance, et plusieurs personnages de la cour de Choudja lui présentèrent leur hommage. Feth Khan fut élevé au poste éminent de visir de l'empire, que ses services lui avaient si bien mérité, et tout l'Afghanistan, à l'exception du Cachemir, se soumit à l'autorité de Mahmoud. Ce prince, de son côté, laissa entièrement les rênes du gouvernement entre les mains de son ministre : la conduite de celui-ci et son propre goût immodéré des plaisirs ne permettaient pas d'espérer la tranquillité ni une bonne administration. Des factions s'élevèrent à la cour; elles avaient pour chef le prince Kamran, qui était jaloux de l'ascendant du vizir sur son père.

Le premier objet du vizir fut la réduction du Cachemir. Cette province était entre les mains d'Atta Mohammed Khan, fils du vizir de Choudja; il avait réussi jusqu'alors à repousser les attaques de l'ex-roi. Dans cette conjoncture, Feth Khan demanda du secours aux Seïks et la permission de faire traverser le Pendjab à ses troupes. Il promit qu'en récompense de ces bons offices neuf lacs de roupies des revenus du Cachemir seraient mis de côté pour le maharadjah. Ce potentat eut une entrevue avec Feth Khan à Djalem, sur les bords de la rivière de même nom. Feth Khan était accompagné de tous ses frères, au nombre de dix-huit. Quelques-uns lui conseillèrent fortement d'assassiner Rendjit Sing, et on dit que l'un d'eux offrit de porter les premiers coups, durant la conférence, à un signal donné. Ce parti violent n'entrait pas dans la politique de Feth Khan. Son armée continua sa marche contre le Cachemir avec un renfort de 10,000 Seïks. Les Douranis prirent la route de Bember et franchirent les monts Pir Pendjal; ils s'emparèrent de la vallée sans opposition, et avant l'arrivée des Seïks. Cet événement se passa en 1811. Le gouverneur de Cachemir, après avoir soutenu un blocus de quelques jours dans la citadelle, se rendit et fut traité avec distinction. Mohammed Azim Khan, frère aîné du visir, fut nommé à sa place.

Cependant cette affaire terminée, le vizir ne se montra pas empressé à remplir ses engagemens envers ses alliés les Seïks, qui s'en allèrent mécontens. En ce moment le maharadjah reçut du commandant d'Attok des ouvertures secrètes de lui remettre cette place; c'était le frère du ci-devant gouverneur de Cachemir; ses propositions furent adoptées. Rendjit Sing acquit, moyennant le léger sacrifice d'un lac de roupies, la possession de cette importante forteresse, et fit des préparatifs pour la défendre. Cet incident éveilla naturellement l'attention de Feth

Khan, qui se hâta de quitter le Cachemir et s'avança sur Attok. Il trouva l'armée seïke campée dans la plaine de Tchatch, à peu près à deux milles du fort : la chaleur était accablante ; les Seïks avaient le double avantage de la position et de la facilité de se procurer de l'eau. Le vizir, qui n'avait que du mépris pour son antagoniste, fit marcher son frère Dost Mohammed Khan à la tête de 2,000 Afghans; ce chef prit toute l'artillerie des Seïks ; il avait démonté deux de leurs canons et se disposait à profiter de son avantage quand il s'aperçut qu'il n'était pas soutenu et que toute l'armée de son frère s'était débandée. Au moment où Dost Mohammed Khan effectua son attaque, des gens mal intentionnés vinrent annoncer au vizir que son frère avait été fait prisonnier avec toute sa division, et d'autres non moins perfides contèrent à Dost Mohammed Khan que son frère avait été tué. Il ne lui restait plus d'autres ressources que de faire sa retraite ; elle fut exécutée avec honneur, et il traversa l'Indus après avoir brûlé préalablement quelques-uns de ses équipages de campagne; néanmoins il en laissa la plus grande partie qui fut pillée par les Seïks. Depuis ces désastres éprouvés dans les plaines de Tchatch, la puissance des Afghans est disparue de la rive orientale de l'Indus, et cette contrée a été ajoutée pour toujours aux états de Rendjit Sing.

L'activité du vizir fut bientôt appelée d'un côté opposé ; le roi de Perse ayant demandé le tribut à la province de Hérat, la plus occidentale de l'Afghanistan, Hadji Firouz, frère du roi de Caboul, et gouverneur de

Hérat, reçut l'ordre de traiter la prétention des Persans avec mépris, et Feth Khan conduisit une armée contre eux. En arrivant à Hérat, il déposséda le gouverneur, quoiqu'il fût frère de son souverain, et non-seulement lui enleva toutes ses richesses, mais força l'entrée de son harem pour les chercher. Maître de Hérat, il fit ses préparatifs pour s'opposer aux Persans, qui s'avançaient sous la conduite de Hossein Ali Mirza, fils du Châh. Le succès de la bataille qui fut livrée resta indécis. Certainement les Persans prirent la fuite; toutefois, les Afghans aussi abandonnèrent le champ de bataille et la victoire avec la plus grande précipitation. Le vizir, frappé au visage par une balle morte, tomba sur le coup de son cheval. A cette vue, ses soldats perdirent courage et décampèrent. Néanmoins le vizir recueillit complétement les fruits de cette campagne, puisqu'il refusa le tribut que la Perse avait voulu exiger, et battit l'armée envoyée pour le lever. Il renforça aussi la frontière occidentale du royaume en arrêtant le gouverneur de Hérat, qui, bien que protestant de son obéissance à son frère Mahmoud, était tout au plus un ami douteux. Cette guerre fut cause que l'on affaiblit beaucoup la garnison du Cachemir, parce qu'il fallut en tirer des renforts pour l'armée; circonstance qui, par la suite, nuisit beaucoup aux intérêts de Mahmoud dans cette partie de ses états.

Le règne de ce roi avait jusqu'alors été si complétement heureux, que ses partisans les plus ardens auraient à peine osé l'espérer; il fut rétabli sur un trône qui, suivant toutes les apparences, lui avait été enlevé à jamais; il possédait le Cachemir et pouvait employer les revenus de cette riche vallée à la défense de ses autres provinces. Il recevait le tribut ordinaire des Talpours du Sindhi; il avait repoussé une attaque de la Perse, seule puissance de laquelle il eût des dangers à redouter. A la vérité, Mahmoud n'avait été que spectateur muet de cet événement, et en devait les succès à son vizir qui dirigeait toutes les affaires du royaume, tandis que le monarque se plongeait dans la débauche. Feth Khan profita de son autorité pour distribuer les gouvernemens entre ses nombreux frères. Il conservait tous les dehors de l'obéissance et du respect pour le souverain, et Mahmoud paraissait satisfait, puisqu'il devait sa vie et son pouvoir à son ministre. Mais si Mahmoud était content de régner à ces conditions, Kamrou, son fils, montra le plus vif mécontentement de la conduite du vizir, et résolut de se débarrasser d'un personnage si formidable, qui s'était opposé à des desseins ambitieux conçus par le jeune prince. Kamrou réussit par ses insinuations à persuader à son père qu'il pouvait, maintenant que son autorité était consolidée, gouverner sans l'aide de son vizir. Le roi se décida donc à se défaire de cet homme puissant, son ami et son bienfaiteur. Kamrou, mettant à profit une occasion favorable, s'empara de la personne de Feth Khan, à Hérat, et ordonna qu'on lui crevât les yeux à l'instant; ce qui fut exécuté entre Caboul et Candahar, avec le consentement du roi. Ce forfait téméraire fut commis en 1818 ; aussitôt tous les frères de Feth Khan levèrent l'étendard de la révolte.

La tragédie qui termina la vie de Feth Ali Barakzi est peut-être sans égale dans les temps modernes. Aveugle et enchaîné, il fut amené à la cour de Mahmoud où il avait si récemment exercé un pouvoir absolu. Le roi lui reprocha ses crimes et lui enjoignit d'user de son ascendant sur ses frères pour qu'ils rentrassent dans le devoir. Feth Khan répondit avec calme et courage : qu'il n'était plus qu'un pauvre aveugle et ne se mêlait plus des affaires d'état. Mahmoud, irrité de sa constance, donna le signal de sa mort, et cet infortuné fut délibérément coupé en morceaux par les nobles de la cour; ils finirent par lui abattre la tête. Feth Khan endura ce tourment affreux sans pousser un soupir ; il tendait ses membres à ces monstres altérés de son sang, et montra la même indifférence tranquille, le même mépris, la même insouciance pour sa propre vie, qu'il avait si souvent témoignés pour l'existence d'autrui. Les restes sanglans de ce malheureux furent réunis dans une toile et envoyés à Ghazna, où ils reçurent la sépulture.

On peut dire que le règne de Mahmoud finit avec la vie de son ministre. Il l'avait fait périr sous prétexte de sa mauvaise conduite à Hérat, mais réellement dans l'espérance d'apaiser quelques nobles de sa cour : le roi et son fils étaient à cet égard dans une erreur profonde. Maintenant le monarque, craignant de se mesurer même avec une petite troupe de rebelles, s'enfuit précipitamment à Hérat, sans essayer de les attaquer. Cette fuite marquait qu'il renonçait réellement au pouvoir, car bien qu'il conservât Hérat et le titre de roi, il devint vassal de la Perse. Il mourut en 1829, et son fils Kamrou hérita de sa puissance restreinte. L'aîné des survivans de la famille du vizir était Mohammed Azim khan, gouverneur du Cachemir. Quand ses frères levèrent l'étendart de la révolte, il se joignit aussitôt à eux pour détrôner le meurtrier de leur père. La prompte retraite de Mahmoud rendait toute mesure ultérieure inutile. Alors Azim khan prit le singulier parti de rappeler Choudja oul Moulk de son exil dans l'Inde britannique. Il lui offrit donc de remonter sur le trône de l'Afghanistan, et suivant l'usage du pays lui envoya, pour preuve de sa sincérité, un Coran sous son propre sceau. Choudja se hâta d'arriver à Peichaver.

Choudja oul Moulk, depuis sa défaite à Nimla, avait erré en fugitif dans divers cantons de son royaume; ses aventures, qu'il a consignées par écrit dans un petit volume, sont remplies d'intérêt; ce prince m'a fait l'honneur de me donner cet ouvrage que je conserve précieusement. Après sa déconfiture à Candahar, il fut pris par Ata Mohammed khan, fils de son ancien vizir, et traité par lui avec indignité. Il resta quelque temps enfermé dans la forteresse d'Attok. Souvent la lancette fut approchée de ses yeux; un jour son gardien l'entraîna au milieu de l'Indus les mains liées en le menaçant de la mort. L'objet de tant de rigueur était de lui arracher le koh-i-nor, ce fameux diamant dont j'ai eu l'occasion de parler et dont on savait qu'il était le possesseur. Ensuite Ata Mohammed khan étant parti pour le Cachemir, mena le monarque captif à sa suite. A l'entrée de la vallée Choudja fut rendu à la liberté par Feth khan et rejoignit sa famille à Lahor.

Son épouse, et je puis donner ce nom à Ouaffadar Begoum, celle des femmes de son harem qui jouissait du plus grand ascendant sur lui, avait employé tous les argumens possibles pour le dissuader de se mettre au pouvoir de Rendjit Sing; il dédaigna ses conseils, et ensuite n'eut que trop de motifs de s'en repentir. Cette femme était douée d'un caractère hardi et décidé; elle avait souvent donné des avis excellens à son mari tant aux jours de sa puissance qu'aux jours de ses adversités.

A Lahor, quoique à la merci des Seïks et séparée de son époux, elle maintint héroïquement son honneur et celui de Choudja. Rendjit Sing la pressa à plusieurs reprises de lui remettre le koh-i-nor, dont elle était dépositaire, et montra l'intention de le lui arracher de force. Il essaya aussi de transporter dans son harem les filles de l'infortuné roi. La reine arrêta l'individu chargé du message et le fit châtier sévèrement. Elle notifia au maharadjah que s'il persistait dans ses demandes déshonorantes, elle broierait le diamant dans un mortier, le ferait avaler d'abord à ses filles et aux personnes sous sa protection, et ensuite en prendrait elle-même sa dose. « Puisse notre

» sang à toutes retomber sur ta tête! » ajouta-t-elle. Elle réussit finalement à s'échapper de Lahor, déguisée en Hindou, et projeta la délivrance de son époux qui fut effectuée peu de temps après; mais seulement au prix du koh-i-nor. Le récit des circonstances relatives à la remise de ce joyau précieux ne manquerait pas d'intérêt; il ne serait pourtant pas ici à sa place. Il suffira de dire qu'un emprisonnement extrêmement étroit, les insultes et même la faim furent employés pour vaincre la volonté du malheureux monarque.

La conduite indigne du maharadjah envers son époux réveilla l'énergie de la reine qui s'était établie à Lodiana. Elle disposa des chevaux le long du chemin; Choudja de son côté, avec ses gens, ne restèrent pas oisifs à Lahor; ils louèrent toutes les maisons contiguës à celles où ils logeaient, et s'ouvrirent une issue sur la rue en perçant sept murs. Quelque temps après que tout son monde se fut retiré pour reposer, le roi descendit par le passage pratiqué et sortit dans la rue, vêtu comme un habitant du Pendjab. Restait la muraille de la ville à franchir et les portes étaient fermées; Choudja s'avança en rampant dans un égout, et avec deux ou trois domestiques s'enfuit à Kichtouar, situé dans un canton des montagnes. Il y déploya de nouveau l'étendard de la royauté et médita une attaque contre le Cachemir. Le radjah de Kichtouar le seconda dans ses projets. L'expédition eût réussi, car le gouverneur du Cachemir avait évacué sa position sur la frontière, si la venue prématurée de la mauvaise saison n'eût pas interrompu les communications; la chute des neiges empêcha les secours d'arriver; les espérances de Châh Choudja furent encore une fois frustrées. Après avoir erré dans un pays sauvage et déplaisant, il atteignit enfin Sabathou, poste britannique dans l'Himalaya extérieur, et de là vint à Lodiana où sa famille avait trouvé un asile; il l'y rejoignit et eut part aux bienfaits du gouvernement britannique. Peu de monarques et peu d'hommes ont essuyé autant et de si grands revers de fortune, et quand on connaît ses infortunes on s'intéresse à son sort.

Il aurait pu après sa catastrophe remonter sur le trône de ses ancêtres; mais avant qu'Azim Khan fût parvenu à Peichaver, Choudja manifesta prématurément ses idées de l'autorité royale; il insulta un ami de son bienfaiteur qu'il regarda comme ayant empiété sur sa dignité en se servant d'un palanquin. Toute la famille des Barakzis s'offensa de cette attaque inconsidérée, et résolut de placer sur le trône un maître plus complaisant et moins susceptible sur l'étiquette.

Une occasion favorable se présenta : Eyoub (Job), frère de Choudja étant venu au camp d'Azim Khan, sollicita le rang suprême, avec le ton de l'esclave le plus abject : « Faites-mo seulement roi, dit-il, et » permettez que la monnaie soit frappée en mon » nom; toute l'autorité, toutes les ressources du » royaume vous resteront, mon ambition sera satis- » faite de pain et du titre de roi. » Ces conditions furent acceptées, et jamais ce mannequin de roi ne viola ou n'essaya d'enfreindre les clauses qui lui avaient valu et le nom et les ornemens de la royauté. Eyoub fut constamment un instrument docile entre les mains d'Azim Khan, qui portait le titre de son vizir. On pourra se former une idée de l'état de dégradation de la maison royale de l'Afghanistan, en apprenant que la robe d'honneur, nécessaire pour la cérémonie de conférer à Azim Khan la dignité de vizir, appartenait à celui-ci ; elle fut envoyée en secret au châh qui en revêtit son ministre avec la pompe et l'apparat usités en pareille circonstance. Plusieurs des jeunes princes qui aspiraient au trône furent livrés à Eyoub et mis à mort.

Choudja, chassé de Peichaver, se retira à Chikarpour dans le Sindhi, les émirs ayant consenti à lui céder cette ville. Une suite d'intrigues ourdies par ses ennemis l'expulsa de cette retraite, et forcé de fuir, il prit un chemin détourné par le désert et le Djesselmir pour arriver à Lodiana. Durant son séjour à Chikarpour, il ne se comporta pas de manière à soutenir sa fortune défaillante. Il oublia la dignité d'un monarque dans de basses machinations avec ses sujets, et par là flétrit leur honneur et le sien. Il paraît douteux qu'il ait été apte à exercer le pouvoir souverain. Ses manières, son ton, annoncent un homme extrêmement poli ; quant à son jugement, il ne s'élève pas au-dessus de la médiocrité. S'il en eût été autrement, le verrions-nous aujourd'hui exilé de son pays après avoir perdu son trône, sans aucune espérance de le regagner après une absence de vingt ans, et il n'a pas encore atteint sa cinquantième année?

La mort de Feth Khan, qui avait rappelé son frère et la plus grande partie de ses troupes du Cachemir, laissa cette belle province sans défense. Les Seïks profitèrent de ce moment critique, défirent les Afghans et s'emparèrent de la riche vallée dont ils sont restés possesseurs. Les guerres civiles qui éclatèrent ensuite dans l'Afghanistan épuisèrent les forces de cet état ; et on ne pouvait pas non plus supposer qu'un soldat tel que Rendjit Sing manquât l'occasion de s'agrandir. Les provinces du royaume d'Afghanistan situées à l'est de l'Indus, savoir : le Moultan, le Cachemir, le Léia, le territoire de Déra Ghazi khan, tombèrent l'une après l'autre au pouvoir du maharadjah. En 1822 il traversa l'Indus et livra la bataille de Nouchéro sur la rive septentrionale de la rivière de Caboul, où une population nombreuse le combattit. Ses antagonistes marchèrent à lui comme *Ghazi* ou champions de la religion musulmane. On combattit avec obstination; enfin la victoire fut décidée par la valeur personnelle de Rendjit Sing, ainsi que je l'ai dit dans ma relation en parlant de Nouchéro. Azim Khan et tous ses frères, postés au sud de la rivière, furent contraints, par l'impossibilité de la traverser et d'aller au secours de leurs compatriotes, de rester spectateurs du combat.

Les Douranis s'attendaient si peu à cette défaite, que leur chef s'enfuit pendant la nuit, laissant ses canons et ses tentes entre les mains des Seïks ; ceux-ci s'avancèrent sur Peichaver et brûlèrent le palais. Leur victoire sur Feth Khan dans les plaines de Tchatch avait décidé en leur faveur la suprématie à l'est de l'Indus ; cette dernière campagne établit leur puissance entre ce fleuve et Peichaver. Cette ville a depuis ce moment payé un tribut annuel à Rendjit Sing. J'ai répété précédemment ce qu'on m'avait raconté sur les causes qui firent quitter précipitamment par Azim Khan le champ de bataille ; on dit aussi qu'il n'était pas content de la fidélité de ses frères, et de plus qu'il craignait que des renforts n'arrivassent à l'armée des Seïks. Le déplaisir d'avoir été vaincu par les infidèles, sans avoir tiré un seul coup de fusil, lui causa un si vif chagrin qu'il ne put y survivre ; il tomba malade sur la route de Caboul et mourut aussitôt son arrivée dans cette ville. A ses derniers momens, il fit appeler ses femmes, leur ôta leurs bijoux et les donna, avec tout ce qu'il possédait, à Habib Oullah Khan, son fils aîné. Il lui recommanda ensuite d'effacer l'injure faite au nom de son père et de porter le fer et la flamme dans le pays des Seïks. Un trésor qui se montait à près de trois millions sterling aurait pu fournir des moyens suffisans de satisfaire à la demande d'un père mourant ; mais depuis la conquête du Cachemir, les Seïks étaient également bien pourvus de ressources pour faire la guerre. Ils avaient de plus été vainqueurs sur le champ de bataille, et maintenant convaincus de leur force, étaient devenus des rivaux formidables. Néanmoins une ligue des chefs Douranis aurait pu briser leur puissance qui s'élevait; par malheur une période de discorde et d'anarchie suivit la mort de Mohammed Azim Khan. Depuis cette époque le territoire de Peichaver avait été réduit à un état de vasselage, et maintenant Rendjit Sing s'est bien consolidé dans toutes ses acquisitions faites par la voie des armes.

La mort d'Azim Khan donna le signal de dissensions horribles dans le sein de sa famille. Après des scènes affreuses de cruauté, Habib Oullah Khan, son fils, fut privé de sa puissance et de sa fortune. Ses oncles, à la tête d'une cabale, s'emparèrent de sa personne, effrayèrent sa mère par la menace de l'attacher à la bouche d'un canon, auquel on mettrait le feu, si elle ne leur livrait pas tous ses trésors. Ce jeune homme avait déjà dissipé une bonne partie de ses richesses; ce qui en restait fut donné à ces hommes cupides. Chir Dil Khan emporta environ 500,000 livres sterling, et se déclara chef indépendant à Candahar; un autre en fit autant à Peichaver; Caboul, même, après avoir obéi à différens maîtres, finit par tomber entre les mains de Dost Mohammed, également frère d'Azim Khan. Ces querelles sanglantes avaient répandu des semences de discordes perpétuelles dans cette famille: Eyoub Châh, le fantôme de roi, perdit son fils dans ces scènes de désordre, et s'enfuit dans le Pendjah; il trouva un asile à la cour de Lahor, où il est resté. La maison royale de l'Afghanistan, laquelle, on peut le dire, était disparue avant qu'il fût assis sur le trône, n'existait plus comme placée ostensiblement à la tête du gouvernement. Les différens chefs agirent en souverains indépendans les uns des autres. Les Sindhiens, débarrassés de toute autorité qui aurait pu exiger le tribut, secouèrent le joug; Hérat était tenu par un prince de la famille de Mahmoud l'exilé; Balkh fut annexée aux possessions du roi de Boukharie; mais le lot le plus riche était tombé entre les mains des Seïks. On a dit avec quelque vérité que le royaume d'Afghanistan, sans le Cachemir, n'aurait jamais pu exister comme royaume. Les revenus et les ressources de la plupart des provinces étaient dépensés pour leur entretien; tandis que les contributions de cette vallée et celles du Sindhi donnaient aux monarques Douranis la possibilité d'étendre leur puissance, de maintenir leur honneur, et d'effrayer les états voisins.

Ce fut ainsi que tomba la monarchie Douranie, après une durée de soixante-seize ans, puisqu'Ahmed Châh avait été proclamé roi à Candahar en 1747. Nous allons maintenant parler des états qui se sont formés du démembrement de cet empire.

CHAPITRE II.

LE PEICHAVER.

Son étendue.—Sa force militaire et politique.—Ses relations au dehors.—Le gouvernement.—Productions.

Le gouvernement de Peichaver a appartenu à un membre de la famille Barakzi, depuis que Feth Khan eut placé Mahmoud sur le trône de Caboul. Peichaver resta dans l'obéissance et contribua au soutien du royaume jusqu'à la mort de ce vizir, en 1818. Son successeur, Azim Khan, tant qu'il vécut, en obtint le tribut au nom d'Eyoub Châh. Après sa mort, Peichaver et son territoire ont formé un état séparé; toutefois, on a vu qu'il paye un tribut annuel aux Seïks. Serdar Sultan Mohammed Khan, qui en est le chef, en partage le revenu avec ses frères Pir et Seïd Mohammed Khan. Une portion considérable du pays est aliénée à différens individus, et le revenu annuel ne va pas tout-à-fait à neuf lacs de roupies. Les frères puînés du chef en reçoivent trois, et ce qui reste sert à payer la dépense de l'état, le tribut aux Seïks, et l'entretien des nombreuses familles des frères aînés qui, ainsi que je l'ai dit précédemment, moururent sur le champ de bataille, et auxquels Sultan Mohammed succéda.

La puissance de ce chef ne s'étend pas au delà de la plaine de Peichaver et des monts de Cohat, qui la bornent au sud ; elle est de forme circulaire, large d'environ 35 milles, bien peuplée, cultivée, arrosée par la nature et par l'art. Cet espace limité renferme de nombreux villages qui ne payent pas d'impôts. Les Khattaks, tribu Afghane, tiennent, moyennant la faible redevance de 12,000 roupies, comptée annuellement au chef de Peichaver, le pays jusqu'à vingt milles à l'ouest de l'Indus. Les villages qui sont à l'ouest de la rivière de Caboul, au dessous des monts Khiber, ne payent rien, et ceux qui sont au nord jouissent de la même immunité, à quelques exceptions près. Les seuls lieux remarquables de ce petit état sont Peichaver et Hachtnagar, que M. Elphinstone a décrits. Peichaver est beaucoup déchu depuis qu'il a changé de souverain. Il est douteux que sa population s'élève aujourd'hui à la moitié des cent mille âmes qui s'y trouvaient en 1809. Hachtnagar est la résidence de l'un des frères puînés du chef, Cohat est possédé par l'autre.

La force militaire de cet état est insignifiante. On ne peut pas évaluer ses troupes réglées à plus de 3,000 hommes, dont les deux tiers sont de cavalerie ; le chef pourrait rallier autour de lui une armée considérable de troupes irrégulières nommées *Ouloussi* ; toutefois, les soldats sont mal armés et on ne peut pas faire grand fond sur eux. Six pièces d'artillerie et 200 hommes d'infanterie régulière complètent la puissance du chef de Peichaver. Avec de l'argent il pourrait acheter les services des Khiberis et des autres montagnards dans un cas de besoin; par malheur pour lui, il n'a pas de trésor. Dans une guerre de religion contre les Seïks, il serait toujours possible de lever une population animée par la fureur; elle a prouvé dans une occasion récente qu'elle était formidable, quand le Seïd Ahmed prêcha sa croisade dans ce pays; toutefois, tout ce monde réuni ne forme qu'une armée peu nombreuse composée de celle des Seïks à l'est et du Caboul à l'ouest. L'influence politique du Peichaver est aussi limitée que celle de sa puissance militaire. On a vu précédemment que les Seïks en ont exigé un tribut depuis la mort d'Azim Khan, et que pour en assurer le payement ils retiennent en otage un des fils du chef. J'ai dit que ce tribut consiste en soixante chevaux et une certaine quantité de riz, production particulière au canton de Peichaver; tous les ans une armée envoyée par Rendjit Sing traverse l'Indus et dévaste le pays si la redevance n'est pas promptement acquittée. Le montant du tribut dépend du caprice de Rendjit Sing; les Seïks ne feront pas la conquête de ce pays parce qu'il leur serait impossible de le garder sans auxiliaires musulmans.

J'ai dit que les chefs de Peichaver et de Caboul, quoique frères, étaient ennemis; la puissance de celui de Caboul est bien plus consolidée que celle du chef de Peichaver; toutefois, celui-ci a un allié dans son frère, chef de Candahar, qui ressentirait une attaque, faite soit contre Peichaver, soit contre son propre pays. Les chefs de Peichaver et de Candahar ont depuis quelque temps concerté une agression du territoire de Caboul ; néanmoins il n'est pas improbable que leurs états soient avant peu de temps menacés et peut-être même envahis par leur frère le khan de Caboul. Ce serait dans une conjoncture semblable que le chef de Peichaver réclamerait le secours des Seïks. Probablement ils le lui accorderaient, puisque Dost Mohammed Khan de Caboul ne consentirait jamais au tribut annuel payé maintenant par son frère. Serdar Sultan Mohammed Khan de Peichaver se nourrit de l'espoir de parvenir à intéresser le gouvernement britannique à sa cause dans le cas où elle déclinerait ; il semble croire qu'il pourrait conserver une portion de son territoire en en cédant une autre pour la protection du reste. Aucun chef de l'Afghanistan ne montre un plus grand respect pour nous; il l'a toujours manifesté par ses attentions envers les Européens qui ont traversé son pays. Si le malheur s'appesantissait sur lui, il pourrait être un partisan utile ou dangereux; il pourrait épouser le parti de Châh Choudja oul Moulk, quoique ce monarque ne soit pas aimé de sa famille : toutefois, la légèreté et la versatilité des chefs Afghans sont passées en proverbe. Dans une circonstance difficile, le chef de Peichaver serait aidé par son frère, Pir Mohammed ; quant à l'autre, il est dénué de courage et d'énergie. Toute la maison des Barakzis redoute Choudja oul Moulk, l'ex roi, ainsi que le prince Kamrou chef de Hérat. Si l'ancien châh était soutenu par les Anglais, il réussirait à expulser cette famille d'usurpateurs; et si Kamrou obtenait le secours des Persans, il parviendrait peut-être à se replacer sur le trône de ses ancêtres.

Sultan Mohammed jouit d'une belle réputation; néanmoins son gouvernement est oppressif et inique. Ses agens et ses officiers subalternes se livrent à des exactions de tout genre : les biens sont imposés au delà de leur valeur; la monnaie est continuellement altérée et dépréciée. Une contribution énorme est levée sur les moulins à eau qui convertissent les grains en farine, et elle pèse surtout sur les classes inférieures. Ce Khan âgé d'environ trente-cinq ans est ambitieux; il fut dans un temps gouverneur de Caboul; il est bien élevé et joint à des talens réels des manières affables et engageantes. Il lit toutes ses lettres, écrit des dépêches, et fait ses affaires en personne; cependant il n'est pas doué de l'art d'apaiser les disputes, et sa cour offre un théâtre de confusion qu'il serait difficile de décrire ou de croire. Les plaignans entrent sans permission à toute heure et partout; ils exposent leurs griefs de la manière la plus libre et sans aucune réserve : néanmoins rien n'est jamais ajusté, et la population est réellement mécontente. De même que les Afghans, le chef de Peichaver et sa parenté vivent au jour le jour; ils sont généreux de ce qu'ils possèdent, et n'ont pas de richesses. On m'a assuré que sans cette libéralité, qui ressemble à la prodigalité, les chefs ne pourraient se maintenir au pouvoir; celui de Peichaver a rallié autour de lui quelques-uns des capitaines douranis les plus célèbres qui ont part à sa magnificence. De ce nombre sont les fils d'Akram Khan et les deux Mouoktar Daoula ci-devant ministres de Châh Choudja, et le fameux Mir Ouaïz; enfin le fils unique du vizir Feth Khan.

Les denrées abondent et sont à bon marché à Peichaver, quoique leur prix ait augmenté en même temps que la population diminuait. Toutes les sortes de grains sont communes, cependant on ne les exporte pas. On peut acheter pour une roupie 65 livres de froment; en 1809, on ne payait que le même prix pour 75 livres; on donne une roupie pour 96 livres d'orge; deux roupies pour un mouton; douze ou quatorze pour un bouvillon; la valeur de la roupie est moindre d'un quart que le *sonat* ordinaire de l'Inde. On peut se procurer à Peichaver du fruit de toutes les sortes; la grande chaleur est cause qu'il ne peut pas supporter le voyage comme celui de Caboul. Un grand jardin, qui autrefois était loué pour 7,000 roupies par an, n'en rapporte plus aujourd'hui que 2,000. Cette diminution est attribuée au décroissement de la population; cependant le fruit n'est vendu que pour la moitié de son ancien prix, parce qu'il n'y a plus de cour pour l'acheter. La canne à sucre réussit dans ce canton, les habitans ignorent l'art d'en cristalliser le suc. Le sucre candi est apporté de l'Hindoustan, quoique le sucre du pays soit excellent. Les Afghans aiment beaucoup la canne fraîche; ils la coupent en petits morceaux et la mangent en guise de confitures. La production la plus remarquable de la plaine de Peichaver est le *bara*, variété de riz qui croît sur les bords d'un ruisseau du même nom, lequel vient de Tira dans le pays des Khiberis. Les grains de ce riz sont si longs, qu'on prétend que quatorze grains placés bout à bout égalent la dimension d'un empan. Ce riz est excellent, ce qu'on impute à la bonne qualité de l'eau. Cette prévention est si forte, qu'en hiver on va la chercher pour en remplir les puits, et on les couvre soigneusement jusqu'à la saison chaude. Le riz bara vaut une roupie les huit livres, ce qui est un prix très-élevé. Il est expédié comme rareté en Perse, en Turkestan et dans tous les pays voisins; il entre dans le tribut payé à Rendjit Sing. Le riz récolté dans les autres parties de la plaine de Peichaver ne diffère pas du riz commun.

On a récemment découvert en Europe dans la Néderlande (les Pays-Bas), qu'en suivant la méthode agricole des Flamands, une population plus considérable que celle qui y vit ordinairement peut se nourrir sur un petit espace de terrain. La terre est fouie à la bêche, et on lui fait produire une suite non interrompue de récoltes, notamment de plantes potagères. Si dans les contrées de l'Orient il en est une où cette manière de cultiver puisse être mise en pratique avec avantage, c'est sans doute la plaine de Peichaver. Le terrain y est gras, et bien arrosé; on dit que sa surface conserve sa verdure toute l'année;

il donne trois récoltes par an, et si nous comptons que l'orge est coupée deux fois en vert afin d'être donnée comme fourrage aux chevaux, nous aurons cinq récoltes. Le froment et l'orge sont moissonnés en avril; les plantes potagères abondent, et sont cultivées plutôt dans les champs que dans les jardins. Le développement de l'esprit public et l'intelligence rendraient la plaine de Peichaver extrêmement féconde. Nous avons vu qu'elle est favorable à la canne à sucre; des essais récens ont prouvé qu'on pourrait y élever les vers à soie avec succès. Les mûriers y sont très-communs, et l'utile insecte qui se nourrit de la feuille de cet arbre n'y est sujet à aucune maladie particulière; ceux que j'y ai vus avaient été apportés de Caboul et de Balkh. Les œufs éclosent à l'équinoxe du printemps, quelques jours avant que les feuilles du mûrier se développent. Jusqu'à ce moment on nourrit les vers avec une plante à fleurs jaunes nommée *khoubikalan* par les Persans; elle est vulgaire en Angleterre. Les soins qu'on donne à ces insectes sont les mêmes qu'en Europe. On place également les cocons sur l'eau bouillante pour dévider la soie. On fait éclore les œufs par une chaleur artificielle; généralement on les attache sous les aisselles. Les insectes exposés au soleil périssent, et la même chose arrive à la chrysalide renfermée dans le cocon. Les vers ont fini leur travail à la fin de mai. On place les œufs dans des caveaux souterrains afin de les préserver de la chaleur, et on les tient ainsi soigneusement à l'abri de l'humidité. Je ne doute pas que durant la saison chaude on ne puisse avoir plusieurs générations successives de ces insectes précieux.

Le canton de Cohat, au-dessous de Peichaver, mérite une mention particulière pour la richesse et la variété de ses productions, quoiqu'il ne rende que deux lacs de roupies à son chef. Les coteaux salans sont situés dans ce territoire et donnent une grande quantité de sel dont le prix n'est que le huitième de celui qu'on paye à l'est de l'Indus. On a extrait de minerais trouvés dans ces monts, de l'or, du cuivre, du fer et de l'antimoine; il s'y trouve aussi deux sortes de soufre. Il y a également des puits de naphte; on fait usage de cette substance liquide dans les villages voisins, en guise d'huile. La production la plus riche du canton de Cohat est la houille; nous l'y découvrîmes durant notre séjour; nous expliquâmes son utilité au grand étonnement de la population; elle se présente à la surface d'un de ces coteaux, et en grande abondance. Je reconnus avec plaisir que les échantillons qu'on me montra étaient d'une teinte grise et mêlés de beaucoup de soufre. Elle brûle bien en laissant une grande quantité de cendres; elle ressemble plus à du schiste qu'à de la houille; pourtant, comme ces échantillons provenaient de la surface du terrain, on ne peut pas les considérer comme pouvant donner une idée de la mine. Cette houille est bitumineuse et s'allume à la chandelle : maintenant les villageois s'en servent comme de chauffage. La découverte d'une mine de houille dans la partie supérieure du cours de l'Indus peut être de la plus haute importance dans le temps présent, puisque ce fleuve est navigable jusqu'à Attok, et que le minéral en question se trouve à peu près à 40 milles de ce lieu. La route qui y mène est unie; la mine est près d'une ville où la main-d'œuvre est à bon marché. C'est réellement une singulière coïncidence que la découverte de deux dépôts de houille, l'un dans le Cotch, près de l'embouchure, l'autre à Cohat, dans le haut de l'Indus, et qu'elle ait été faite dans l'intervalle d'un petit nombre d'années, depuis que les navires à vapeur ont été employés dans l'Inde. Il est rare que les découvertes arrivent à des époques si opportunes, et j'espère que celle-ci sera d'un augure favorable pour l'ouverture d'une nouvelle route au commerce par l'Indus.

CHAPITRE III.

LE CABOUL.

Ses limites. — Caractère de Dost Mohammed Khan. — Ses relations politiques. — Productions du pays.

La ville de Caboul est aujourd'hui la résidence d'un chef indépendant qui possède les cantons voisins et Ghazna, sans exercer aucune autorité sur l'ancien royaume des Douranis. Les mêmes circonstances qui en ont séparé Peichaver en ont démembré Caboul, et depuis le décès d'Azim Khan sa possession a été disputée par les différens membres de la famille Barakzi. En 1826 cet état tomba au pouvoir de Dost Mohammed Khan, le chef actuel, frère du vizir Feth Khan. Depuis cette époque ce chef a considérablement étendu et consolidé sa puissance. Il confie la ville de Ghazna et son territoire à un de ses frères, et n'admet personne autre au partage de sa fortune. Cet état se prolonge jusqu'à l'Hindou Kouch et à Bamian; à l'ouest, il est borné par la contrée montagneuse des Hezarès; au sud il a Ghazna, et à l'est il se termine aux jardins de Nimla, à moitié chemin de Caboul à Peichaver. Une grande portion de ce pays est montagneuse; il contient cependant beaucoup de terres labourables qui sont très-productives : sa position au pied des montagnes lui procure l'avantage d'avoir sa surface couverte de la terre végétale que les pluies entraînent avec elles de ces hauteurs. Les revenus du Caboul se montent à dix-huit lacs de roupies; l'armée du chef est la plus considérable de celles qu'entretiennent les khans afghans, puisqu'il a 9,000 hommes de cavalerie bien montés et bien équipés; il a de plus 2,000 fantassins et d'autres troupes auxiliaires, des milices villageoises et un parc de quatorze pièces d'artillerie qui sont bien servies pour l'être par des indigènes. Cet état est fort par sa situation au milieu des montagnes, bien qu'il soit traversé par de bonnes routes.

La réputation de Dost Mohammed Khan retentit aux oreilles du voyageur long-temps avant que celui-ci entre dans les possessions de ce chef; aucun ne mérite mieux le haut renom qu'il a obtenu. L'attention qu'il donne aux affaires est infatigable; chaque jour il assiste au tribunal avec le cazi et les mollahs pour prononcer sur toutes les causes, conformément à la loi. Le Coran et ses commentaires peuvent bien ne pas être des modèles de perfection en jurisprudence, néanmoins la manière de décider est extrêmement agréable au peuple, parce qu'elle fixe une ligne qui ne dévie pas et qui le délivre de l'arbitraire vague d'un despote. Ce Khan a donné de très-grands encouragemens au commerce, et en a dérivé des avantages réels puisque la recette de la douane de Caboul s'est accrue de 50,000 rou-

pies et lui produit annuellement un revenu net de
deux lacs de roupies. Un quarantième, c'est-à-dire
deux et demi pour cent, est le seul droit perçu dans
le territoire de Dost Mohammed Khan; et le marchand peut voyageur sans escorte et sans protection d'une extrémité à l'autre, chose inouie
du temps des rois d'Afghanistan. J'ai dit dans
ma relation que ce chef, dans son zèle pour la pratique rigoureuse des préceptes du Coran, a prohibé
l'usage du vin et des liqueurs fortes; il a par là privé
ses sujets d'un plaisir qu'ils goûtaient volontiers, et
éloigné de son pays les Juifs et les Arméniens qui
n'avaient pas d'autres moyens de gagner leur vie. Un
bon musulman ne devrait pas regretter la perte de
ces objets de sensualité; toutefois j'ai entendu des
plaintes contre Dost Mohammed Khan sur ce point,
c'est du reste la seule qui soit proférée contre son gouvernement. Jadis il fut, de même que beaucoup d'Afghans, adonné au vin et à tous les vices qu'il engendre; ainsi ce n'est peut-être que par caprice qu'il
en a interdit l'usage. Quoi qu'il en puisse être, il
donne ainsi que sa cour un exemple remarquable de
sobriété à toute la nation. Sa justice fournit un sujet
continuel de louanges à tout le monde; le paysan se
réjouit de n'être pas tyrannisé; le citadin de vivre en
sureté dans ses foyers, et de voir les règlemens municipaux relatifs aux poids et aux mesures strictement
observés; le marchand de n'avoir à attendre que des
jugemens équitables, et de pouvoir regarder sa propriété comme protégée constamment; le soldat d'être

assuré de la régularité de sa paye. Un homme revêtu de la puissance suprême ne peut recevoir de plus grands éloges. Dost Mohammed Khan n'a pas encore quarante ans; sa mère était persane, il a été élevé avec des hommes de cette nation; circonstances qui ont exercé l'esprit de ce chef et lui ont donné de l'avantage sur ses frères. On est frappé de l'intelligence, des connaissances et de la curiosité qu'il montre, ainsi que de ses manière aisées et de son ton excellent. Il est indubitablement le chef le plus puissant de l'Afghanistan, et pourra encore par son habileté s'élever à un rang plus haut dans son pays natal.

Les différens qui existent entre Dost Mohammed Khan et ses frères diminuent leur pouvoir respectif, et, si l'état était envahi, l'ouvriraient aux intrigues et aux factions. La famille des Barakzis n'a rien à redouter d'aucune autre tribu Afghane puisqu'elle l'emporte sur toutes par le nombre aussi bien que par la force. Les chefs de Peichaver et de Candahar ne manquent pas du désir de nuire à leur frère le Khan de Caboul, mais ils n'ont pas les moyens d'accomplir leur dessein. Tous deux ont eu un pied dans le Caboul et regardent avec envie la prospérité de Dost Mohammed Khan. Tous deux entretiennent à sa cour des émissaires qui excitent la discorde, et se nourrissent de l'espoir d'expulser un homme qu'ils considèrent comme un usurpateur. La tâche sera difficile, parce que le chef de Caboul, indépendamment de la modération et de l'équité qui lui assurent tant d'amis, jouit par son origine persane d'un avantage qui lui serait extrêmement utile dans un jour d'adversité. La belliqueuse tribu des Djaounchir est attachée à ses intérêts, il saisit toutes les occasions de se les concilier, car elle a souvent fait pencher la balance en faveur de tel ou tel prétendant au trône. Il a appris leur langue qui est le turc et s'est occupé d'améliorer leur condition et leur bien-être. Les Persans vivant dans le Caboul composent à peu près 12,000 familles ; ils demeurent dans un quartier séparé de la capitale, et par là conservent entre eux un esprit de corps ; cette circonstance leur fait aussi connaître leur force, et, suivant les circonstances, peut être salutaire ou préjudiciable aux factions qui divisent le peuple.

Les inquiétudes que doivent inspirer des ennemis qu'on a de chaque côté ont produit un mauvais effet sur l'administration de Dost Mohammed Khan. Craignant les membres même de sa famille, il n'est pas probable qu'il fasse des conquêtes au dehors, ou qu'il relève le royaume d'Afghanistan. Cet état de choses est la seule cause qui l'empêche d'attaquer Hérat et d'essayer des tentative pour arracher le Moultan et Dera Ghazi Khan aux Seïks. L'an passé il fit une démonstration contre le canton de Dejalalabad, situé entre Caboul et Peichaver, et dont le revenu annuel est à peu près de sept lacs de roupies. Il l'ajoutera probablement à ses possessions. Mais tant qu'il ne sera pas assez fort pour conquérir ou subjuguer, soit Peichaver, soit Candahar, Dost Mohammed Khan ne s'élevera pas au-dessus du rang de chef et ne sera que comme il y en a beaucoup d'autres dans l'Afghanistan. Toutefois, dans la position politique de ce pays en ce moment, il est l'homme qui a la chance la plus favorable de s'agrandir.

Le Caboul est une contrée très-forte; du reste elle n'a que peu de ressources. Les fruits y abondent, il n'en est pas de même du grain. Lorsque l'empereur Baber en fit la conquête, il imposa à Caboul et à Ghazna une contribution annuelle de 30,000 kharouars de grain; le kharouar équivaut à sept quintaux anglais. Quelques années après, quand il connut mieux ces pays, il trouva cette taxe exorbitante. Sans doute depuis trois cents ans le terroir s'est amélioré; toutefois, les denrées sont chères à Caboul : en été, les choses nécessaires à la vie y baissent de prix; les fruits et les plantes potagères y sont communs, la ville étant bien approvisionnée par les campagnes voisines. En hiver, les routes sont fermées, le grain augmente de valeur, la rigueur du climat exige des vêtemens chauds. Les ruisseaux qui font mouvoir les moulins à farine sont gelés; les gens les plus pauvres sont obligés d'acheter de la nourriture animale. La présence d'une troupe militaire à Caboul y fait doubler le prix des subsistances, ce qui est un sûr indice de leur rareté. Néanmoins une grande armée pourrait trouver un cantonnement commode dans la capitale, et tirerait les choses dont elle aurait besoin, indépendamment de ce que fournit le pays, de Peichaver et de la vallée de la rivière de Caboul, près de Djelalabad. Le fourrage pour le bétail est trèscopieux; dans ces cantons, on connaît les prairies artificielles, et leurs plantes sont très-alimenteuses pour le cheval. Il existe aussi de vastes prairies naturelles à Caboul et à Ghazna. Celle de Naouar, entre autres, près de la dernière ville, suffirait à l'entretien de 20,000 chevaux. Dans ma relation, j'ai amplement parlé de Caboul et de son bazar, où il y a deux mille boutiques. Chaque espèce de commerce occupe un quartier séparé dans la ville; elle fournit une quantité bien plus considérable de choses qu'on ne le supposerait d'après sa grandeur, car c'est un marché et l'entrepôt d'un commerce considérable. La population de Caboul est à peu près de 60,000 âmes.

Caboul prend journellement de l'accroissement, grâce aux soins paternels de Dost Mohammed Khan; comme place de défense, elle ne vaut rien, ses murailles, qui jamais n'ont pu passer pour bonnes, sont tombées; les sommets des coteaux voisins sont couronnés de remparts, qu'on ne peut considérer que comme un ornement inutile. Le Bala-Hissar, ou la citadelle, bâti à l'est, n'est nullement fort, et l'autre Bala-Hissar, placé plus bas, est encore moins en état de se défendre. Le premier, construit sur une éminence, et d'où l'on jouit d'une vue magnifique du pays voisin, pourrait commander toute la ville qui s'étend à ses pieds.

CHAPITRE IV.

AFFAIRES DE L'AFGHANISTAN OCCIDENTAL.

Chefs de Candahar et de Hérat. —Leur gouvernement.

La partie occidentale de l'Afghanistan est possédée par les chefs de Candahar et de Hérat, qui sont indépendans comme ceux de Caboul et de Peichaver. Ainsi la monarchie afghane démembrée forme aujourd'hui quatre états distincts. Candahar est, comme je l'ai dit précédemment, sous la domination d'un khan de la famille des Barakzis, et Hérat sous celle de Kamrou, fils de Mahmoud, roi de Caboul.

J'ai déjà raconté que Chir Dil Khan, s'étant enfui de Caboul à Candahar, y établit, aux dépens de son neveu, la souveraineté qui subsiste aujourd'hui. C'était un homme d'un caractère singulier; sous quelques rapports, il ressemblait à Feth Khan, son frère; mais il était morose et cruel. On dit qu'un jour il coupa le doigt d'un de ses garçons encore enfant, il lui recommandait de ne pas pleurer, parce qu'autrement il ne serait pas digne d'être son fils, ni un Barakzi; l'enfant supporta ce tourment avec une patience courageuse. Chir Dil Khan fut accompagné dans sa fuite à Candahar, par quatre de ses frères; il est, depuis cette époque, décédé, ainsi qu'un de ceux-ci. Il a eu pour successeur son fils Cohan Dil Khan, aidé de ses deux oncles Raham Dil et Mir Dil. Les revenus de ce petit état se montent à-peu-près à huit lacs de roupies; l'armée se compose de 9,000 hommes de cavalerie, et l'artillerie est de six canons. La capitale étant située au cœur du pays des Douranis et près du berceau de la famille des Barakzis, peut-être dans une circonstance pressante réussirait-on à lever un plus grand nombre de cavaliers.

Le gouvernement n'est pas aimé, et il paraît, d'après plusieurs exemples d'oppression, qu'il ne mérite pas de l'être. De même que les autres chefs de sa maison, celui de Candahar est ennemi de Kamrou, et à différentes reprises il a essayé de s'emparer de Hérat. Il est de même brouillé avec Dost Mohammed, chef de Caboul; et au contraire, intimement lié avec celui de Peichaver; toutefois, leurs efforts réunis ne nuiront probablement pas au souverain de Caboul. Le chef de Candahar cherche aussi à former un établissement sur les rives de l'Indus; depuis plusieurs années ses troupes ont menacé périodiquement Chikarpour, en Sindhi. Les émirs de cette contrée ont été jusqu'à présent en état de repousser ses attaques; toutefois, comme le col de Bolan offre une communication aisée entre Candahar et l'Indus, il est vraisemblable que Cohan Dil Khan ne discontinuera pas ses tentatives de ce côté. Dans un cas de désorganisation des états du Sindhi, il pourrait facilement se rendre maître de Chikarpour, et un effet de ce genre ne semble nullement improbable d'après ce que l'on sait de la situation du pays des émirs. Le chef du Candahar aurait grande envie d'intéresser à sa cause le maharadjah du Pendjab ; cependant il paraît très-problématique qu'il réussisse à en obtenir des secours, puisque Rendjit Sing jette un œil de convoitise sur Chikarpour.

J'ai déjà fait observer que la province de Hérat est la seule de l'Afghanistan qui soit possédée présentement par un descendant de la famille royale ; Kamrou règne plutôt par la tolérance de ses ennemis que par sa propre puissance. Il ne reçoit aucun secours de ses compatriotes, puisque tous les chefs Afghans ont pour lui des sentimens hostiles et souhaitent sa ruine, pour se venger de l'assassinat de Feth Khan, leur frère et leur oncle; c'est pourquoi le territoire de Hérat est devenu une dépendance de la Perse. Les troupes de ce pays sont, depuis quelques années, entrées plusieurs fois dans les murs de la capitale; elle n'a été épargnée que parce que le chef leur a donné de l'argent. Au mois de septembre 1832, elle fut menacée par le prince royal en personne; non-seulement il demanda qu'on lui payât une somme considérable ; il exigea aussi que la monnaie de Hérat fût frappée au nom du roi de Perse. Il est probable que ces deux prétentions seront satisfaites, puisque Kamrou serait content de conserver le pouvoir à quelque condition que ce fût. Il est douteux que les Persans visent à fonder un établissement permanent à Hérat, parcequ'il leur occasionerait l'obligation d'y entretenir une armée, et il en résulterait la diminution du tribut qu'ils en tirent.

On dit que Kamrou est possesseur de quelques-uns des joyaux de la royauté de Caboul, et que Hérat, situé dans une des contrées les plus fertiles du monde, lui rapporte un gros revenu. Sa richesse lui donne la possibilité de garder auprès de lui quelques chefs afghans, et de lever à-peu-près 5,000 hommes de cavalerie ; il n'a nulle alliance politique avec personne et néanmoins il tient fortement à l'espérance de pouvoir rétablir la monarchie de ses ancêtres. Il passe pour un homme tyrannique et cruel ; il est dépourvu d'amis et odieux à ses compatriotes.

CHAPITRE V.

SOMMAIRE DES AFFAIRES DE L'AFGHANISTAN.

Remarques sur le renversement de l'ancienne dynastie de ce pays.—Improbabilité de sa restauration.

Nous venons de présenter une exquisse des événemens arrivés dans l'Afghanistan jusqu'à la chute de la monarchie, et nous avons décrit les différens états formés de son démembrement. La prospérité de ce royaume semble avoir cessé avec le règne de son fondateur, Ahmed Châh Dourani; son fils Timour ne montra ni son énergie ni son activité. Châh Zeman, fils et successeur de Timour, manquant d'éducation, et cruel par caractère, hérita d'un pouvoir dont les ressorts étaient relâchés par une longue habitude d'indolence chez l'homme qui tenait les rennes du gouvernement. Châh Zeman, ainsi que ses frères Mahmoud et Choudja, semblent avoir tous oublié, en montant sur le trône, qu'ils régnaient sur un peuple républicain par sentiment. Le renversement complet de la dynastie est universellement attribué à la fierté et à l'arrogance maladroite des derniers rois, pour lesquels la nation afghane n'a montré nulle sympathie dans leur catastrophes; sans doute Choudja eût pu ressaisir le pouvoir s'il n'eût pas commis l'imprudence de vouloir exercer l'autorité de roi avant d'être fermement rassis sur son trône. Il est impossible aux Afghans de cacher leur défiance des hommes revêtus de la puissance; c'est ce sentiment qui a détrôné leurs rois et décimé leurs nobles. De tous les personnages de distinction qui depuis trente ans ont figuré dans leur histoire, il n'y en a pas un seul qui soit mort de mort naturelle. Pour qu'ils soient heureux sous un gouvernement, il faut qu'ils soient gouvernés par un despote à la main vigoureuse, ou partagés en plusieurs petites républiques.

Toutes les institutions des Afghans sont adaptées à cette forme d'existence politique; et la suprématie de la famille des Barakzis est agréable au peuple, je crois même qu'elle est favorable à la prospérité du pays. Cette tribu, la plus considérable des Douranis, se compose d'à peu près 60,000 familles, nombre capable de lui conserver le pouvoir. Au contraire, les Sadozis, qui précédemment occupaient le trône, étaient une famille peu nombreuse, et obligée de rechercher l'appui des autres tribus. La principale de celles-ci était celle des Barakzis. Hadji Djamal, celui de ses chefs qui jouissait de la plus grande influence, se soumit volontairement à l'autorité d'Amed Châh, et contribua à le fixer sur son trône. Les successeurs de ce monarque récompensèrent ses services par le meurtre de Poïnda khan son fils; nous avons raconté l'atroce assassinat de son petit-fils le visir Feth Khan. Si la maison royale se fût montrée juste envers ces hommes dont elle n'avait reçu que des bienfaits, et si elle eût traité ses sujets avec modération, elle eût pu régner paisiblement. La haine des Barakzis pour la maison des Sadozis, et l'assassinat de deux de leurs chefs, cause première de cette haine, empêchent de croire que jamais cette tribu consente à la restauration de la famille déchue. Il est certain que l'aide de toute autre tribu ne peut lui être profitable, car toute la richesse du pays est entre les mains de ses ennemis, et la masse de la population regarde ses infortunes avec indifférence, parce qu'elle pense qu'elle s'est attiré ses malheurs par sa faute. Il est donc évident que la restauration, soit de Choudja oul Moulk, soit de Kamran, est un événement très-improbable. La dynastie des Sadozis a passé, elle ne pourra se rétablir à moins d'être soutenue par l'aide de l'étranger; et il serait impossible, sans la continuation du même secours, de recouvrer les provinces du royaume qui en ont été détachées; il est plus difficile de faire revivre que d'élever une dynastie. Or si dans l'enchaînement ordinaire des événemens l'Afghanistan est destiné à être gouverné en totalité par un roi, il faut chercher une autre maison que celle de Sadozis pour établir son pouvoir dans ce pays; et suivant toutes les probabilités, ce sera celle des Barakzis.

Présentement il n'existe aucun lien de nature politique entre les états de l'Afghanistan et une puissance étrangère. Les Persans ont long-temps annoncé avec ostentation le projet d'envahir le pays; toutefois, tant que la garde persane qui est à Caboul se comportera loyalement, ils ne pourront jamais effectuer rien de sérieux. Dans une guerre générale, les inimitiés qui divisent les différentes maisons seraient probablement oubliées; les Barakzis seuls peuvent, en se réunissant, mettre sur pied 30,000 cavaliers. Durant notre séjour à Caboul, Dost Mohammed Khan reçut de son frère de Candahar l'avis qu'un ambassadeur venu du camp persan l'avait menacé. La réponse du chef de Caboul fut caractéristique : « Quand » les Persans s'avanceront, mande-le-moi; et de » même que je suis maintenant ton ennemi, je se- » rai alors ton ami. » La force naturelle de l'état de Caboul est sa meilleure barrière contre l'invasion d'une puissance asiatique; et si nous portons nos regards sur l'expédition de Nadir Châh, nous ne devons pas oublier qu'il était accompagné de beaucoup de chefs afghans, qu'il avait avancés à des rangs éminens, et qui participèrent amplement à ses acquisitions, ainsi qu'aux dépouilles que lui valurent ses conquêtes.

L'état politique de l'Afghanistan, comme royaume, sera, dans tous les temps, un objet de la plus haute importance pour l'Inde, à cause des changemens multipliés qui y arrivent. Nous avons vu que des quatre principautés qui le composent, l'une est sujette du Pendjab et une autre de la Perse. Nous avons vu également que le chef de Caboul est un homme éclairé, qui a des vues justes; à la mort de Rendjit Sing, il pourrait bien s'assurer l'autorité suprême sur tout le pays. Il ne lui serait pas difficile de soumettre Peichaver, et il pourrait alors s'emparer des provinces baignées par l'Indus, très-probablement même du Cachemir. Il est très-bien disposé pour le gouvernement britannique, et il en est de même des autres chefs du royaume. Quand la légation britannique y vint en 1809, ils n'existaient pas, mais à cette époque notre réputation y fut bien établie; nous gagnâmes la bonne opinion de tous les partis en nous retirant aussitôt après qu'ils eurent commencé à se montrer sur la scène. Il est vrai que cette circonstance était inévitable; toutefois, elle a laissé l'impression la plus favorable de notre désintéressement; il ne serait donc pas difficile de nouer des liaisons avec le Caboul, et certainement le chef est digne d'attention, puisque son pays est situé sur le grand chemin par lequel arrivent les marchandises manufacturières de la Grande-Bretagne, et que le trafic que l'on en fait a récemment reçu un accroissement considérable par l'équité et la justice de ce prince. Il ne serait pas nécessaire de faire une grande dépense des revenus publics pour se concilier ce potentat; et on ne doit pas oublier qu'il est en possession de la plus importante position de l'Asie, relativement à la défense de l'Inde britannique. Si les circonstances nous avaient fait contracter une alliance avec le Caboul plutôt qu'avec la Perse, nous aurions maintenant des alliés plus fidèles, plus utiles, plus rapprochés de nos possessions que ceux dont nous pouvons nous vanter dans ces régions. Enfin, nous n'aurions certainement pas dépensé la dixième partie des sommes que nous avons si libéralement prodiguées en Perse.

CHAPITRE VI.

LE KOUNDOUZ.

Etendue de cet état. — Histoire de son chef Mourad Beg. — Son administration.

Le territoire de Koundouz est situé entre le Caboul et la Boukharie. Je comprendrai sous cette désignation tout ce que j'ai à dire sur les pays au nord de l'Hindou Kouch et au sud de l'Oxus, jusqu'à Balkh, à l'ouest. Ils forment un état gouverné par un chef ouzbek, qui a récemment agrandi ses possessions, et jouit maintenant d'une grande puissance. J'ai déjà parlé de ce Mohammed Mourad-Beg; il est de la tribu de Katghan; ses sujets lui donnent le titre d'émir. A une époque plus reculée, cette tribu était bornée au canton de Koundouz, mais ce chef a étendu son autorité sur tous les états voisins. Il a Khouloum, Heïbak, Ghori, Inderab, Talighan, et Hazrat-Imam; il est maître de la vallée de l'Oxus supérieur et de ses affluens. Balkh a même été entre ses mains; il se contenta de piller cette ville et d'enlever la plus grande partie des habitans pour peupler ses autres conquêtes. Il a aussi réduit tout le royaume de Badakchan; il est maintenant occupé à des expéditions contre les petits états des montagnes au nord de l'Oxus. Le territoire de Koulab, qui en fait partie et qui est situé entre Dervas et Chaghnan, est déjà en son pouvoir. Sa domination s'étend au sud jusqu'à Sigham, qui est à 30 milles de Bamian, et commande deux cols de l'Hindou-Kouch.

La population de ces pays se compose principalement de Tadjiks qui en sont les aborigènes. Ils forment entièrement celle de Badakchan; les Ouzbeks sont proportionnellement peu nombreux.

Ce fut il y a dix-huit ans, à la mort de Khilitch Ali Beg, chef ouzbek, qui régna long-temps à Balkh sous l'autorité nominale du roi du Caboul, que Mourad Beg parvint à sa puissance actuelle; il occupait alors un commandement secondaire. A la faveur des intrigues qu'il réussit à ourdir de concert avec les différens membres de sa famille, il finit par établir sa propre autorité. Les fils de Khilitch Ali Beg gouvernent aujourd'hui Khouloum et Heibak comme ses vassaux. Les Katghans ont toujours joui d'une certaine influence parmi les Ouzbeks; mais Mourad Beg est le premier de sa maison ou de sa tribu qui ait formé une principauté aussi étendue. Les Ouzbeks font partie de la grande nation turque; ils habitaient autrefois dans l'Asie intérieure, au sud de la chaîne des Tian Chan, dans le territoire où sont les villes de Khoten, Kachgar, Tourfan et Khamil. Au commencement du seizième siècle de notre ère, ils descendirent et pénétrèrent à l'ouest du Sihoun ou Jaxartes, répandant partout la terreur et la dévastation; ils chassèrent les descendans de Timour du royaume de leurs ancêtres. Koundouz paraît avoir été le terme de leur invasion le plus reculé, puisqu'ils ne se sont pas établis à Badakchan ni au sud de l'Hindou Kouch. Le gouvernement de Mourad Beg peut être regardé comme assez bien consolidé; cet émir tient les rênes d'une main vigoureuse.

Il doit une grande partie de sa puissance à la politique qu'il a suivie envers les chefs qu'il a subjugués; il les laisse à la tête de leurs états, en stipulant la fourniture d'un contingent de troupes de leur part, et l'entretien d'une portion des siennes dans leurs pays à leurs frais. Il augmente ainsi sa force, et pourvoit à la défense de ses nouvelles conquêtes sans s'exposer au danger des révoltes. Son armée se monte à 20,000 hommes de cavalerie; il a de plus six pièces d'artillerie, entre lesquelles il y en a une de trente-six. Il n'a point d'infanterie, parce que les Ouzbeks n'en font pas de cas, et connaissent aussi peu l'usage des canons, quoique leur possession semble assurer la victoire. Je dois néanmoins dire à l'honneur de ce chef qu'il a traîné sa grosse pièce d'artillerie à Sarbagh, qui est à 50 milles dans l'Hindou Kouch. Ce canon fut amené de Perse par Nadir Châh, qui vint par Meched, Charaks, et Meimana à Balkh; preuve évidente que la route est bonne, et que la grosse artillerie peut y voyager. Les soldats de cavalerie de Mourad Beg ont des lances d'une longueur incommode, quelques-uns ont des mousquets; mais la plus grande partie est mal armée et mal équipée, quoique très-supérieure au troupes qui leur sont opposées. Mourad Beg paie ses soldats en grain; il tient tous les commandans, et une partie des hommes continuellement en service près de sa personne. Il mène une vie extrêmement active; et entre lui-même en campagne; il occupe constamment sa cavalerie à des expéditions de pillage, au nord de l'Oxus, dans les environs de Balkh et dans le pays des Hézares. Les habitans de ces cantons étant Chiites, sont enlevés sans aucune pitié et vendus pour esclaves. Une certaine quantité de ces malheureuses victimes est tirée de Tchitral, principauté dans les montagnes à l'est de Badakchan, et le chef acquitte son tribut en créatures humaines.

Mourad Beg excepte de ses attaques les caravanes qui traversent son territoire, et préserve aussi des exactions les chefs qu'il a rendus ses tributaires. Il n'a que très-peu ou même pas de communication avec les principautés voisines. Un échange de présens a eu lieu avec les autorités chinoises d'Yarkend, ville avec laquelle le commerce est considérable, et une fois le chef de Koundouz leur envoya un ambassadeur, relativement à la protection des chemins qui étaient infestés par des brigands d'au delà de l'Oxus. L'émir ne montre aucune cordialité pour le roi de Boukhara, parce que ces deux souverains se redoutent mutuellement. Mourad Beg fait sans cesse des irruptions dans le territoire de Balkh, et le gouverneur de cette ville cherche sa sûreté dans la fuite. Les Afghans sont séparés de Koundouz par une chaîne immense de montagnes; le pays à l'est de Badakchan est de même raboteux et traversé par les monts Bélout qui sont extrêmement élevés. L'émir de Koundouz les a néanmoins franchis, pour attaquer Tchitral. Il a aussi envahi de temps en temps le pays des Kaffirs qui vivent dans l'Hindou Kouch; sa dernière campagne de ce côté, vers 1828, n'a pas été encourageante. Les Kaffirs laissèrent avancer ses soldats, et quand ils furent engagés dans les montagnes, ils fondirent sur eux. Un ouragan de neige qui survint empira la position des Ouzbeks et de 4,000 cavaliers; il y en eut la moitié qui ne put sortir d'embarras et périt victime de sa témérité.

Le revenu de la principauté de Koundouz est payé en grains, qui abondent de même que les choses nécessaires à la vie; mais l'argent est extrêmement rare. Rien ne le prouve mieux que les pièces de monnaie maintenant en circulation; ce sont celles d'un empereur de Delhi, antérieur au temps de Nadir. Beaucoup de marchandises étrangères sont tirées de Boukhara; et on envoie au marché de cette ville des esclaves et du bétail. On conçoit, d'après ce que je viens d'exposer, qu'il est difficile de faire une évaluation un peu exacte des revenus de l'état de Koundouz. Mourad Beg est regardé comme riche pour un chef ouzbek. Il exige de ses sujets le tiers des productions de la terre. Le territoire de Koundouz est fertile en riz; on récolte beaucoup de soie sur les rives de l'Oxus. Le pays de Badakchan, autrefois si fécond et si abondant, est aujourd'hui presque dépeuplé. Il a beaucoup souffert de la domination de Koundouz. J'ai déjà raconté que son souverain avait été déposé, et qu'une partie de la population en avait été arrachée pour aller languir dans les marécages de Koundouz. Ainsi le Badakchan ne fournit pas de revenu; il est occupé par la cavalerie ouzbeke, qui contribue à y accroître la désolation.

Toutes les affaires de Mohammed Mourad Beg sont dirigées par Atmaran, son ministre, dont j'ai parlé dans la relation de mon voyage : il est Hindou, natif de Peichaver, de très-basse origine; il ne manque pas d'un certain talent et jouit d'un crédit sans borne. Chez les Ouzbeks, les Hindous sont méprisés, et ne peuvent jamais se coiffer d'un turban ; néanmoins Atmaran s'est assuré ce privilége, non-seulement pour lui-même, mais pour tous ses domestiques et les gens de sa croyance, lesquels vivent avec lui. Il a près de quatre cents esclaves dans sa maison; il en a été gratifié par un maître indulgent; son mérite lui a acquis des droits à cette récompense; d'ailleurs il s'est considérablement enrichi. Les Ouzbeks ne sont pas doués de la capacité de conduire les affaires politiques; à l'exception des prêtres, aucun d'eux ne reçoit de l'éducation. Ainsi Mourad Beg a donné une preuve irréfragable de sa propre supériorité, en choisissant Atmaran pour ministre et en lui accordant une confiance illimitée. C'est à Atmaran que les marchands sont redevables de la protection de leurs biens, et que le chef lui-même a obligation de régner sans compétiteurs dans les pays qu'il a soumis.

Puisque l'existence d'un état composé de matériaux si disparates dépend en grande partie des qualités personnelles du prince qui en est le souverain, l'examen de son caractère ne pourra être que très-intéressant. Celui de Mourad Beg offre beaucoup de traits saillans, et n'est pas non plus exempt de contradictions. Ce chef est à la fois cruel et indulgent; il encourage toutes les expéditions qui partent pour aller piller les contrées voisines, et partage les dépouilles avec les barbares qui les rapportent. Investi du pouvoir de garder en entier les possessions sur lesquelles il exerce la suprématie, il laisse jouir de leurs biens et de leur autorité, certainement d'une nature limitée, des hommes qui dans la plupart des gouvernemens asiatiques auraient reçu la mort. Excepté le transport des habitans d'un territoire dans un autre, à la vérité très-insalubre, et la capture des malheureux Hezarès et Kaffirs, et la vente qui s'en fait pour être esclaves, je ne l'ai jamais entendu accusé d'aucun de ces actes crians de tyrannie ou d'oppression arbitraire si commune dans les gouvernemens despotiques. Le commerçant traverse le territoire de Koundouz sans être inquiété. Les droits sur les marchandises sont modérés, et quelques-unes, les châles, par exemple, ne payent rien. Pendant tout le temps que nous fûmes dans ce pays, les habitans furent exemptés d'acquitter le droit sur la soie. Une seule crainte tourmente Mourad Beg; elle est extrême; le nom anglais est pour lui un objet de terreur; il l'a prouvé par le traitement rigoureux qu'ont éprouvé

Moorcroft et ses compagnons. Les conquérans de l'Inde lui sont suspects, et il ne sera pas facile de bannir ses soupçons. Il est âgé d'une cinquantaine d'années ; j'ai déjà fait son portrait, il n'est pas beau, et toute sa physionomie est même repoussante. J'ai dit aussi qu'un saint personnage de Talighan, lieu éloigné de trente-cinq milles de sa capitale, a un grand ascendant sur lui. Dans le commencement de sa carrière, cet homme lui rendit de bons offices et lui donna d'excellens conseils ; tout ce qu'il demande lui est accordé. Son fils a épousé récemment une fille de Mourad Beg ; ce dernier a deux fils, dont l'un âgé de dix-huit ans, et duquel j'ai eu l'occasion de parler, fait concevoir des espérances.

CHAPITRE VII.

ESQUISSE DE L'HISTOIRE DE LA BOUKHARIE.

Première période.—Evénemens depuis Djinghiz Khan jusqu'aux Ouzbeks.—Nadir Châh.—Haïder.—Le roi actuel.

Durant mon séjour en Boukharie, je me procurai cinq manuscrits sur son histoire ; il serait étranger à l'objet de mon ouvrage de présenter le contenu de ces livres volumineux, et je ne crois pas non plus que l'intérêt du sujet qu'ils traitent satisferait la plupart de nos lecteurs. J'ai remis ces manuscrits à la société qui s'est formée en Angleterre pour la traduction des livres orientaux dans notre langue, et cette compagnie m'a assuré qu'elle ne négligera aucun moyen de les faire connaître aux amis de la littérature orientale.

Dans les premiers temps, Boukhara est décrit sous le nom de *Bikani*, ville dont on trouve encore des traces dans son voisinage, et qui se lie, soit par des fables, soit par des récits réels, au nom d'*Afrasiab*, si connu. Le pays est représenté comme un marais couvert de roseaux, et dont l'humidité était entretenue par la fonte des neiges et des glaces dans les montagnes de Samarcand : on dit que c'était un fourré réservé pour la chasse, et tellement marécageux dans beaucoup d'endroits, qu'un chameau ne pouvait le traverser. Tel est le langage des historiens indigènes. Des relations existaient entre le souverain de Boukhara et l'empereur de la Chine ; ce monarque lui donna sa fille en mariage. A la suite de cette alliance il est question des invasions des Turcs, qui paraissent avoir constamment désolé cette contrée. Après cela on nous parle du temps de l'islamisme et des incursions des Arabes qui combattirent une reine ou khatoun, fameuse comme idolâtre, et également pour son amour de la justice ; sa mémoire est encore célébrée dans des chansons populaires. Son fils embrassa la doctrine des vrais croyans; toutefois, il s'en écarta et fut tué quand les Arabes s'établirent finalement dans le Turkestan. Ce prince fit bâtir une grande mosquée l'an 74 de l'hégire (716 de J.-C.). Les prières y furent récitées en persan, parce qu'il était la langue du pays. Depuis ce moment la renommée et les dimensions de la ville s'accrurent; le commerce devint florissant, la population s'augmenta : on connaît les exploits de Haroun al Rachid et d'Arp Aslan Khan, qui tous deux l'embellirent et l'enrichirent. Enfin les historiens boukhars racontent gravement, sur l'autorité de l'archange Gabriel, la satisfaction avec laquelle les habitans de cette cité s'avanceront, à leur tour, au jour du jugement.

Telles furent les destinées de Boukhara jusqu'au

temps où Djinghiz, à la tête de ses hordes de Mongols, la saccagea en 622 A. H. (1232 de J.-C.). Il paraît, d'après l'énumération de ses bazars, de ses édifices et de ses aqueducs, qu'alors elle était réellement une capitale riche et magnifique; mais, de même que beaucoup d'autres également considérables, elle devint la proie des farouches Mongols, qui, avec une fureur implacable, étendirent leurs ravages des rives de la Caspienne aux bords de l'Indus. A son tour, le royaume de Boukharie, gouverné par son émir indigène, le grand Timour, descendant de Djinghiz par les femmes, assouvit sa vengeance sur les nations, soit voisines, soit lointaines, et ébranla les souverainetés de la plus grande partie de l'Asie. Les exploits de ce conquérant appartiennent à l'histoire de laquelle je traite; et tout ce qu'il a fait de grand dans la guerre et dans la paix par ses victoires et par ses institutions est tellement connu, que je n'ai pas besoin de m'y arrêter. Au bout de quelques générations, ses successeurs, obligés par l'invasion des Turcs ouzbeks d'abandonner leur royaume paternel, allèrent dans l'Inde fonder, sous le vaillant et spirituel Baber, l'empire mogol. Sa postérité est encore assise sur le trône à Delhi; mais on ne peut pas dire que le fantôme d'empereur règne, et encore moins qu'il gouverne.

Les Ouzbeks, qui, ainsi que je l'ai dit plus haut, traversèrent le Sihoun au commencement du seizième siècle, sont aujourd'hui maîtres de toute la Transoxane, le Mavar al Nahar des Arabes; qui s'étend au sud jusqu'à la base de l'Hindou Kouch. Ils effectuèrent cette grande conquête sous Cheibani Khan et son fils : Baber fut aidé par le roi de Perse, et Cheibani Khan fut battu et tué à la bataille de Merve.

La suprématie acquise par les Ouzbeks dans les royaumes de la Transoxane dura jusqu'à l'invasion de Nadir Châh, dans la première moitié du dix-huitième siècle. Aboul Faz y Khan régnait alors en Boukharie avec le titre d'émir; il était reconnu comme le représentant héréditaire des Ouzbeks, qui avaient chassé la maison de Timour, et comme descendant mâle du grand Djinghis. Rahim Khan, son attalik ou visir, Ouzbek de la tribu de Mangat, ourdit un complot avec le conquérant persan, et l'amena jusqu'aux portes de la capitale. Nadir Châh épargna cette cité; le visir fit assassiner l'émir, et lui choisit pour successeur un de ses fils, auquel il avait donné sa propre fille pour épouse; il ne tarda pas à faire égorger ce nouveau souverain. Ce perfide et cruel Rahim Khan eut pour successesseur dans ses fonctions Danial Beg, autre Ouzbek de la même tribu de Mangat, qui, par alliance, était parent d'Aboul Faz y Khan à un degré éloigné. Danial Beg se contenta, comme Rahim, du titre de ministre, et gouverna le pays au nom d'Aboul Ghazi Khan, descendant du dernier émir. A la mort de Danial Beg, son fils Mourad le remplaça comme visir, et mettant de côté le fantôme de roi sous le nom duquel son père avait régné, se fit proclamer émir de Boukhara. Châh

Mourad régna dix-sept ans et mourut vers 1800. Il était meilleur théologien qu'administrateur; néanmoins le nom de Beghi Khan, sous lequel il était familièrement connu, est très-respecté des Ouzbeks, et on raconte de lui beaucoup d'histoires singulières. Il fit la guerre au roi d'Afghanistan, ainsi qu'à tous les princes voisins et moins puissans. Il détruisit Merve; mais tous ses exploits contribuèrent peu à agrandir sa renommée ou le royaume qu'il avait usurpé. Depuis le règne de Mourad Beg la postérité de Djinghiz a cessé de régner en Boukharie; quelques membres de cette famille vivent encore dans ce pays; ils sont pauvres et dédaignés.

Châh Mourad eut pour successeur son fils Haïder nommé communément *Saïd* (le pur). Celui-ci se montra plutôt prêtre que roi, et sa rigide observance du Coran, qui le rendit illustre dans le monde musulman, augmenta beaucoup la bigoterie et le fanatisme dans ses états. Il considéra son titre d'*émir al moumenin* (prince ou commandant des fidèles), sous son sens littéral, et passa la plus grande partie de son temps à essayer de corriger et d'améliorer le caractère moral de son siècle. S'il eût étendu ses soins à la politique extérieure, il eût pu rendre des services à son pays; mais après un long et inutile règne de vingt-sept ans, il mourut en 1825, laissant à ses enfans une succession disputée, et un royaume insulté et envahi de toutes parts. Son décès fut le signal de la révolte et de la guerre civile parmi sa postérité. Émir Hossein son fils fut proclamé roi; après avoir régné cinquante jours, il descendit au tombeau, on soupçonna qu'il avait été empoisonné par le kouch-beghi, ou ministre qui favorisait les prétentions d'un de ses frères. Il fut remplacé par Omar Khan qui s'empara des rênes du gouvernement et de la capitale. Toutefois Nessir Oullah, ou comme on le nomme généralement Bahadour Khan son frère aîné, s'étant assuré l'influence secrète du kouch beghi, qui ostensiblement se montrait partisan d'Omar, se prépara à résister résolument au pouvoir de celui-ci. Il commença par la démarche préliminaire de s'emparer de Samarcand, marcha sur Boukhara, se rendit maître des aquéducs et des canaux qui lui fournissent de l'eau, et les boucha; la capitale tomba entre ses mains, après un siége de cinquante jours, ou plutôt elle lui fut livrée par le kouch beghi qu'il nomma ministre. Omar fut emprisonné; ayant réussi à échapper à ses gardiens, il s'enfuit d'abord à Meched, puis à Balkh, et finit par mourir à Khokhand du choléra : sa dépouille mortelle fut apportée à Boukhara où on l'enterra.

Nessir Oullah entra en possession de la souveraineté sans autre résistance. Il fit mourir trente des partisans de son frère, et ordonna qu'un des principaux *bis* ou chefs fût précipité du haut du portail du palais, supplice usité dans ces pays. Le traitement qu'il fit subir à ses trois frères puinés est bien moins excusable; envoyés dans une habitation sur les bords de l'Oxus, ils y furent inhumainement égorgés par ses ordres, de crainte qu'ils ne cabalassent contre lui. Ainsi des six enfans de Haïder Saïd, il est le seul qui vive aujourd'hui. Nessir Oullah règne donc en Boukharie; il a, jusqu'à un certain point, expié les actions atroces et violentes qui lui ont assuré le trône; il gouverne ses sujets avec équité et impartialité; depuis qu'il ne redoute plus de rivaux, il a cessé de recourir à la cruauté et au crime, pour maintenir son pouvoir. Ses enfans sont jeunes, et leur nombre s'accroît.

CHAPITRE VIII.

PUISSANCE POLITIQUE ET MILITAIRE DE LA BOUKHARIE.

Importance de ce royaume.—Autorité et caractère du monarque. — Le kouch beghi ou visir. — Rang éminent des prêtres. — Administration.—Finances.—Force militaire des Ouzbeks.— Politique étrangère. — Liaisons avec la Russie.

L'IMPORTANCE de la Boukharie ne résulte pas de son territoire, elle tient uniquement à la position de ce royaume. Sa célébrité remonte aux jours des Chagtis; il comprenait alors tout le Mavar al Nahar, ou le pays compris entre le Gihoun (*Oxus*) et le Sihoun (*Jaxartés*); il embrassait le Kharism, se prolongeait jusqu'à la mer Caspienne, et très-avant dans le Khoraçan. Cette période de splendeur est passée depuis long-temps; néanmoins, la situation avantageuse de la capitale de cet état lui garantit une influence considérable parmi les habitans de la Transoxane. Placée entre les contrées les plus riches de l'Europe et de l'Asie, et dans un territoire entouré de steps et de déserts, Boukhara devient naturellement le lieu de repos du marchand et du voyageur, et le centre d'un commerce étendu. Examinée d'un point de vue militaire ou politique, sa position est importante et extrêmement avantageuse. Favorisée d'une surabondance des productions de la terre, dans un pays de stérilité, elle fixa l'attention des peuples voisins et des peuples éloignés. Autrefois elle excita la convoitise des Grecs, plus tard celle des califes musulmans; elle fut envahie par des hordes venues du Nord; mais ce fut de ce point que le fameux Timour, s'avançant à la tête de ses légions victorieuses, les conduisit dans les pays de l'Asie les plus reculés. Dans les temps modernes, Boukhara a vu entrer dans ses murs des ambassadeurs des empereurs de Chine et de Russie, du grand sultan de Constantinople, des rois de Perse et d'Afghanistan; enfin la Boukharie occupe le rang suprême parmi les états ouzbeks qui l'entourent, ils la considèrent comme la capitale de leur tribu, et rendent un hommage volontaire, quoique purement nominal, à son souverain.

De même que chez les autres nations asiatiques, le roi de Boukharie est despote; néanmoins toutes ses actions sont sujettes au contrôle des mollahs ou prêtres. La cause n'en tient pas à son incapacité personnelle de maintenir son pouvoir, elle dérive de la constitution de la monarchie, basée exclusivement sur les lois du Coran, auxquelles peut-être on se conforme bien plus strictement ici que dans tout autre pays musulman. Nessir Oullah, ou comme on le nomme ordinairement, Bahadour Khan, roi actuel de Boukhara, est un jeune homme âgé de vingt-sept ans. J'ai déjà dit qu'il prend le titre d'*Emir al Moumenin* (commandant des fidèles); quand on s'adresse à lui, on lui donne le nom de *Hazrat*, qui n'est employé que par les musulmans du Turkestan, en parlant de leur prophète. Le titre de roi est rarement usité dans les écrits officiels; celui d'émir est préféré; et c'est ainsi que Timour et ses successeurs, jusqu'au temps de Baber, étaient désignés, sans y ajouter l'affixe d'Al Moumenin. Il a une signification religieuse qui le rend d'autant plus convenable au roi de Boukharie; ce prince se regarde comme un des chefs de la religion musulmane; néanmoins il rend un témoignage de respect au grand sultan de Constantinople, qui est ici qualifié calife de Roum; le roi de Boukharie est fier de s'intituler son porteur d'arc.

Nessir Oullah est naturellement juste et généreux; il s'acquitte avec ponctualité des devoirs prescrits par la religion. Assis sur le trône depuis sept ans, il paraît descendre graduellement aux habitudes de bigoterie de son père; la forme de son gouvernement ne lui permet que difficilement d'éviter cette tendance. Je ne répéterai pas ici ce que j'ai dit de lui dans la relation de mon voyage; respecté de ses sujets, parce que dans toutes ses actions la loi est son guide, il se fait aimer de ses soldats par ses largesses.

Le kouch beghi, son ministre, jouit d'un grand crédit auprès de lui; et quoique Bahadour Khan lui doive principalement le trône, il ne redoute nullement son pouvoir. Il ne sort jamais de la citadelle que lorsque le visir est présent pour en prendre la garde; on a vu qu'il ne mange que les mets qui lui sont présentés par la main de son ministre : celui-ci est âgé d'une soixantaine d'années; il est doué de talens, instruit, infatigable dans les soins qu'il donne aux affaires; il fait aussi un grand commerce, et aime l'argent; néanmoins il est d'une équité scrupuleuse pour les droits qu'il lève sur les marchandises; j'en ai cité des exemples. On peut regarder le poste éminent de visir comme héréditaire dans sa famille; son père l'a possédé, ses frères occupent deux des gouvernemens du royaume, et ses fils, il en a treize, tiennent des emplois dans les provinces; il en a désigné un pour son successeur. On a vu dans ma relation qu'il y a un grand mélange de ruse dans le caractère de ce ministre; mais il a des idées libérales, et il est favorablement disposé pour les Européens, notamment pour les Anglais. La richesse, la puissance du royaume, sont entièrement à ses ordres, puisqu'il perçoit les revenus, et est en état de commander au clergé pour lequel il se montre toujours respectueux et affable.

Rien ne frappe plus un voyageur dans le Turkestan que l'absence totale d'un corps aristocratique, tel que celui des chefs ou serdars comme on en voit dans le Pendjab et le Caboul. Ici pas de grands personnages, point de khans, point de nobles, point d'hommes de conséquence, à l'exception de ceux de la cour et des mollahs. Tous les gouvernemens sont donnés à des esclaves ou à des créatures du ministre, et chaque ville, chaque village est gouverné par un

mollah ou khouadja, du sang des premiers califes.
Le Coran formant la base du gouvernement de la
Boukharie, et l'ensemble de la population étant ou
voulant être regardé comme une communauté spirituelle, cette circonstance explique parfaitement l'exception en faveur de l'église. La religion et la politique sont d'accord en tout, et se prêtent un appui
mutuel dans le Turkestan. Il n'y a pas l'ombre de
gouvernement populaire, et néanmoins on ne découvre pas le moindre symptôme de mécontentement sous un tel régime, quoiqu'il n'y ait pas de peuple plus asservi que les Ouzbeks. Cette approbation
universelle de la communauté doit être attribuée à la
protection qui est dérivée d'une stricte observation
des lois du Coran; ce livre ne paraît être au plus
qu'une grande charte très-défectueuse; toutefois il
fixe sur une base immuable les principes de la jurisprudence, ce qui sans doute induit le peuple à regarder les prêtres comme leurs meilleurs protecteurs
contre les empiétemens et l'ambition du pouvoir séculier. La rigide adhérence de ces docteurs à la loi
écrite leur assure la part de gratitude dont ils jouissent; jamais aucune mesure politique n'est prise sans
leur sanction; et une grande portion du revenu public est dépensée pour le soutien de la religion nationale et des colléges qui l'enseignent; le surplus des
revenus de la capitale est même partagé d'après cette
méthode, et toute l'administration est organisée
d'après un plan qui ressemble plus à une hiérarchie
qu'à toute autre forme de gouvernement. Qu'un

meurtre soit commis, qu'un vol soit effectué, qu'une dispute s'élève sur un sujet quelconque, l'affaire est aussitôt renvoyée aux prêtres, puisque le roi ne veut pas examiner sans eux la nature de la cause. Je suis persuadé que ce système existe en Boukharie depuis les premiers temps de l'islamisme, et ne coïncide pas avec l'invasion des Ouzbeks, quoiqu'il ait été plus fermement établi sous le règne de Haïder Khan, dernier roi qui poussait le respect pour la religion jusqu'à la bigoterie.

Quels que puissent être les sentimens dont on est imbu sur la croyance musulmane; elle produit, quand ses lois sont ponctuellement observées, de grands avantages pour l'administration d'un royaume. La police de Boukharie et de sa capitale est stricte, active et efficace. Les plus gros ballots de marchandises sont, ainsi que je l'ai dit, laissés toute la nuit, sans les moindres risques dans des étaux ouverts, et les grands chemins sont exempts soit de voleurs, soit de brigands. La manière rude dont les coupables sont traités, et la justice sommaire qui en est faite inspire une terreur salutaire dans l'âme des mauvais sujets. Les délits les plus insignifians sont punis de mort; les amendes et l'emprisonnement dans des cachots sont employés quelquefois, mais plus rarement. Les lois de Mahomet sont aussi bien suivies qu'elles le furent jamais sous ses propres yeux; la législation qui réunit alors les Arabes nomades du désert a été transportée sans une seule altération ou amélioration chez un peuple différent d'eux par les mœurs, les usages et la langue, et déjà très-avancé, sur quelques points, en civilisation.

Les impôts sont levés également par la même règle, les maximes du Coran; un commerçant paie un quarantième de ses marchandises; un cultivateur donne au roi le quart de la récolte de ses champs, mais la plus grande partie des terres ayant été aliénée pour le soutien des établissemens religieux et des prêtres, ceux-ci prennent les trois dixièmes de la récolte; les cultivateurs ne se plaignent cependant pas de cet impôt exorbitant. En Turkestan, la terre est évaluée d'après la quantité d'eau qu'elle peut obtenir, et l'homme qui veille à sa distribution dans les aquéducs voisins de la capitale tient un rang éminent dans l'état; les jardins, les vergers, les couches de melons sont assujétis à une contribution en argent. Tous les habitans non musulmans paient une capitation annuelle. En temps de guerre, chaque maître de maison est également imposé. La douane de Boukhara fournit aussi une certaine somme; mais sauf cette seule exception, tous les revenus proviennent de l'impôt territorial, en voici un tableau.

Les sept tomans de Boukhara.	Rametan	4,000 tillas.
	Zandani	6,000
	Ouafkand	3,000
	Ouardanzie	3,000
	Kaïrabad	4,000
	Ouaganzie	6,000
	Kizdouan	6,000
		31,000
Les cinq tomans de Samarcand	Chiraz	6,000
	Sohoud	4,000
	Afinkand	6,000
	Anber	5,000
	Chaoudar	12,000
		33,000

	Report....	64,000
Cantons ressortissant de Samarcand......	Pendjkand......	4,000
	Oumetan.......	2,000
	Pan..........	2,000
	Ourougat......	6,000
	Karratippa......	2,000
		16,000
Miankal on Katakourghan, entre Boukhara et Samarcand........	Katakourghan....	12,000
	Katartchi.......	6,000
	Pendchamba.....	5,000
	Mitan.........	4,000
	Nourator.......	5,000
	Enghi Kourghan...	6,000
	Tchalak........	5,000
		43,000
Kermina..........	Kermina.......	12,000
	Zoudin........	15,000
		27,000
Djizzak..........	Djizzak.......	8,000
		8,000
Karchey..........	Karchey.......	12,000
	Khozar........	6,000
	Chirabal.......	5,000
	Sadabad.......	4,000
	Tchiraghtchi.....	5,000
		32,000
Labad, nom donné aux rives du Gihoun...	Narazsi.......	5,000
	Kaki..........	4,000
	Tchardjoui......	8,000
	Outar.........	5,000
		22,000
Karakoul..........	....	15,000
		15,00
Ville de Boukhara....	Boukhara......	50,000
		50,000
	Total.........	277,000
ou 18 lacs de roupies.		

L'état ne reçoit rien de Balkh; on dit que le revenu en a diminué en même temps que la population, et le mince produit de 20,000 tillas qu'il fournit est cédé à Echan Khodja, chef de ce territoire qui se charge de sa défense. Balkh ainsi que Djizzak sont des acquisitions récentes de la Boukharie. Autant qu'il est possible de se former une opinion sur des sujets semblables, je suis enclin à croire que le revenu territorial net de ce royaume se monte à peu près à trente-six lacs de roupies, c'est-à-dire au double de la somme qui entre dans le trésor royal, puisque la moitié environ des terres est possédée par le clergé. Tous les noms indiqués dans le tableau des revenus sont ceux des villes à marché, excepté ceux des cinq tomans de Samarcand; ceux-ci sont d'anciennes dénominations. L'idée que nous nous faisons des villes et des villages ne doit être admise qu'avec de grandes modifications pour le Turkestan. Un lieu à marché où à bazar n'est quelquefois qu'un petit village, et les habitans, au lieu d'y demeurer, vivent dans leurs *robats* à une certaine distance, et n'y viennent qu'aux jours de marché après avoir parcouru dix à quinze milles. Les marchés se tiennent à des jours fixes et avec beaucoup de régularité comme en Europe.

L'armée de ce royaume est levée dans les différens districts; elle n'a pas de discipline. Elle consiste en 20,000 hommes de cavalerie, 4,000 d'infanterie et 41 pièces d'artillerie. Il y a aussi l'*ildjéri*, espèce de milice composée des créatures et des serviteurs du gouvernement; elle se monte à peu près à 50,000 cavaliers dont 10,000 sont de Balkh et des cantons au sud de l'Oxus. Enfin cette armée pourrait être grossie de levées faites chez les Turcomans; mais les soldats pris chez ces nomades ne veulent obéir qu'au commandant qui peut exiger leur service. Le nombre de ceux-ci n'est pas grand dans un pays où presque chaque individu riche ou pauvre a un cheval. L'armée boukhare est rarement, si jamais elle l'est, appelée à servir, et quand elle est réunie en corps ne reçoit pas de paie. Les troupes enregistrées ou le *daftar* sont payées en grains, leurs chefs ont des concessions de terres. Chaque soldat reçoit annuellement huit mâns de grains équivalant chacun à 256 livres, poids anglais. Ces grains consistent en froment, orge, djaouari et arzan. La cavalerie est traitée de la même manière, et ce qui est singulier elle vient à cheval, et une fois arrivée elle met pied à terre. Ses armes sont le mousquet ou fusil à mèche, et on la nomme *khasa bardar*. Les cavaliers ont des sabres, quelquefois des coutelas, et de lourdes lances, longues d'une vingtaine de pieds avec un fer court; ces lames sont faites de plusieurs morceaux de bois, généralement de saule, et ont mauvaise apparence; elles ne se brisent jamais aux jointures. Les Ouzbeks n'ont qu'un petit nombre d'armes à feu et s'en servent assez maladroitement. Un Indien ou un Afghan ne se met en route que hérissé d'armes; l'Ouzbek au contraire se contente de sa lance ou du coutelas qu'il porte ordinairement à sa ceinture.

D'après ce que j'ai appris les Ouzbeks ne sont pas des ennemis très-redoutables. Leur manière de combattre est dénuée d'activité et de courage; ils poussent des cris terribles; le sort de l'avant-garde décide de la victoire. Ils sont excellens comme troupes irrégulières, mais de pauvres soldats. Les canons restent négligés dans la citadelle de Boukhara; car les Ouzbeks n'apprécient pas convenablement la valeur de l'artillerie, et le roi se borne à lui fournir des chevaux. Il n'y a point d'artilleurs indigènes; les canons sont séparés de leurs affûts, qui, on peut bien l'imaginer, ne sont nullement en bon état. Toutefois le train pourrait être aisément mis en ordre par quelque esclave russe. Toutes les pièces sont en bronze; les trois quarts me parurent être de petits canons de campagne de quatre et de six; il y a quatre mortiers; le reste consiste en gros canons, la poudre du pays est bonne.

L'état que je donne plus bas des forces militaires de la Boukharie fera connaître l'importance de chaque canton, et indiquera aussi quelles sont les grandes tribus ouzbekes existant présentement dans ce royaume. La première liste comprend la cavalerie. J'y ajoute aussi les noms des chefs nommés ici *bis*, c'est un mot turc plus connu en Europe sous la forme de *bey*.

Tribus.	Nombre de cavaliers.	Chefs.	Cantons.
Kongrad	1,000	Mourad bi.	Karchey.
Seraï	1,000	Achour bi.	
Yabou	2,000	Mohammed émir bi.	
Khitaï	500	Housan bi.	Yarki Kourghan.
Kaptchak	500	Mahmoud bi.	Tchalak.
Sarkh Khitaï	800	Aderagoud bi kat.	Kourghan.
Kara Kalpak	400	Thikim bi.	Chiraz.
Kar Khiouz	500	Chade bi.	Djizzak.
Daïakli	600	Alem bi.	Pendjenad.
Ming	2,000	Ket bi.	Oulougat.
Niman	500	Kalaïtoksa bi.	Zeodin.
Djelaï	400	Roustam bi.	Pendjchamba.

Mitna	400	Abdou Djabber bi.	Mitam.
Bahrin	500	Kobad bi.	Katarchi.
Bourkout	500	Abdou Djabber bi.	Nouratan.
Kallough	600	Abdou Resoul bi.	Kermina.
Hesare	300	Abdou Djabber bi.	d°.
Katghan	300	Daoulet bi.	d° de Koundouz.
Arabatchi	400	GoudMohammed bi.	Karakoul.
Tchander	400	Dolmas bi.	d°.
Turcomans au Nord du Giboun	800	Eser bi.	Rives du Djihoun.
Kalmaks	1,000	Rhadaï Nag.	Boukhara.
Tribus mélangées de Boukhara nommées *Chagherd Pecha*	2,000	Le roi.	Boukhara.
	1,000	MouradSadak bi.	d°.
Mervis	500	Mourad bi mir Akhor.	Samarcand.
Zorabdi	500	Lout Ali beg.	Zorabad près de Karchey.
Total	19,600		

(persans.)

L'infanterie, bien moins nombreuse, est composée entièrement de Tadjiks et de marchands; les levées sont tirées des cantons suivans :

Boukhara	1000 hommes.
Samarcand	1000
Karchey	1200
Djizzak	500
Kermina	200
Kat Kourghan	100
Pendjchamba	100
Khodjaï	100
Cherabal	100
Karabal	100
Narazan	100
Ousti	100
Tchardjoui	300
	3,900

La portion des troupes au sud de l'Oxus ne dépend que nominalement de la Boukharie ; les Ouzbeks ne sont pas nombreux dans cette contrée ; toutefois, beaucoup d'habitans sont Arabes, qui ont de même qu'ailleurs la réputation d'être excellens soldats. Ils ne sont pas à la disposition du gouvernement, excepté dans le territoire de Balkh, où on peut réunir une armée de 2,000 à 3,000 hommes. Ces gens ne peuvent pas être regardés comme des troupes utiles, parce qu'ils sont ennemis les uns des autres, et que le roi ne prend pas la peine de les réconcilier.

La Boukharie jouit d'une plus grande influence politique et morale qu'aucun des états qui l'entourent ; mais ses affaires se trouvèrent dans une position bien embarrassée à la mort du dernier roi, qui consacrait bien plus d'attention à la religion qu'aux choses terrestres. Le khan de Khiva lui faisait une guerre continuelle. Le khan de Khokhand était de même son ennemi déclaré. Les chefs de Cheher-Sebs et de Hissar ne reconnaissaient pas son autorité, l'émir de Koundouz pilla Balkh et même s'en empara. Aujourd'hui ce royaume offre un aspect plus rassurant pour sa prospérité ; les projets et la puissance du monarque régnant sont d'accord ensemble. Cette année il a châtié le chef de Cheher-Sebs et lui a pris six villages. Cette ville, berceau de Timour, est regardée comme la plus forte du Turkestan, à cause de la nature marécageuse du pays qui l'entoure. La puissance de Kokhand a aussi été brisée, et depuis quatre ans le canton de Djizzak, situé sur ses frontières, et qui formait une moitié de celui d'Aratippa, lui a été enlevé et réuni à la Boukharie. Le Hissar pourrait aussi être envahi, quoique ce canton soit montagneux; le chef est mort et son territoire a été partagé entre ses quatre frères.

L'ennemi le plus puissant de la Boukharie est l'émir de Koundouz. Si Balkh lui a été arraché, c'est à la politique et non à la crainte qu'il l'a cédé. Il conserve sur sa monnaie le nom de cette antique cité, et les rapports entre les deux états ne sont pas de nature amicale. Le roi de la Boukharie nourrit des desseins sur le Koundouz; cependant le pays est éloigné et il est très-douteux qu'il pût réussir dans ses tentatives, quoique le titre de commandant des fidèles lui assure l'aide des mollahs et une armée nombreuse.

L'inimitié entre la Boukharie et la Khivie a cessé avec la vie de Mohammed Rahim-Khan, dernier souverain de cet état. Les fils et les successeurs des deux pères, qui étaient toujours en guerre l'un contre l'autre, sont maintenant unis. Le tort que la Khivie causait à la Boukharie exerce de l'influence sur les desseins de ce royaume. Bien moins fort que son voisin, le khan de Khiva pillait ses caravanes, dépouillait ses sujets, entravait son commerce et désolait son territoire. Les déserts qui l'en séparaient le garantissaient de représailles, quoiqu'un monarque doué d'énergie et de vigueur eût pu envahir avec succès ses états en suivant le cours de l'Oxus. Si le khan de Khiva continue à vivre amicalement avec le roi de la Boukharie, ce dernier pourra étendre sa puissance vers l'Orient ; c'est de ce côté que depuis long-temps il médite une expédition.

Les relations de la Boukharie avec la Chine, le Caboul et la Turquie, sont amicales ; tous ces états lui ont envoyé des ambassadeurs. L'année dernière il en vint un de la Chine, chargé de réclamer l'aide du roi pour maintenir la tranquillité de la frontière occidentale de l'empire, troublée par les incursions du khan de Khokhand. Le roi déclina prudemment toute intervention ; du reste le châtiment que le gouvernement chinois infligea, il y a quelques années, aux Khokhandis, peut délivrer l'empereur de la Chine de toute inquiétude pour ses frontières de l'ouest. Le commerce entre la Boukharie et la Chine est avantageux aux deux pays; mais il n'est pas plus permis aux Boukhars qu'aux autres nations de passer au-delà des territoires d'Yarkend, de Cachgar et des autres cantons du Turkestan chinois.

Tant que la monarchie de l'Afghanistan exista, les communications entre cette contrée et la Boukharie étaient amicales et fréquentes, car les Afghans possédaient la province de Balkh. Ils sont nombreux en Boukharie, et c'est par leur intermédiaire que se fait tout le commerce de l'Inde. Néanmoins il n'existe nulle liaison entre le roi de Boukharie et les chefs qui se sont élevés sur les ruines de la monarchie afghane.

Les Ouzbeks méprisent l'amitié de la Perse, à cause de leur haine pour les doctrines hétérodoxes des habitans de ce royaume. Ils n'ont d'autres rapports avec eux que pour le commerce qui est entièrement laissé entre leurs mains et celles des habitans de Merve, également chiites. Les sentimens libéraux du visir actuel de la Boukharie ont contribué à adoucir l'âpreté de la haine qui existe entre les Persans et les Boukhars; mais il est difficile de dire de quel côté l'animosité est la plus forte. Les Persans ont sujet d'en montrer davantage, puisqu'ils sont continuellement enlevés et vendus comme esclaves.

La renommée de l'empire ottoman s'est répandue jusqu'en Boukharie; cependant les habitans de ce royaume n'ont que des notions très-imparfaites de la faiblesse de la Porte; ils croient que le grand sultan est le plus puissant monarque de la terre, et j'ai été souvent questionné sur la quotité du tribut que lui paient les différentes nations de l'Europe. On peut concevoir les raisons de ces attentions de la part de la Boukharie, même par des motifs religieux; néanmoins ces deux pays sont si éloignés l'un de l'autre que leurs rapports se bornent à des expressions mutuelles de dévoûment et d'attachement.

Depuis le temps de Pierre-le-Grand il a existé constamment des communications entre la Boukharie et la Russie; elles ont été basées sur les avantages réciproques du commerce. La route de terre entre les deux pays fut ouverte pour la première fois sous le règne de ce monarque, et depuis soixante-dix ans les relations n'ont pas souffert d'interruption. Sous le règne de l'empereur Alexandre, et vers l'année 1820, les Russes essayèrent de former des liaisons plus étroites et envoyèrent une ambassade à Boukhara. L'année précédente ils avaient échoué dans une tentative d'ouvrir une voie au commerce entre la Caspienne et Khiva. Il est tout simple de penser que parmi les points dont ces deux légations devaient traiter, quelques-uns concernaient le commerce, mais elles avaient aussi leur but politique. L'ambassade fut bien accueillie à Boukhara, et de son côté le roi en fit partir une pour Saint-Petersbourg; plusieurs autres l'ont suivie. Depuis cette époque les Russes ne sont plus vendus comme esclaves en Boukharie : on a supposé que ces ambassades concernaient les affaires de Khiva; pourtant la Russie n'a pas besoin d'aide étrangère pour contraindre le chef de ce khanat à se bien comporter.

Cet empire a aussi des rapports d'amitié avec le khan de Khokhand; il a réussi à faire concevoir à tous les Ouzbeks une haute idée de sa puissance au détriment des autres nations de l'Europe; néanmoins il lui reste encore, par sa conduite future, à déraciner d'autres opinions qui sont généralement répandues sur son manque de sincérité et de bonne foi en diplomatie. En faisant abstraction des obstacles physiques qui s'opposent à ce que les Russes fassent la conquête de la Boukharie, les habitans de ce pays ont de l'inimitié pour eux; il est même probable que ce royaume, malgré toutes ses démonstrations d'amitié, secourrait la Khivie dans le cas où la Russie l'attaquerait. Si ces contrées étaient un jour subjuguées par cet empire, il éprouverait de grandes difficultés à les conserver ou à exercer son autorité sur les tribus nomades qui les environnent. Les troupes réglées seraient inutiles, et les troupes irrégulières ne pourraient soumettre des hommes qui n'ont pas de demeures fixes; toutefois, on ne doit pas oublier que la cour de Saint-Pétersbourg nourrit depuis long-temps des desseins sur cette portion de l'Asie.

CHAPITRE IX.

LA KHIVIE.

Limites. — Sa puissance. — Habitudes pillardes des Khiviens. — Relations avec la Russie.

L'Oxus ou Amou déria, avant de se jeter dans le lac Aral, borne à gauche le khanat de Khiva, que ses habitans appellent plus ordinairement khanat d'Ourghendj; c'est l'ancien Kharism : Arrien en a parlé sous le nom de *pays des Chorasmi*. Ce khanat est situé à peu près à 200 milles à l'ouest nord-ouest de Boukhara; il a peu d'étendue, mais est très-fertile. La portion habitée a 200 milles de longueur du nord au sud, et 100 milles de largeur de l'est à l'ouest. Il est de toutes parts entouré de déserts; il prétend à la souveraineté de ceux qui se prolongent jusqu'à la Caspienne, ce qui le met en contact avec la Perse. Depuis quelques années il a établi sa suprématie sur les hordes turcomanes, vivant au sud de l'Amou déria, et possède Merve, situé sur le grand chemin entre le Khoraçan et la Boukharie. Il n'y a dans ce pays que deux villes de quelque importance, Ourghendj et Khiva : la première est la plus commerçante, et la seconde la résidence du khan. Ourghendj est à peu près à 6 milles de l'Amou déria; on y compte à peu près 12,000 âmes; Khiva, de moitié moins grand, n'a que 6,000 habitans; c'est une ville moderne. Des circonstances que j'ai racontées en détail dans ma relation nous empêchèrent de visiter la Khivie, quoique nous ayons voyagé quelque temps dans les cantons qui en dépendent, et que nous ayons rencontré une partie de son armée dans les déserts à l'ouest de Merve. Je me bornerai en conséquence à offrir une esquisse succincte de la puissance et de la politique de la Khivie, d'après les faits que j'ai observés, ou d'après les renseignemens que m'ont fournis ses habitans. Le livre du général Mouraviev[1], envoyé en 1820 au khan de Khiva, contient des documens complets sur la statistique de cet état.

Le khan de Khiva est un Ouzbek ; il règne avec toute l'autorité que s'arrogent les souverains appartenant à cette tribu : il n'y a donc pas de corps de chefs ou de nobles qui limitent son pouvoir; ce khanat, quoique d'une étendue peu considérable, est entièrement indépendant. J'ai déjà dit que sous le règne du dernier chef, Mohammed Rahim Khan, il fit une guerre continuelle au royaume de Boukharie. Ce

---

[1] *Voyage en Turcomanie et à Khiva, fait en* 1819 *et* 1820 *par* M. N. Mouraviev, *traduit du russe par* M. G. le Cointe de Laveau, revu par J. B. B. Eyries et J. Klaproth. Paris 1823, 1 vol. 8°. avec carte et planches.

khan, homme courageux, hardi et entreprenant, était parvenu à la souveraineté par le meurtre de ses deux frères, et la garda vingt-deux ans par des actes d'une justice sévère et peut-être cruelle. Ses voisins lui adressent souvent le reproche de tyrannie; toutefois, sous son gouvernement la Khivie acquit un ascendant dont elle n'avait pas encore joui, et il n'est pas surprenant qu'il fût plutôt redouté qu'aimé. Il y a à peu près huit ans qu'il mourut victime d'une fièvre maligne. A ses derniers momens, il recommanda à sa famille d'apaiser ses différens avec la Boukharie, et avant que d'expirer, il envoya un ambassadeur au roi de ce pays, et lui demanda pardon des guerres qu'il avait si persévéramment entretenues, et du tort qu'il avait fait au commerce de ce royaume; depuis son décès la bonne intelligence s'est maintenue entre les deux états. Rahim Khan laissa six fils; Allah Khouli l'aîné lui succéda; il est maintenant khan de Khiva : il est âgé d'à peu près quarante ans, et bien plus doux que son père; il vit en bonne harmonie avec les autres membres de sa famille, et conserve toute la puissance que son père avait gagnée.

Les maux que les Khiviens avaient causés aux états voisins leur avaient donné une importance bien plus grande que celle qu'ils méritent, car ce sont tout au plus des bandits vivant sous un gouvernement bien organisé et protégés par la force naturelle de leur pays. La situation de la Khivie entre la Russie et la Boukharie en fait l'entrepôt du commerce entre ces deux contrées, ce qui étend son influence; du reste, elle n'a pas de négoce intérieur, et n'est que faiblement peuplée; il est douteux que sa population s'élève à 200,000 âmes. Jusqu'au temps de Rahim Khan, la Khivie était regardée comme une dépendance de la Boukharie, cependant rien ne prouve que sa sujétion fût plus que nominale. Le khan peut lever une armée de 10,000 hommes, et a un parc de neuf pièces d'artillerie; ses troupes sont composées d'Ouzbeks et de Turcomans, et armées comme celles de la Boukharie; quelques Turcomans ont des arcs et des flèches. Le grand objet du khan de Khiva est de soumettre les tribus turcomanes vivant entre son territoire et la Perse, et d'accroître ses revenus et sa puissance. La position de la Khivie lui a donné le moyen d'exercer sur ces nomades une influence bien plus grande que celle des rois de Perse ou de Boukharie; ceux-ci sont sans cesse provoqués par un corps de brigands qui occupent une oasis dans le désert. Dans l'été de 1832, le khan fit avancer toute son armée contre la ville de Merve, et leva des contributions sur la tribu des Taka, la plus considérable des Turcomans: il établit une douane dans ce lieu et à Charaks, ville qui est à la tribu des Salor, et éloignée seulement de trois marches de Meched en Perse; maintenant il perçoit des droits sur les caravanes qui passent par ces deux endroits. Ce mouvement de l'armée khivienne fait honneur au génie militaire du khan. La distance entre Khiva et Merve est de quinze marches, et cet intervalle est presque entièrement dépourvu d'eau ; il s'en procurait en creusant des puits à chaque hutte. Il commanda lui-même ses troupes, et annonça qu'il s'était mis en campagne pour résister aux Persans sous les ordres d'Abbas Mirza, qui, de Meched, avaient fait contre lui des démonstrations menaçantes. Il était accompagné d'une très-grande quantité de chameaux portant de l'eau et des vivres pour ses soldats : il perdit à peu près deux mille hommes qui moururent de soif au milieu des sables arides. Son père avait effectué une entreprise plus hardie en traversant entièrement le même désert jusqu'en Perse; mais presque tous ses chevaux périrent dans le désert, et il fut obligé de laisser ses canons dans le sable où il en reste encore un.

Les khans de Khivie n'ont pas toujours eu pour but des attaques combinées comme celles que je viens de décrire ; ils se bornaient à des excursions de maraude et expédiaient continuellement des détachemens qui pillaient les Persans et les enlevaient. Le khan reçoit un cinquième de toute espèce de butin fait de cette manière : le pouvoir de la Khivie sur les Turcomans donne à ceux-ci de grandes facilités pour leurs entreprises, qui sont conduites avec beaucoup de succès ; ils saisissent aussi les Russes sur la mer Caspienne : les captifs russes et persans sont vendus en Khivie comme esclaves. Les Turcomans approvisionnent d'esclaves persans la Boukharie et tout le Turkestan ; des renseignemens authentiques m'ont appris qu'il y a près de deux mille captifs russes en Khivie; il est impossible de présenter une évaluation quelconque du nombre des Persans; ceux des deux nations augmentent. Présentement les Russes ne sont plus vendus hors de la Khivie, le roi de Boukharie ayant conclu avec l'empereur de Russie une convention qui met un terme à ce trafic dans ses états. Néanmoins les Khiviens, tout en pillant et volant ainsi de tous les côtés, accordent protection et sûreté, moyennant le paiement de droits fixes, aux caravanes qui traversent leur territoire.

Les Hindous et les Arméniens passent par la Khivie, mais ni eux ni les marchands étrangers ne se sentent à leur aise dans ce pays. Les ballots sont ouverts, les caravanes sont retardées; et quelquefois beaucoup d'objets ont été extorqués; quand le chef donne l'exemple de la rapine, le peuple ne sera pas très-honnête. Le khan exige des droits à Manghislak, port de la mer Caspienne, vis-à-vis d'Astrakhan, et quelquefois il en demande aux caravanes qui traversent le Sir déria ou Sihonn à l'est du lac d'Aral.

On ne peut se faire qu'une idée vague des revenus de la Khivie; une très-petite partie seulement dérive de sources légitimes, et le khan pourvoit à son entretien et à celui de son armée aux dépens de ses voisins.

Les affaires de la Khivie ont excité vivement l'attention du cabinet russe qui a essayé, mais vainement de former avec elle des liaisons tant pour l'avantage du commerce, que pour la suppression de l'odieux usage de réduire ses sujets en esclavage. Les Khiviens sont naturellement ennemis de la Russie, et il serait très-dangereux de se montrer dans leur pays comme Russe; le khan n'a la possibilité de manifester ce sentiment hostile que grâce à la force de la position de son territoire. . . . .

CHAPITRE X.

FRONTIÈRES DE LA PERSE AU NORD-EST. PAYS DES KURDES ET DES TURCOMANS.

Puissance de la Perse sur ces tribus. — Chefs des Kurdes. — Faiblesse de la frontière persane.

Il est nécessaire maintenant de présenter une notice succincte des tribus turcomanes qui vivent à l'est de la Caspienne, sur la limite de la Perse au nord-est, et au delà.

J'ai décrit en partie leur pays dans mon chapitre de la Turcomanie, et dans ma relation j'ai raconté divers incidens qui jettent du jour sur leur caractère national. Ces tribus s'étendent de Balkh à la mer Caspienne, et sont composées des hordes qui n'obéissent pas à un chef commun et héréditaire, elles sont régies par un gouvernement très-imparfait. Les seules qui reconnaissent la souveraineté de la Perse sont celles de Hoklan et d'Yamoud, les moins puissantes parmi les Turcomans.

Elles habitent le long des côtes sud-est de la Caspienne, ayant pour bornes à l'ouest le cours du Gourgan et celui de l'Atrak ; à l'est elles s'étendent jusqu'à 140 milles de cette mer. Les Yamouds sont les plus occidentaux, et comprennent 20,000 familles. Après eux viennent les Gohklans composés de 9,000 familles ; c'est la seule tribu turcomane qui vive dans un pays montagneux. Il y a une trentaine d'années que les Yamouds et les Ghoklans ont été réduits à leur état de dépendance actuel. Une troupe de 1,000 hommes pris chez eux fait partie de la garde du roi de Perse ; le reste ne sort pas de son territoire et paie un petit tribut en chevaux ou en nature que reçoit le gouverneur persan résidant sur les rives du Gourgan.

Le pays situé entre ces Turcomans et Méched est occupé par des Kurdes, et d'autres tribus qui ne sont que de nom sujettes de la Perse. Elles reconnaissent la souveraineté du châh, mais si elles ne sont pas retenues par une force supérieure, elles commettent toutes sortes de dévastations et de pillage. Les Kurdes furent fixés dans cette partie de la Perse par Châh Abbas, pour renforcer la frontière ; ils ont seulement été un fléau pour sa tranquillité. Le plus puissant des chefs de ces hordes tenait la forteresse de Koutchan ou Kabouchan, et avait une armée de 8,000 hommes ; j'ai raconté qu'Abbas Mirza s'en empara au mois de septembre 1832. Près de Koutchan, le petit territoire de Boudjnourd est gouverné par un Kurde qui peut lever 3,000 cavaliers ; dans ces cantons, le territoire de Kelat a pour chef un Turc Afchar qui a

2,000 hommes de cavalerie. Le chef le plus puissant après celui de Koutchan était Mohammed Khan Karaï, qui maître de Tourbat occupait une partie du pays entre Meched et Hérat; il pouvait lever environ 6,000 cavaliers, c'était le pillard le plus fameux du Khoraçan; Abbas Mirza s'est récemment emparé de lui, et l'a privé de sa puissance.

A-peu-près à 80 milles à l'est de Méched, on trouve Charaks, ville turcomane; j'en ai parlé comme obéissant maintenant à la Khivie; elle se soumet à la Perse quand le gouverneur de Méched est assez fort pour la réduire à reconnaître son autorité. Charaks est habité par 2,000 familles de la tribu de Salor.

La frontière de la Perse, de ce côté, doit être regardée comme extrêmement faible, puisque toutes les tribus dont je viens de faire l'ennumération ne sont soumises qu'imparfaitement et ne reconnaissent son pouvoir qu'avec une répugnance excessive. Les Turcomans, par leurs principes religieux, haïssent cordialement les Persans, et le seul avantage réel que le châh ait gagné avec leurs deux tribus voisines de ses états consiste en ce qu'elles ont discontinué d'y faire des incursions. Toutefois, ceci ne s'applique qu'à une très-petite portion de ces nomades, car les Salor de Charaks et d'autres hordes, n'ont pas plus que le reste des Turcomans mis de terme à leurs courses et à leur dévastation.

Les Turcomans, même sur les côtes sud-est de la mer Caspienne, manifestent fréquemment des marques de mécontentement, et comme je l'ai dit plus haut, ont formé avec la Russie des liaisons que le temps pourra augmenter, pour leur avantage et celui de cet empire. La possession de maisons et de villes ne les attache pas aux terres qu'ils habitent; leur force consiste dans la grande facilité qu'ils ont de se transporter d'un pays dans un autre. Les Kurdes, au contraire, sont établis sur la frontière persane, comme ayant des domiciles fixes. Ils ont fait preuve de courage et de grandes connaissances militaires, en préférant pour leurs places fortes les plaines aux montagnes. Koutchan est réellement une très-bonne forteresse; ses ouvrages sont en terre, qui par sa nature compacte est convenable pour cette espèce de fortification usitée dans tout le Khoraçan. Les Kurdes, quoique chiites, ont des liaisons secrètes avec les Turcomans leurs voisins, et connivent à la capture des Persans ainsi qu'au pillage des provinces. Leur pays, bien qu'il produise suffisamment pour nourrir la population, est pauvre. Il n'offre par conséquent nul appât au gouvernement pour le garder, et puisqu'il possède plusieurs places fortes les chefs, qui sont généralement en état de rébellion, peuvent défier toutes les armées, à moins qu'elles ne soient très-fortes, telle que celle qui a été récemment chargée de les attaquer. Jusqu'alors ils avaient écarté ces tentatives en payant un tribut et promettant obéissance pour l'avenir; mais à peine les troupes s'étaient-elles retirées, qu'ils recommençaient à se révolter et à narguer les Persans. Il n'est pas non plus probable que la présente expédition du prince royal en Khoraçan, quoique bien plus formidable que toutes celles qui l'ont précédée, établisse un ordre de choses stable dans cette partie de la Perse. Le Khoraçan est une province qui exige la présence d'une armée étrangère pour y maintenir la tranquillité; les revenus qu'on en tire ne peuvent faire face aux dépenses que cet arrangement rendrait nécessaires. Cette ligne de conduite ne sera donc pas celle que suivra un gouvernement qui, comme celui de la Perse, n'emploie pas les revenus d'une province au service d'une autre.

LIVRE III.

ESSAI SUR LE COMMERCE DE L'ASIE CENTRALE.

CHAPITRE I.

COMMERCE DU PENDJAB. AVANTAGES QUI DOIVENT RÉSULTER DE LA NAVIGATION DE L'INDUS.

Situation favorable du pays pour le commerce.—Productions de ce pays.—Châles de Cachemir.—Soieries.—Toiles de coton.—Minéraux.—Végétaux.—Avantage d'ouvrir la navigation de l'Indus. — Marchandises qui profiteraient de cette nouvelle voie. — Entrepôt du commerce par eau. — Etat politique du pays.

«On a remarqué de tout temps, que lorsqu'une branche de commerce quelconque a suivi une certaine route, bien qu'elle ne soit ni la plus abrégée ni la plus commode, il faut un temps et des efforts considérable pour lui faire prendre une autre direction.» *Recherches historiques sur la connaissance que les anciens avaient de l'Inde;* par Robertson.

» Quand l'Égypte fut séparée de l'empire romain par les Arabes, le génie actif des Grecs découvrit une nouvelle route par laquelle les marchandises de l'Inde pouvaient être amenées à Constantinople. On leur faisait remonter l'Indus jusqu'au point où ce grand fleuve n'est plus navigable : de là elles étaient transportées par terre jusqu'aux rives de l'Oxus, qui les faisait arriver à la mer Caspienne. De là elles étaient embarquées sur le Volga, et après avoir remonté ce fleuve, elles étaient conduites par terre jusqu'au Tanaïs qui les amenait dans le Pont-Euxin où des navires de Constantinople venaient les recevoir.» — *Histoire de l'Amérique*, par Robertson. Livre premier. Ramusio est cité à l'appui de ce passage.

La navigation de l'Indus et de ses affluens, quand elle sera ouverte aux marchands, doit favoriser les progrès du commerce. Cet ancien canal d'échange entre les marchandises des nations éloignées les unes des autres, nous fait contempler avec un plaisir égal les avantages de la suprématie britannique dans l'Inde, ainsi qu'un accroissement de débouchés aux produits de l'industrie de notre pays. Par conséquent des recherches sur l'état du commerce et sur les manufactures de toute la région qui aboutit à ce grand fleuve, et de celle qui est comprise entre ses rives et la mer Caspienne, me paraissent être ici à leur place. D'ailleurs ayant vu les bazars de ces différens pays et vécu familièrement avec ceux de leurs habitans qui s'occupent du négoce, je me sens entraîné à traiter ce sujet.

Il n'y a peut-être pas sur toute la surface du globe de contrée méditerranée qui possède de plus grandes facilités pour le commerce que le Pendjab, et il en est peu qui soient plus riches en productions de tous les genres. Baigné par cinq rivières navigables, il est borné à l'ouest par un des fleuves les plus considérables de l'ancien monde. Au nord il a la fertile et féconde vallée de Cachemir qui est sa province la plus septentrionale et située de manière qu'elle peut exporter sans peine les produits précieux de ses fabriques dans les pays voisins, savoir : la Perse et le Turkestan, la Chine et l'Inde. Placé entre l'Hindoustan et les célèbres entrepôts de l'Asie centrale, le Pendjab partage les avantages de leur commerce, en même temps qu'il jouit d'une surabondance de productions de la terre utiles ou nécessaires à l'homme.

Ce pays a bien peu de choses à demander aux étrangers. Ses grands et ses riches personnages peuvent s'habiller de magnifiques tissus du Cachemir, ainsi que de belles et fortes étoffes de soie du Moultan. Ses hommes de la classe moyenne et ses laboureurs peuvent se vêtir de cotonnades indigènes qui sont à bon marché. Tous les animaux domestiques peuvent être nourris abondamment avec les graminées naturelles au sol, et une chaîne de coteaux entièrement composés de sel fournit cet ingrédient nécessaire à la nourriture, enfin les cantons situés plus haut donnent des assaisonnemens et des fruits pour ajouter au pain quotidien. Il est douteux que nous puissions trouver de l'avantage à apporter à ce marché les productions de notre patrie ou celles des autres contrées ; toutefois, il est des objets pour lesquels l'industrie britannique peut encore soutenir la rivalité ; mais avant d'entamer ce sujet, nous allons traiter des productions diverses du Pendjab, ensuite nous indiquerons les effets probables pour les importations et les exportations qui doivent résulter de la nouvelle voie ouverte au commerce.

La principale marchandise fournie par le Penjab est le châle de Cachemir ; ce tissu a été si souvent décrit par d'autres qu'il n'est nécessaire d'en parler que brièvement. C'est une chose que les étrangers, malgré leur efforts, ne peuvent imiter ; et quoique les manufacturiers européens puissent copier le modèle avec succès et rendre leur ouvrage très-beau, néanmoins son tissu n'est jamais si délicat que celui de l'original, et jamais non plus ni aussi chaud, ni aussi moelleux, qualités que les Européens, dans leur climat plus froid, sont si bien en état d'apprécier. Les tisserands des pays voisins du Cachemir ne sont pas plus heureux que nos compatriotes dans cette branche de leur art. Les châles de Lahor et de Delhi, quoique travaillés par des Cachemiriens, et avec les mêmes matériaux que ceux qu'on fait dans la vallée, manquent de la finesse propre à ceux-ci, et n'offrent que l'aspect d'un lainage grossier de qualité inférieure, et un peu supérieur à celui de nos manufactures. S'il faut s'en rapporter implicitement aux habitans, leurs châles doivent leur beauté à l'eau dans laquelle la laine est teinte et qui est particulière au Cachemir[1].

[1] Il n'est peut-être pas hors de propos de faire observer que François Bernier, voyageur français du dix-septième siècle, qui fut médecin de l'empereur Aureng Zeb, et qui en 1664 accompagna ce prince dans son voyage de Delhi à Lahor, à Bember et au Cachemir, est le premier qui ait parlé des châles fabriqués dans ce pays. Il dit qu'il n'y a pas de tissu de laine qui soit si mollet et si délicat; et que dans l'Inde, en hiver, hommes et femmes les portent sur leur tête, les repassant par-dessus l'épaule gauche comme un manteau. « L'on a fait cette remarque sur les » châles, ajoute-t-il, qu'on a beau en travailler avec tout le soin » possible dans Patna, dans Agra et dans Lahor, jamais on n'en » peut rendre l'étoffe si mollette ni si délicate, comme dans Ka- » chemire. On attribue communément cette délicatesse à l'eau » particulière du pays. » (*Suite des mémoires sur l'empire du grand Mogol*... Paris, 1671, p. 146, etc., ou t. II, p. 180 de l'édition de Hollande, intitulée *Voyages de François Bernier*. —Amsterdam, 1723.)

Jean Thévenot, autre voyageur français duquel M. Burnes a fait mention, n'a pas manqué non plus de vanter les châles qui se font à Cachemir, avec une laine très-fine. Il dit qu'on les

Le revenu annuel donné par les manufactures de châles, déduction faite de tous frais, est évalué à dix-huit lacs de roupies; mais comme il est réalisé entièrement en nature, toutes les fraudes que le génie d'un peuple enclin à tromper peut imaginer sont mises en pratique. Dans les envois qu'il fait à Lahor, le prix des châles qui ne peuvent pas être évalués à plus de 200 roupies est porté à 1,000; il n'est donc pas surprenant que la somme que j'ai énoncée excède de beaucoup celle que réalise le trésor de Rendjit Sing. Avec un système plus judicieux, ce prince pourrait doubler cette source de son revenu. On peut se faire une idée de la valeur à laquelle il serait possible de faire parvenir cette branche d'industrie par celle de quelques châles fabriqués récemment, par ordre, pour les cours de Russie et de Perse; le prix convenu pour la paire était de 30,000 roubles, ce qui équivaut, je crois, à 12,000 roupies; il est réellement énorme. Les marchands se plaignent de ce que la qualité des châles s'est réellement détériorée ; maintenant on ne peut s'en procurer de bons qu'en les faisant venir exprès de la vallée. En effet ces tissus ne

---

porte en toute saison. (*Voyages de l'Inde*. Paris, 1684; 1 vol. in-4°., p. 107.)

Depuis ces deux Français, Forster, voyageur anglais, qui alla au Cachemir en 1782, a aussi donné une description des châles et de leur fabrique.

M. Rey, l'un des fabricans les plus distingués de la capitale, a résumé ces divers témoignages et d'autres dans ses *Etudes pour servir à l'histoire des châles*. Paris, 1823, 1 vol. in-8°. (E).

sont plus que de la drogue, et le gouvernement de Pendjab a aujourd'hui à Amritsir un approvisionnement de châles qui ne peut être évalué à moins de 50 lacs de roupies (12,000,000 francs).

Les *kaïs* de Moultan, dont j'ai fait mention en parlant de cette ville, sont remarquables par la force de l'étoffe et l'éclat de la couleur, qualités qui ont assuré aux soieries du Moultan dans les marchés de l'Inde une réputation méritée. Le ver à soie est inconnu dans le Pendjab; mais la valeur intrinsèque de son produit, sous un volume peu considérable, est si grande qu'on peut faire venir la soie de pays lointains, la façonner et en obtenir de superbes tissus qui se vendent avec profit. Les kaïs ont invariablement la forme de châles et d'écharpes; ils ont un débit prodigieux, parce que les ouvriers des autres pays de l'Inde ont jusqu'à présent essayé inutilement d'en faire de couleur aussi belle et d'aussi durables. On fabrique également à Moultan une sorte de satin nommé *atlass*; toutefois, il en sort d'aussi beaux des manufactures de Lahor et d'Amritsir. Le *kincâb* ou brocard du Pendjab est inférieur à celui du Bengale et du Guzerate, et ne peut par conséquent soutenir la concurrence avec ces tissus. Je pourrais noter ici les tapis de Moultan, cependant ils n'égalent pas ceux de Perse, et sont surpassés par les magnifiques tapis de Cachemir faits de châles; quant à ceux-ci, ils n'entrent pas dans le commerce, et sont, je crois, réservés uniquement pour le maharadjah.

Le climat du Pendjab est défavorable au cotonnier qui aime un terrain différent. Néanmoins cet arbrisseau y est cultivé en grande quantité, surtout dans le Douab entre le Setledje et le Béyah ; pourtant la consommation du coton est si considérable qu'on en tire du Malva, pays sec situé au sud de la première de ces rivières. Les habitans des environs de Rohan et de Hochiarpour, dans la partie orientale du Bengale, fabriquent très-habilement les tissus de coton; ils font des toiles blanches de différentes sortes dont la valeur varie d'une à quatre roupies le yard. Cette toile n'a pas aussi bonne apparence que celle qui sort des manufactures anglaises, en revanche elle est plus forte, plus durable et à bien meilleur marché. Les toiles fines du Pendjab sont expédiées dans les cantons situés au sud du Setledje et dont les habitans ne produisent rien qui puisse rivaliser avec ce qui vient de ce pays. Autrefois les indiennes de Moultan étaient très-recherchées dans le Pendjab et dans les contrées à l'ouest de l'Indus; aujourd'hui on leur préfère celles d'Angleterre, comme j'aurai occasion de le dire plus tard.

Les richesses minérales du Pendjab n'ont été explorées qu'imparfaitement; néanmoins d'après la petite quantité qui a été exploitée, leur valeur doit être considérable. J'ai décrit dans ma relation la chaîne de coteaux salans qui s'étendent de l'Indus au Djalem, fournissent un approvisionnement inépuisable, et dont le produit formant un monopole contribue à grossir les revenus du souverain. Le sel dont on fait usage dans tout le pays est exporté en grande quantité jusqu'aux lieux où il rencontre le sel du lac Sambré et des territoires de la compagnie. Il existe un autre dépôt de sel gemme sur le bord des montagnes du côté de Mandi, mais de qualité médiocre. Si je puis me fier aux renseignemens qui m'ont été fournis, des veines de houille ont été découvertes dans le même canton, et il s'y trouve aussi de vastes mines de fer. Le minerai, après avoir été bocardé, est pulvérisé par le moyen de meules, et ensuite fondu; des mousquets ou fusils à mèche et des sabres sont fabriqués avec ce métal, et les armes de guerre de Lahor sont fameuses parmi les nations de l'Inde. Les métaux précieux sont plus rares; néanmoins on rencontre de l'or dans les sables de Tchénab à sa sortie des montagnes. Les coteaux salans ainsi que les autres terres hautes donnent de l'alun et du soufre. On recueille le nitre en grande quantité dans les plaines immenses du pays, et le *touri* ou buisson à lait qui fournit le meilleur charbon pour la poudre à canon complète l'énumération des substances nécessaires à sa composition.

Les productions du règne végétal sont plus que suffisantes pour les besoins de la population, et deviennent plus multipliées à mesure qu'on approche des montagnes. On en exporte avec avantage dans les contrées voisines; cependant la fécondité qui entoure le laboureur le décourage. Le froment et l'orge des plaines sont consommés dans le Pendjab : toutefois, les chevaux y sont si nombreux, que la gram, le moung, le mat, le badjzi, et d'autres grains récoltés sur un terrain sec sont importés avec profit. Les moissons de riz sont copieuses au-dessous des montagnes; mais les habitans n'ont pas de goût pour cette céréale. La canne à sucre croît avec force; la tige, quoique mince, rend beaucoup de jus, et elle est préférée aux cannes de l'Inde qui sont beaucoup plus grosses; on fabrique assez de sucre pour en exporter. L'indigo est cultivé dans les environs de Moultan et à l'est de Lahor; il est expédié dans les pays musulmans de l'ouest, où les vêtemens de couleurs foncées sont plus usités qu'au Pendjab. On extrait du *sirsia* ou sesame une huile dont on se sert également à la cuisine et pour les lampes. Les plantes potagères, telles que les navets, les carottes, les ognons et autres se trouvent partout, et on voit dans le Kichtouar et le Cachemir des vignes et la plupart des arbres fruitiers de l'Europe. Le tabac du Moultan n'est surpassé que par celui de Perse.

Un pays qui produit du grain, du vin, de l'huile et du sel, était regardé dans l'antiquité comme favorisé du ciel; et ici nous avons de plus des manufactures importantes d'objets propres à satisfaire les goûts modernes du genre humain. Néanmoins le trafic des lounghis de Tatta et des soieries de Bhaoualpour et de Moultan qui existe encore, prouve évidemment que jadis l'Indus offrait une voie fréquentée par les négocians. Le commerce a besoin de soins secourables; les nations barbares même les lui accordent. Avec un commerce d'exportation aussi considérable que celui du Cachemir, pour le seul article des châles, il est clair que ce pays doit recevoir en retour des sommes qui égalent leur valeur, et il appartient au commerce d'effectuer un échange des marchandises d'une contrée pour celles d'une autre. Autrefois, un débouché pour les châles avait été trouvé à Delhi; mais depuis quelques années que la tranquillité a été rétablie dans le Radjpoutana, ils ont été expédiés directement à travers ce pays par Palla à Bombay. On peut assurer hardiment que la route la moins incommode et la moins dispendieuse, qui est celle de l'Indus, engagera les marchands à préférer cette voie. Comme nous envoyons nos marchandises dans l'Inde centrale par d'autres canaux, nous ne devons pas jeter les yeux sur les pays à l'est pour y trouver une augmentation considérable de notre commerce dans cette contrée. Maintenant l'importation des marchandises européennes dans le Pendjab n'est pas sans importance, et à mesure que les obstacles qui empêchent d'entrer dans l'Indus seront écartés, la consommation s'en accroîtra en même temps que leur prix diminuera. Il dépend du souverain du Cachemir que nous recevions les produits de l'industrie de cette vallée à un prix également réduit. S'il entendait bien ses propres intérêts, il pourrait grossir ses propres revenus en baissant le prix de ses châles, car on peut supposer, sans risquer de se tromper, que, dans ce cas, on en demanderait une plus grande quantité.

Si nous nous mettions à copier les manufactures de Tatta, de Moultan et de Bhaoualpour, comme nous avons imité les mousselines de l'Inde, nous ferions tomber les restes languissans du commerce de ces villes, puisque, par le moyen de nos machines, nous serions en état de livrer les mêmes objets à meilleur marché, car ils n'offrent rien qu'un Européen trouvât difficile d'imiter; mais comme je l'ai observé auparavant, nous devons borner nos vues à l'Asie occidentale. Je ne veux pas toucher davantage la question de savoir s'il serait d'une sage politique de supplanter l'industrie de l'Inde; cependant je suis certain que dans le cas dont il s'agit les mécomptes ne tarderaient pas à suivre les spéculations, car la consommation des lounghis et des soieries, qui ne sont employés que par les hautes classes, est encore moindre que celle des mousselines. Un commerce de ces derniers objets, montant à dix lacs de roupies, s'est fait de Bombay seulement avec le nord de l'Inde, depuis quelques années, d'après ce que m'ont appris des renseignemens authentiques. Je suis persuadé qu'en soieries il ne se monterait jamais à plusieurs milliers de livres sterling : naturellement je ne comprends pas là dedans les brocards qui sont importés présentement

L'exportation de nos marchandises en Pendjab doit augmenter si on leur fait remonter l'Indus. On a dit que ce pays est dépourvu de cuivre, de laiton, d'étain, de plomb, matières pesantes et difficiles à transporter par terre; le commerce en serait profitable. Le fer façonné pourrait aussi être importé; les serrures, les clés, les cadenas, les verroux, les vis, les gonds, et autres objets de grosse quincaillerie, s'y vendent très-bien, et sont apportés par terre; mais ce qu'on recherche le plus dans cette contrée ce sont les lainages; le climat y étant plus froid que dans les autres pays de l'Inde, ils sont donc nécessaires aux habitans. La consommation en est considérable, et elle est beaucoup augmentée par une nombreuse armée permanente, car les soldats de Renjit Sing sont habillés en drap. Du temps de Timour Châh, la loge de la compagnie des Indes, en Sindhi, donnait un bénéfice annuel de cinq lacs de roupies, lequel provenait principalement de la vente des lainages; ces marchandises étaient expédiées par l'Indus, ou le long de ses rives, puis achevaient leur trajet jusqu'à Caboul, où elles étaient employées pour l'armée du roi. Peu importe au commerçant que le corps armé occupe la rive droite ou la rive gauche de l'Indus; et quoique les successeurs de Timour Châh aient cessé de régner, Rendjit Sing est sur le trône, et au zénith de sa puissance. Toutefois, je dois faire observer que M. Allard qui, ainsi que je l'ai raconté dans ma relation, commande la cavalerie régulière de Rendjit Sing, m'a appris qu'il pouvait habiller ses troupes en drap d'Angleterre, à Amritsir, en Pendjab, à meilleur marché qu'à Hansi, et dans les provinces britanniques de la frontière, où il en avait fait l'essai. Cette différence peut s'expliquer par la répugnance des marchands à ouvrir les balles de drap avant qu'elles soient arrivées à leur destination. Les habitans du Pendjab aiment les vêtemens en drap, et quoique ce goût soit moins répandu chez eux que chez ceux des contrées plus froides à l'ouest de l'Indus, néanmoins il deviendrait plus prononcé si le prix de cette marchandise baissait, ce qui résulterait du transport par eau.

Quant aux étoffes de coton, je doute qu'une diminution quelconque de prix sur celles d'Angleterre, effet probable d'une voie de communication plus facile, pût leur faire remplacer celles du Pendjab; celles-ci sont généralement d'un tissu plus gros que celles d'Europe; or, dans un pays froid c'est ce qui s'accorde le mieux avec l'inclination des habitans, et ce qui les engage à tenir à leurs fabriques. Il en était autrement des indiennes; les nôtres ont plu par la variété des dessins, et d'ailleurs imitaient parfaitement celles du Pendjab; l'introduction des nôtres a opéré une révolution complète dans les manufactures du pays. Autrefois les indiennes de Moultan étaient expédiées en Perse; mais depuis qu'elles ont rencontré la concurrence de celles d'Angleterre, cette manufacture a presque cessé. Les indiennes d'Europe à leur première apparition au Pendjab, il y a une douzaine d'années, furent vendues quatre roupies le yard; maintenant leur prix n'est plus que de seize annas ou un seizième de celui qu'elles eurent primitivement. Les manufactures de Moultan, hors d'état de réduire leur taux aussi bas, trouvent peu de débouchés de leurs marchandises en présence d'un rival si formidable. Toutefois, les indiennes sont moins demandées; la raison en est évidente, elles ont cessé d'être une rareté, et la mode a changé; car c'est une méprise de croire que les usages des Indiens sont invariables comme les lois des Mèdes et des Perses.

Quant aux objets de manufacture européenne, d'une nature plus fine, tels que les montres, la coutellerie, la porcelaine, la verrerie, ils ne sont recherchés au Pendjab que par les gens de cour, et par conséquent la demande en est très-limitée. Les perles et les pierres précieuses sont apportées de l'Inde par une route sûre et très-prisées; car les gens opulens ne donnent aucun encouragement aux produits de l'industrie de Birmingham et de Sheffield qui trop souvent composent un assortiment envoyé au Pendjab. Quand son gouvernement a été bien consolidé, Rendjit Sing a introduit parmi ses chefs le goût des belles toiles; elles sont fournies en quantité suffisante par les ouvriers du pays. Sous ce rapport sa cour est peut-être sans égale dans l'Orient; néanmoins ce prince et ses courtisans sont étrangers à la plupart des recherches et des aisances de la vie civilisée : d'ailleurs on ne pouvait espérer de trouver un goût semblable chez un peuple illettré, et dont récemment encore les habitudes étaient celles d'une horde de pillards. Depuis un petit nombre d'années, plusieurs serdars ont fait bâtir des maisons magnifiques; pourtant ils sont étrangers à la nécessité ou à l'avantage d'un ameublement et à la commodité de fenêtres garnies de carreaux de vitre. Quelques-uns de ces séides montrent du penchant pour les alimens savoureux et conservés, tels que les jambons; cependant, quoique ces hommes soient merveilleusement dépouillés de leurs préjugés, on ne peut se flatter que les friandises expédiées de l'Europe, dans des vases hermétiquement fermés, puissent trouver un débouché dans le Pendjab comme dans l'Inde; les liqueurs fortes s'y vendraient mieux; mais les Pendjabis préfèrent les boissons ardentes et faites dans leur pays.

En ouvrant une communication par eau avec les pays situés sur le haut Indus, il semble qu'il ne serait pas nécessaire de remonter ce fleuve au-delà de Déra Ghazi Khan, ou des rivières du Pendjab au-dessus de Moultan et peut-être de Lodiana. Les marchandises destinées pour l'Asie centrale pourraient être débarquées à Bakkar qui peut être considéré comme le port de Chikarpour, ville qui a des relations étendues avec toutes les parties de l'Asie, et qui est située dans les plaines au-dessous du col de Bolan, grand défilé traversant les monts Souliman. Si on trouve plus convenable de les faire remonter plus haut jusqu'à Leïa, elles rencontreraient au bac de Kahiri le flot du commerce, tel qu'il coule aujourd'hui en venant de Palli, de Bicanir et de Moultan, ce qui amènerait l'anéantissement effectif de ce négoce. Quoique la navigation au-dessous d'Attok soit parfaitement libre, et que tous les ans des fruits soient expédiés par l'Indus à Chikarpour, cependant les difficultés deviennent plus grandes au-dessus de Karabagh à cause de la rapidité du courant, parce que le fleuve passe à travers un pays montagneux, et que les bénéfices ne sont pas assez solides pour compen-

TOME III.

ser les risques. D'un autre côté, le négociant du Pendjab a effectué son objet quand il est parvenu à Moultan; car le Tchénab et le Djalem, qui sont tous deux navigables, et le premier très-considérable, ne mènent à aucun marché au-delà de cette ville. Le cours tortueux du Ravi, sur lequel Lahor est placé, sa profondeur et sa largeur moins grandes que celles des autres rivières, s'opposent à ce qu'il devienne jamais une voie commerciale, et d'autant plus que le commerce de cette capitale est borné et que le siége des affaires est à Amritsir, ville dont il est possible de s'approcher à moins de 30 milles par le Setledje. Je ne doute pas que cette dernière rivière ne soit trouvée navigable d'Outch à Harriké, où sa largeur est de 825 pieds et où elle reçoit le Béyah; on dit que plus haut elle a une profondeur moyenne de 12 pieds, et n'est nulle part guéable. On pourrait avec peu de difficulté la remonter jusqu'à Lodiana avec les bateaux du pays, et lier ainsi notre communication entre la mer et le point le plus reculé de notre empire dans l'Inde. Il est à regretter que nous n'ayons pas des rapports détaillés sur la nature du Setledje depuis Lodiana jusqu'à son confluent avec le Tchénab à Outch; mais les faits que j'ai cités, et je ne puis les révoquer en doute, font naître les plus grandes espérances qu'on le trouvera navigable partout et qu'il ne présente aucun obstacle physique au commerce [1]. Heureusement Bhaoualpour, ville très-

---

[1] Il n'y a pas d'exagération dans ce que je dis de cette rivière; une commission envoyée récemment par le gouverneur général,

commerçante, est située sur les bords de cette rivière près de son embouchure. Le Setledje, dans cette partie de son cours, traverse un pays stérile et mal défendu, et quoique dans le commencement on courût des risques, cet inconvénient et d'autres disparaitraient avec le temps.

Un grand commerce ne peut exister que dans les endroits où le marchand trouve sûreté et protection pour lui-même et pour ce qu'il possède. Il aura besoin qu'on lui donne de grandes garanties dans le Sindhi avant qu'il y hasarde ses capitaux; mais au delà des limites de ce pays le Pendjab lui offre une route plus sûre. Les tribus farouches du Deradjat, entre Attok et Mittan, ne reconnaissent l'autorité d'aucun souverain; pourtant elles sont, comparativement, au delà des routes du commerce. Quoique Rendjit Sing ait établi la tranquillité dans les contrées à l'est de l'Indus, il a exigé des droits exorbitans, ce qui nuit au commerce. L'Indus et ses affluens étant situés au delà du territoire britannique, on pourrait supposer que le manque d'un tribunal pour ajuster les différens et les disputes serait préjudiciable à un négoce dans l'enfance; toutefois, malgré la rectitude qui caractérise les agens publics de la compagnie, et malgré les intentions bienveillantes du gouvernement, il est très-problématique que notre système de jurisprudence n'ait pas augmenté la déloyauté et les tromperies parmi les négocians, tandis que, pri-

sous les ordres du capitaine Wade, a constaté les faits que j'ai énoncés.

vés de la facilité de faire entendre leurs plaintes, les trafiquans de l'Inde, notamment ceux qui vivent sous des princes indigènes, conservent dans leurs affaires une probité, et ont les uns dans les autres une confiance qui sont presque entièrement disparues des pays soumis à notre autorité. En étendant notre commerce, nous ne demanderons pas que nos possessions prennent plus de développement vers l'ouest; et si la guerre survient à la suite des affaires mercantiles, nous aurons alors la double satisfaction de protéger nos marchands et nos frontières.

CHAPITRE II.

COMMERCE DU CABOUL.

Depuis 1809, époque à laquelle une ambassade britannique visita le Caboul, des causes politiques ont produit de grands changemens dans le commerce de ce pays. Du temps de la monarchie, celui qu'il faisait avec l'Inde était considérable, et notre comptoir dans le Sindhi était principalement soutenu par les demandes qui lui venaient de l'Afghanistan. La suppression de cet établissement porta les commerçans de cette contrée à s'approvisionner dans les bazars de l'Inde; et bien que la monarchie ait cessé d'exister, néanmoins la nation a pris pour les marchandises des manufactures européennes un goût vraiment extraordinaire. J'ai dit que la richesse de l'Afghanistan se trouvait maintenant à l'est de l'Indus; toutefois, le démembrement de ce royaume autrefois très-vaste en différentes petites souverainetés n'a pas été préjudiciable aux intérêts du commerce. La richesse de l'état est maintenant subdivisée, et il y a présentement quatre ou cinq cours au lieu d'une seule d'une grandeur excessive : or, dans un pays aussi pauvre que l'Afghanistan cette circonstance produit une influence essentielle sur le marché. Ceci n'est pas une idée spéculative sur ce sujet, puisque la perception et les droits locaux de la ville de Caboul ont considérablement augmenté depuis l'exil des rois, et depuis six ans se sont accrus d'un quart, sans que de nouvelles impositions aient été levées. Non-seulement la consommation des marchandises de l'Angleterre et de l'Inde est devenue plus forte dans l'Afghanistan, mais en même temps le transit pour le Turkestan a pris un plus grand essor.

Les marchandises anglaises que l'on expédie dans ces contrées sont débarquées dans l'Inde, soit à Calcutta, soit à Bombay. On me dit que la majeure quantité est tirée de ce dernier port. Les caravanes venant des deux villes que je viens de nommer se réunissent à Caboul; elles y arrivent par trois routes principales :

1°. Les marchands du Bengale prennent le chemin du Gange, ensuite celui du Djemna jusqu'à Delhi; de là ils gagnent Hansi, Bhaoualpour, Moultan, et passent l'Indus au bac de Kahiri, au-dessus du 31me degré de latitude nord; puis ils vont par le col de Golaïre et les rives du Goumal à Ghazna et à Caboul.

2°. Les marchands partant de Bombay se rendent par le Guzerate à Palla en Marvar, traversent le désert jusqu'à Bicanir, et rejoignent la route précédente à Bhaoualpour.

3°. Une partie des marchandises de Bombay est

embarquée pour Sonmini ou pour Coratchi en Sindhi; de là elles arrivent à Candahar en dix-huit marches, puis s'acheminent vers Ghazna et Caboul. Celles qui ne sont pas vendues dans le pays ou ne sont pas destinées pour Boukhara sont expédiées à Hérat. Le chemin par le Sindhi à Chikarpour est peu fréquenté par crainte des Kakers.

Je dois faire observer ici que la grande route entre l'Inde et la Perse, en partant de Delhi et allant ensuite par Lahor, Attok et Peichaver à Caboul, est abandonnée, parce que le souverain du Pendjab a grevé les marchandises de droits plus forts que ceux qui sont exigés par ses voisins. Celles qui sont envoyées d'Amritsir, marché du commerce du Pendjab, traversent le Djalem à Djang, et vont joindre les autres routes à Kahiri. Il résulte donc de cette marche un fait singulier, c'est que Peichaver, ville située sur la frontière orientale de l'Afghanistan, est approvisionnée des marchandises de l'Europe et de l'Inde par Caboul, placé plus à l'ouest. Les négocians peuvent les apporter à meilleur marché par ce chemin détourné, et par conséquent le préfèrent. Cette circonstance explique l'augmentation des recettes dans le Caboul.

Les Lohanis, tribus pastorales d'Afghans qui occupent le pays compris entre Ghazna et l'Indus, sont les principaux facteurs de ce commerce pour le transport des marchandises. Quelques-uns jouissent d'une grande opulence et vont eux-mêmes faire leurs achats dans les marchés de l'Inde. Leurs familles et leurs troupeaux s'avancent, dans la saison convenable, pour les rencontrer sur les rives de l'Indus, et leurs marchandises sont transportées, à marches aisées, sur leurs propres chameaux jusqu'à Ghazna. Le pays intermédiaire est montagneux; les chemins sont pierreux et malaisés, mais ces hommes voyagent dans leur patrie et sont exempts des taxes et des droits qui gênent le négoce. La caravane atteint à Caboul vers le commencement de juin; les Lohanis y vendent leurs marchandises et poursuivent leur voyage à Boukhara. Là ils achètent des chevaux qu'ils amènent à Caboul, prennent dans cette ville de la garance de Ghazna et de Candahar, ainsi qu'une grande quantité de fruits, tant frais que secs, et cheminent vers les bords de l'Indus; leurs chameaux y restent jusqu'à l'arrivée de la caravane dans la saison suivante.

Suivant un dicton vulgaire des Afghans, l'Inde n'exporte que de l'herbe et reçoit en retour de l'or. Les principales marchandises expédiées de l'Inde à l'Afghanistan sont l'indigo, le coton et le sucre; viennent ensuite les toiles blanches de toutes les sortes, les calicots, les mousselines, puis les indiennes de manufacture européenne; les châles, les brocards, les mousselines de Dacca, les turbans du Pendjab, les épiceries. Un millier de charges de chameau de tous ces objets est maintenant consommé annuellement dans l'Afghanistan. Avant l'année 1816 ce pays était approvisionné de beaucoup de choses fabriquées en Russie; mais l'introduction des indiennes qui date de cette époque a effectué un changement essentiel. Les productions des manufactures européennes sont depuis arrivées de l'Inde dans cette partie de l'Asie en quantité bien plus considérable. On a cru et avec raison que les toiles de Russie non-seulement parvenaient à Boukhara, mais aussi dans les pays au sud de l'Hindou Kouch, et étaient distribuées dans les provinces de l'Afghanistan; une révolution commerciale, qui n'a presque pas été aperçue, a changé graduellement la marche des affaires. Il serait difficile dans le royaume le plus civilisé de l'Asie de se procurer des documens authentiques, si nécessaires suivant nos idées européennes, pour constater un point aussi important; heureusement les recettes des douanes intérieures le prouvent. C'est à la justice et à l'équité de Dost Mohammed Khan, chef de Caboul, que nous devons attribuer un changement si avantageux à la Grande-Bretagne. Depuis qu'il s'est effectué, les fabriques russes n'ont pu soutenir la concurrence des nôtres, et un débouché de celles-ci que nous devons à la sagesse d'un souverain s'est accru par la supériorité de leur qualité. Les seules toiles qui viennent maintenant de Russie sont les nankins et les indiennes larges, qui ne se fabriquent pas dans la Grande-Bretagne.

Les chefs de Peichaver et de Candahar ne donnent pas au commerce les encouragemens par lesquels se distingue leur frère de Caboul; mais leur conduite sous ce rapport a une conséquence bien moins grande puisqu'ils sont moins puissans et que le chemin le plus fréquenté qui mène au Turkestan passe par le territoire soumis à Caboul. Les exactions du chef de Candahar ont contraint les marchands de châles de Cachemir à prendre une autre route pour les apporter en Perse. Maintenant les châles sont ou expédiés par Bombay à Bouchir, ou bien vont par Caboul, Boukhara et la mer Caspienne, voie bien plus longue. Je suis persuadé que ces exactions de l'administration de Candahar ne proviennent que d'ignorance, car le chef est bien disposé pour le gouvernement britannique, et il doit avoir appris que tous les marchands boukhars ont, à son détriment, préféré la route de Caboul à celle de Candahar. Il en est tout autrement du chef de Peichaver que les Seïks font trembler et qui ne peut assurer son existence qu'en levant des droits exorbitans. Sa capitale, située sur le chemin de l'Inde au Turkestan, a cessé d'être un entrepôt de commerce, à cause de ses exactions, ainsi que de ses différens avec les Seïks. Toutes les marchandises qui arrivent à Peichaver ne servent qu'à la consommation de cette ville, et comme je l'ai déjà dit, il en vient beaucoup de Caboul. Aucun marchand ne peut subvenir aux frais du voyage en passant par le Pendjab pour aller à Peichaver, et le col de Khiber entre cette ville et Caboul n'est pas sûr. Un droit de soixante roupies est imposé sur chaque cheval entre Peichaver et Lahor; il en est résulté la cessation presque totale du commerce entre ces deux villes. Peichaver n'a pas de manufacture qui lui soit propre, excepté celle d'une espèce de ceinture en coton; ce tissu grossier est expédié au Turkestan et dans toute l'étendue de l'Afghanistan. Les productions de l'industrie européenne sont vendues dans les bazars de Peichaver, la demande est très-bornée. Les gens de la classe supérieure en font usage : on porte beaucoup d'habillemens en indienne et de turbans en mousseline; des nankins et des velours de Russie ainsi que des soieries de l'Inde. La classe inférieure se contente de toiles du pays. La totalité des revenus de la ville de Peichaver ne se monte pas annuellement à 30,000 roupies.

Le commerce avec la Boukharie ou le Turkestan est si intimement lié à celui de l'Afghanistan, qu'il est nécessaire que j'expose les renseignemens que j'ai recueillis sur ce sujet, avant que de présenter aucune conclusion sur le premier objet. Je suis très-persuadé qu'il est susceptible d'extension et d'amélioration, puisque ceux qui le partageaient avec nous ont depuis quelques années été obligés d'y renoncer, et que l'importation des indiennes de l'Inde a cessé presque entièrement. Les droits exigés dans le Caboul sont modérés, puisqu'ils n'excèdent pas deux et demi pour cent. Je pense que l'établissement de foires ou de bazars à l'imitation de ceux des Russes, est le meilleur parti que nous puissions prendre pour parvenir à un résultat aussi désirable que l'agrandissement du commerce anglais à l'ouest de l'Indus. Depuis une quinzaine d'années, les marchands de l'Afghanistan ont commencé à fréquenter ces réunions annuelles en Russie, et font actuellement des ventes et des achats considérables. Ils ont été tellement encouragés par l'empereur, que la plus grande partie du commerce de Russie avec la Boukharie est tombée entre leurs mains; les Ouzbeks s'en plaignent amèrement. Je cite ce fait pour montrer qu'il serait très-avantageux d'introduire cette institution sur la frontière de notre empire dans l'Inde, contiguë à celle de l'Afghanistan. On vient de voir que ces foires ont attiré les marchands dans une contrée lointaine; or ils placeraient bien plus volontiers leurs capitaux dans des spéculations qui les éloigneraient moins de leur patrie, s'ils avaient l'occasion de le faire. Ils courraient moins de risques, et probablement ils accroîtraient leurs demandes de marchandises anglaises, par conséquent l'exportation de celles-ci en Afghanistan augmenterait.

Les négocians Lohanis méritent les plus grands encouragemens; ce sont des hommes entreprenans que l'on peut rencontrer souvent dans les contrées supérieures de l'Inde. De retour dans leur patrie, ils parlent des petites honnêtetés qu'ils reçoivent quelquefois, avec une expression de gratitude qui annonce combien ils seraient sensibles à des faveurs plus substantielles d'un gouvernement libéral, et combien ils sauraient les apprécier. Leur admission auprès des personnes investies de l'autorité dans l'Inde, et quelques présens de peu de valeur seraient pour eux une démonstration évidente des bons sentimens de notre gouvernement. Ils verraient aussi par là qu'il prend intérêt à leur prospérité, et que notre projet n'était pas de transférer le commerce des marchandises anglaises dans les mains des négocians anglais, opinion très-répandue parmi les habitans de ces pays. Dans mes conversations avec eux, j'ai souvent eu à combattre cette fausse idée; ce que je faisais en leur assurant que nous désirions un accroissement d'exportation des produits de notre industrie et non pas celui de la richesse des particuliers. Peut-être le service le plus essentiel que l'on soit dans le cas de rendre à ces hommes, est de faire cesser des gênes qu'ils éprouvent aux douanes et qui ont été généralement ressenties dans ces pays; j'en parlerai plus tard. Je suis presque certain qu'il suffit que ces griefs soient connus pour qu'il y soit fait droit.

CHAPITRE III.

COMMERCE ET RELATIONS EXTÉRIEURES DE LA
BOUKHARIE ET DE L'ASIE CENTRALE.

Les liaisons commerciales de l'Europe avec les peuples de l'Asie centrale remontent à la plus haute antiquité ; ce négoce immense fut florissant sous les monarques grecs de la Bactriane, successeurs d'Alexandre; Pline et d'autres auteurs anciens en ont fait mention. Les incursions des Califes semblent en avoir effacé les traces pendant un certain temps; toutefois, les habitans de la Russie moderne apportaient, durant le dixième siècle, les richesses et les aromates de l'Inde dans la grande cité de Novogorod. L'ouverture de la navigation aux Indes par le cap de Bonne-Espérance, à la fin du quinzième siècle, produisit un changement prodigieux dans les routes du commerce ; ensuite les fruits de cette découverte restèrent long-temps entre les mains des Portugais. Au milieu du seizième siècle, pendant que cette nation recueillait les avantages de cette nouvelle voie du commerce, l'Angleterre envoya des marchands et des ambassadeurs pour chercher d'autres débou-

chés au négoce parmi les peuples des bords de la Caspienne et à l'est de cette mer. Ces expéditions n'amenèrent aucun résultat profitable, ainsi que nous l'apprend la relation exacte et amusante d'Antoine Jenkinson et celles des voyageurs qui le suivirent. « Ils ne veulent pas acheter des draps, dit Jen-
» kinson en parlant des Boukhars, il y a peu de vente
» et peu de profit. »

Les tentatives essayées pour établir un commerce entre l'Europe et ces contrées, notamment avec la Boukharie, quoiqu'elles eussent échoué dans ce temps-là, n'étaient pas cependant de nature à décourager celles qu'on voudrait entreprendre par la suite. La Boukharie, bien qu'elle ne soit, sous le rapport de la politique, qu'un royaume d'une importance secondaire, tient dans le monde commercial une position bien plus élevée. Riche de toutes les productions de la terre, tandis qu'autour d'elle tout est stérile, elle est située entre l'Europe et l'Asie; c'est un marché central où le négociant peut échanger avec avantage les marchandises de la Chine, de la Perse, de l'Inde et de l'Afghanistan. Sa proximité des contrées de l'Europe occidentale l'a indiquée à celles-ci comme un débouché pour les productions de leur industrie, parce qu'il semblait être situé au-delà de la ligne où atteignait le commerce par mer avec l'Inde. Cependant la nation qui était contiguë à la Boukharie devait seule profiter de ces avantages, et si les Anglais ne réussirent pas, les Russes, qui purent saisir des occasions plus favorables, obtinrent du succès, bien que ce n'ait été qu'à une époque plus récente, vers le milieu du dix-huitième siècle. Pierre le Grand conçut le projet d'établir des communications commerciales entre la mer Caspienne et les rives de l'Oxus; la plus atroce perfidie frustra ses desseins. Toutefois, il parvint à ouvrir des routes partant des frontières méridionales de l'empire russe en Asie, à l'est de la mer Caspienne et du lac Aral, et depuis à peu près quatre-vingts ans elles ont été parcourues annuellement par les caravanes de la Boukharie. Je n'affirmerai pas que cette route du commerce correspond exactement à celle qu'il suivait dans l'antiquité; mais certainement c'est une communication comparativement sûre et facile qui lui a été ouverte entre l'Asie et l'Europe.

Tandis que les bazars de Boukhara ont été approvisionnés de marchandises de Russie par la voie de terre, les négocians de l'Inde, qui auparavant venaient à ce marché avec celles de leurs pays, y ont aussi introduit les productions des fabriques de la Grande-Bretagne. Le commerce anglais a pris ainsi une grande extension, et le marchand russe découvre une rivalité formidable par la diminution de son négoce. Il est très-remarquable que les choses manufacturées en Europe arrivent par une route rétrograde dans les contrées de l'Asie centrale, après avoir parcouru par mer la moitié de la circonférence du globe, et que le commerce entre la Grande-Bretagne et ces régions, qui n'avait pu se frayer une ouverture par la voie directe de l'Europe, se soit solidement établi en prenant une direction opposée. Ce sujet est curieux et intéressant à traiter, et l'objet du présent chapitre est de suivre la marche de ce commerce et de donner sur celui de ces pays en général des renseignemens qui paraîtront importans; enfin, d'indiquer les lignes de communication par lesquelles il se fait. Son état florissant me mettra ensuite en état de parler des moyens d'augmenter nos exportations, et d'exposer mes espérances et mes motifs de croire qu'elles peuvent prendre plus de développement au grand avantage de notre patrie.

Il y a plus de douze à quatorze ans que le commerce des produits de l'industrie européenne avec le Turkestan, qui comprend la Boukharie et tous les pays au nord de l'Oxus, était presque entièrement entre les mains des Russes qui y apportaient leurs marchandises d'Orenbourg et de Troïtsk; maintenant elles y arrivent en bien plus grande quantité par l'Inde et l'Afghanistan. Quatre grandes lignes de route conduisent de Russie en Boukharie, et sont suivies par le commerce. La première, partant d'Astrakan, traverse la mer Caspienne; on débarque à Manghislak, puis on passe par la Khivie et on va à Boukhara; le voyage peut être terminé en trente jours. La seconde commence à Orenbourg; on passe entre la Caspienne et l'Aral, puis par la Khivie et l'on arrive à Boukhara; c'est un voyage de soixante jours. La troisième a son point de départ à Troïtsk, on traverse le *Dacht i Kaptchak* (désert de Kaptchak), on se dirige à l'est de l'Aral, on franchit le

Sir deria près de son embouchure et on s'achemine vers Boukhara; une caravane peut parcourir tout cet espace en quarante-huit jours. La quatrième route part de Kazzal Djar ou Pétropolosk, sur l'Issim, beaucoup à l'est de Troïtsk, et mène à Boukhara en se dirigeant au sud-ouest, et passant par Tachkend; elle emploie quatre-vingt-dix jours. Le commerce entre le Turkestan et l'empire russe se fait par toutes ces routes; celle qui passe par Orenbourg et la Khivie est la plus sûre et la plus fréquentée; les grandes caravanes qui partent annuellement de Boukhara au mois de juin la prennent; les marchands qui vont à Astrakhan se séparent des autres à Ourghendj pour gagner Menghislak. Les traîneurs de l'année, avec à peu près deux cents chameaux chargés de marchandises moins précieuses, se mettent en route au mois d'août pour Troïtsk.

Le Dacht i Kaptchak, que tous ces chemins traversent, est un pays plat et aride, sans habitans à demeures fixes; le voyageur avant son départ fait sa provision de vivres; toutefois, ce désert n'est dénué ni de fourrage, ni de chauffage, ni d'eau; les Kirghiz de différentes hordes y errent avec leurs troupeaux pour chercher des pâturages. Ils possèdent une grande quantité de chameaux qui sont de l'espèce bactrienne ou à deux bosses, et d'une race très-vigoureuse, et très-robustes. J'ai parlé précédemment du poids qu'ils peuvent porter et qui surpasse de 150 livres anglaises celui qu'on charge sur les chameaux de l'Inde et de l'Afghanistan, la force de ces derniers n'allant qu'à cinq quintaux. La caravane se confie à ces Kirghiz pasteurs; les marchandises sont commises à leur fidélité, et dans le voyage ces hommes sont suivis de leurs familles. Il n'y a pas de route tracée dans ce désert, pas d'autres guides que les étoiles du ciel; et les chameaux, formant une ligne de quinze et vingt de front, ne marchent que pendant la nuit, s'avançant d'un pas lent mais constant.

En 1819, le gouvernement russe envoya M. Mouraviev à Khiva; cet officier avait mission de demander que la route suivie par les caravanes dans ce khanat fût changée, et qu'elles vinssent s'embarquer dans la baie de Krasnovodsk, sur la mer Caspienne, parce que le chemin est beaucoup plus court et que les marchandises pourraient être chargées pour Astrakhan aussi facilement qu'à Mansghislak. Le khan éleva des objections contre cet arrangement, et la négociation échoua. L'année suivante une ambassade en règle partit pour Boukhara, elle passa par Orenbourg et prit son chemin à l'est de l'Aral; M. de Négri, qui en était le chef, devait également s'occuper de ce qui pouvait rendre plus faciles les relations commerciales entre les deux pays. Il fut reconnu que la route était très-praticable, et au retour de l'ambassade une caravane, protégée par une escorte de 500 soldats et deux pièces de campagne, fut expédiée, en temps convenable pour Boukhara. Cette tentative ne réussit pas mieux que la précédente, parce que le khan de Khiva prit ombrage d'une mesure qui détournait le commerce de son territoire. Il fit partir son armée pour l'embouchure du Sir déria, afin d'entraver la marche de la caravane et s'il était possible de la piller. Le détachement, ayant pris position sur un monticule, se défendit avec la plus grande bravoure, et parvint à repousser quelques milliers de cavaliers; toutefois, les Russes ne se tirèrent d'embarras qu'en brûlant les marchandises, et en effectuant avec précipitation leur retraite vers leur pays, parce que leurs vivres étaient épuisés. Depuis cette aventure fâcheuse aucune tentative nouvelle n'a été essayée pour éviter la Khivie; d'ailleurs les droits levés par le khan de ce pays ne sont ni excessifs, ni déraisonnables. On doit supposer que le gouvernement russe a été offensé de la conduite de ce chef et sans doute désire de le châtier de son obstination. Les relations entre la Russie et la Khivie ne sont nullement amicales, quoique le chef qui avait montré tant d'entêtement soit mort, ainsi que je l'ai déjà dit, et que son fils, qui lui a succédé, soit moins opiniâtre.

La Russie ne s'est pas bornée à des négociations pour donner un plus grand développement à son commerce. De nombreuses foires annuelles sont tenues dans ses provinces méridionales et sur ses frontières. La plus considérable est celle de Nijegorod, sur les bords du Volga; les Asiatiques la nomment *Macréa* (Saint-Macaire); elle commence en juillet et dure quarante jours. Les négocians qui font le commerce de l'Asie centrale effectuent leurs achats et leurs ventes à cette foire; il y vient même des Hindous.

Les marchandises de l'Inde envoyées en Boukharie sont les mêmes que celles qui vont dans l'Afghanistan. Tous les ans il en arrive à peu près deux mille charges de chameau à Caboul; une moitié passe au Turkestan; celles qui viennent de Russie sont expédiées d'Orenbourg et de Troïtsk à Boukhara. Elles consistent en toiles blanches, mousselines, indiennes, draps tant russes qu'anglais, imitation de brocard (*kincáb*), velours, nankin et fil d'or anglais, pelleteries, cochenille de Kermès; laiton, cuivre, fer, serrures, pots de fer, fil de fer, cuir, papier, aiguilles, coutellerie et joaillerie commune, quincaillerie, sucre blanc raffiné, miel, et une infinité d'autres menus objets. Une portion considérable des retours de Russie s'effectue en espèces métalliques, telles que ducats et sequins. La caravane annuelle qui arrive à Boukhara consiste à peu près en treize cents chameaux; elle part de Russie au mois de janvier. On reconnaîtra que beaucoup de marchandises apportées de ce pays n'ont pas de concurrence à redouter à Boukhara, de la part du commerce de l'Inde; et des négocians recommandables, à l'assertion desquels je puis ajouter foi, m'ont affirmé que les trois quarts des marchandises qui sont exportées des deux pays proviennent des manufactures anglaises. Quand deux routes commerciales, venant de pays opposés se rencontrent, il doit en résulter une diminution de prix d'un côté; il doit se rapprocher de celui des choses de l'autre; quelle que puisse avoir été la somme payée pour leur achat, ou les dépenses occasionées par leur transport. La vente des marchandises anglaises est découragée en Russie, et leur transit y est entravé par des droits considérables; toutefois, elles se fraient un chemin jusqu'à Boukhara, et y sont vendues avec bénéfice. Quelques produits de notre industrie, tels que le drap et le velours, n'arrivent en Boukharie que par la Russie, quoique de fabrique anglaise.

Je vais donner un tableau du prix des marchandises tant russes qu'anglaises, qui sont exposées dans les bazars de Boukhara; il fera connaître la valeur relative de ces objets, et montrera en même temps le profit qui résulte de leur commerce. J'énonce les prix en tillas d'or de Boukhara, dont la valeur est de six roupies et demie, ou à peu près treize shillings (16 fr. 25 c.).

Marchandises de Russie.	Tillas.	Marchandises anglaises venues de Caboul.	Tillas.
Une pièce d'indienne russe large de 23 yards	8		
d° seconde qualité	5		
d° qualité inférieure	3 1/4	Anglaise d°	3 1/2
d° seconde sorte avec moins de fleurs	2 1/2	——— d°	2 3/4
d° très-communes	1 3/4	——— d°	1 3/4
20 pièces de mousseline à fleurs pour	18	d° 20 pièces.	22
Mousseline russe la plus fine, chef en or, la pièce	3 à 4	d°	2 1/2
Calicot fin : la pièce de 10 yards les 20 pièces.	15	d°	18
Drap anglais superfin les 2 1/4 yards	5	Calicot fin : la pièce de 40 yards.	3 à 3 1/2

Les marchands gagnent assez souvent un profit de cinquante pour cent sur les indiennes anglaises; il fut réalisé par l'un d'eux durant mon séjour à Boukhara.

On verra que les indiennes anglaises se vendent mieux que les russes; et que certaines espèces de ces toiles, qui sont manufacturées en Russie, paraissent ne pas l'être en Angleterre; ces indiennes sont fabriquées en Pologne ou en Allemagne; elles sont plus larges et de couleurs plus vives que les nôtres; elles ont l'air de velours à fleur et sont très-recherchées, tant en Boukharie qu'en Afghanistan. Si nos négocians connaissaient ce modèle, ils pourraient aussi assurer à notre pays le commerce de cette sorte d'indienne; celles qui sont très-communes ne doivent pas être expédiées en Boukharie, parce qu'on en fait de ce genre dans le pays; elles ont à peu près douze pouces de largeur et sont rayées; cinq pièces de seize yards chacune, se vendent un tilla. Deux cents charges de chameau de cette marchandise sont exportées annuellement en Russie; les nobles de cet empire en habillent leurs esclaves. Quoique le prix des indiennes soit beaucoup baissé en Boukharie, on les y vend encore avec un bénéfice de trente et quarante pour cent.

Parmi les toiles blanches qui sont apportées à Boukhara, les mousselines russes sont les meilleures et y sont payées plus cher que celles d'Angleterre; mais elles sont moins demandées. Toutes les autres toiles russes sont d'un tissu moins fin, et aucune n'est expédiée au sud de l'Oxus. On consomme annuellement en Boukharie environ mille pièces de toiles, dont les trois quarts sont de petite largeur, et autant de *djamdanis* ou mousselines à fleurs.

Les draps anglais ne viennent jamais en Boukharie par la voie de l'Inde, ils y arrivent par celle de la Russie ; l'état actuel du commerce de cette marchandise est tel, qu'un négociant de Caboul, très-intelligent, que je rencontrai à Boukhara, songeait à porter un assortiment de ces draps à Lodiana où, malgré la longueur du voyage, il pourrait les vendre à un prix inférieur à celui auquel on peut se les y procurer. Le plus beau drap anglais, qui dans l'Inde coûte 22 roupies la yard, ne se paie que 15 à Boukhara ; les commerçans qui l'amènent de Russie disent qu'ils y perdent. Ce drap est bien plus estimé que celui de Russie, parce qu'il ne change pas de couleur et dure plus long-temps ; si son prix pouvait baisser assez pour être à la portée des moyens des Boukhars, il supplanterait bientôt l'autre.

Le velours vient de Russie ; c'est du velours de coton à fleurs, large d'à peu près 24 pouces ; il est demandé et n'arrive point par la voie de l'Inde, les Russes ont imité avec beaucoup de succès les brocards de l'Inde, et expédient à Boukhara une grande quantité de ce qu'on appelle faux brocard ; il est en apparence presque aussi beau que celui de Benarès, et ne coûte que la moitié du prix de celui-ci ; il est de petite largeur. Rien n'empêche qu'on n'imite également ce brocard en Angleterre.

Le produit de l'industrie Russe qui fait le fond du commerce avec la Boukharie, est le nankin; il est rarement blanc, parce que les Russes ont imité les modèles anglais qui sont rayés et de couleurs foncées. Ces nankins coûtent un tilla et demi la pièce de quarante yards; il est employé généralement pour les pelisses ou *tchapkans*. Je m'étais d'abord imaginé qu'il venait de Chine; je sus plus tard qu'il arrivait par les caravanes de Russie, et qu'il était expédié jusque dans l'Afghanistan et même dans l'Inde; j'en ai vu à Lahor.

Un des objets les plus importans du commerce de Russie, est le kermès pour la teinture en rouge; on s'en sert pour la soie écrue. Il y a peu de temps encore ou en envoyait une grande quantité de Boukhara en Afghanistan et dans l'Inde; mais depuis, la cochenille est arrivée au Pendjab, venant des ports de l'Inde, et le commerce du kermès diminue annuellement; bientôt il sera borné à la Boukharie. Cette substance se vend actuellement à Boukhara huit à neuf tillas le mân de Tauris, équivalant à sept livres poids anglais, et on peut l'obtenir à meilleur marché à Caboul. C'est une marchandise qui peut être envoyée de l'Inde en Afghanistan avec bénéfice. J'ai dit en parlant des productions de la Boukharie que le kermès s'y trouvait, mais personne n'y connaît la manière de le préparer.

La demande des marchandises de l'Inde en Boukharie est constante. Les mousselines de Dacca, grande largeur, y valent vingt tillas la vingtaine;

celles de petite largeur ne se paient que la moitié de ce prix. Chaque année il arrive à peu près cinq cents pièces de *kinkáb* (brocard) de Benarès; celui du Guzerat est trop cher. Les Boukhars et tous les habitans du Turkestan portent des turbans en toile blanche qui vient du Pendjab; la pièce longue de trente yards, et large de douze pouces, se vend un tilla. Ces turbans sont d'un usage général chez les deux sexes; cette toile pourrait être manufacturée en Europe, et expédiée avec profit au Turkestan.

Les châles ne donnent lieu qu'à un commerce de transit, qui n'est pas considérable. En 1832, la valeur des châles qui passa par la Boukharie pour la Russie fut de deux lacs de roupies. Jamais les négocians ne risquent plus du double de cette somme à cette espèce de trafic. La quantité des paires de châles varie de cent vingt à trois cents; ils doivent être très-fins; on n'en veut pas d'autres en Russie. Des Cachemiriens sont de temps en temps allés dans cette contrée, et les *rafougars* ou dessinateurs changent quelquefois le modèle du châle pour se conformer au goût des acheteurs, qui sont extrêmement capricieux. La passion pour les châles de Cachemire est grande chez les nobles de Russie, et peut rendre raison du prix exorbitant que l'on donne de ces tissus; j'en ai parlé précédemment.

La marchandise de l'Inde qui arrive le plus abondamment en Boukharie est l'indigo; on estime à cinq cents charges de chameau la quantité qui en est importée annuellement. Une portion est réexportée à Yarkend dans le Turkestan chinois; quoique cette plante y croisse, on ignore la manière de la préparer.

Le sucre de l'Inde arrive aussi en Turkestan, la canne dont on l'extrait ne poussant pas en Boukharie; le sucre de Chine apporté par la voie de Bombay ne peut supporter les frais de transport au delà de Caboul; les Chinois ne peuvent pas non plus, par la même raison, l'expédier au delà d'Yarkend. Ce sucre brut n'a pas un grand débit, les gens riches préférant le sucre raffiné de Russie en pain, et les pauvres employant le *tarandjbin* dont j'ai parlé amplement dans ma description des productions de la Boukharie.

Cette contrée, indépendamment de son commerce avec la Russie et l'Inde anglaise, en fait également un considérable et direct avec les garnisons chinoises d'Yarkend et de Cachgar; elle reçoit de ces cantons de la porcelaine commune, du musc et des lingots d'argent. Le principal objet d'importation est le thé; l'étendue de ce commerce et le grand éloignement des cantons par lequel le thé est apporté méritent également de fixer notre attention. J'ai dit dans ma relation que les habitans du Turkestan aiment immodérément le thé et en boivent à toute heure. En 1832, neuf cent cinquante charges de chevaux, ou à peu près deux mille quintaux de cette denrée, furent apportées d'Yarkend à Boukhara. La plus grande partie de cette quantité est consommée en Turkestan; une très-petite parvient au sud de l'Hindou

Kouch. Les habitans de Badakchan sont les facteurs de ce négoce. Les commerçans font l'éloge de l'équité des Chinois et de la facilité avec laquelle les affaires se traitent avec eux. Le gouvernement chinois lève sur les marchands un droit d'un trentième, ce qui est très-modéré. Le thé est apporté des provinces centrales de la Chine dans des caisses ; le voyage dure plusieurs mois. Le thé est ensuite versé dans des sacs qui sont cousus dans des cuirs, parce que les caisses ne supporteraient pas le voyage. Une charge de cheval, laquelle pèse 250 livres, coûte 60 tillas à Yarkend, et quelquefois se vend 100 tillas à Boukhara; elle est entièrement composée de thé vert. Le meilleur thé que l'on trouve en Turkestan vient par terre de Takht, ville de Chine située sur les bords d'une rivière ; il arrive par la voie d'Astrakhan en petites boîtes d'étain ou de plomb ; il est nommé *thé de Banca*, probablement à cause du métal duquel la boîte est faite : son prix est de quatre roupies la livre, et sa saveur exquise ; il l'emporte à cet égard sur toutes les sortes que j'ai vues en Angleterre, et j'ai appris qu'il conserve son goût, parce qu'il n'a jamais ressenti les effets de l'air renfermé de la cale d'un navire, ni ceux de l'atmosphère de la mer. Les caravanes d'Yarkend traversent le plateau de Pamèr, ensuite descendent dans la vallée de l'Oxus, et continuent leur route par Badakchan et Balkh jusqu'à Boukhara. Le chemin n'est pas sûr, et dans plusieurs endroits on court des dangers à cause des rochers suspendus sous lesquels il faut passer.

Le tremblement de terre du mois de janvier 1832 en fit tomber plusieurs, et, ainsi que je l'ai dit précédemment, détruisit beaucoup de villages; enfin causa la mort d'un grand nombre d'hommes dans le Badakchan. Le voyageur éprouve aussi une difficulté de respirer en traversant le faîte du Pamèr, et les caravanes sont quelquefois attaquées par les Kirghiz nomades. Ainsi des obstacles naturels et politiques contribuent à rendre cette voie périlleuse pour le voyageur et pour le commerçant.

Une autre route allant d'Yarkend à Boukhara par la vallée du Jaxartes ou Sir déria, et le khanat de Khokhand, est bien meilleure que la précédente; néanmoins elle est peu fréquentée à cause des différens qui existent entre le souverain de ce pays et le gouvernement chinois. Le chemin par Khokhand peut être parcouru par une caravane en quarante-cinq jours, et jusqu'à cette ville les marchandises sont transportées par charrettes. Le chemin par Badakchan est plus sinueux et prend soixante-cinq jours. A Kouloum, marché entre Yarkend, Boukhara et Caboul, on échange les chevaux contre les chameaux; deux charges du premier de ces animaux n'en font qu'une du second qui va jusqu'à Boukhara.

Le commerce de cette ville avec la Perse est peu considérable à cause de l'état des chemins qui est peu sûr, et de la haine religieuse qui existe entre les habitans des deux pays. Les châles du Kerman composent le principal objet des importations de Perse. L'opium arrive aussi de Perse en Boukharie, et est ensuite expédié à Yarkend, à Kachgar, et définitivement en Chine, où il n'est pas moins recherché que le long de la côte maritime. A Boukhara il coûte 5 tillas le màn de Tauris. Ces marchandises, ainsi que d'autres de moindre importance, sont expédiées de Perse par la voie de Meched.

Les exportations de la Boukharie sont assez considérables, puisque ce pays produit de la soie, du coton, de la laine. La soie se récolte principalement sur les rives de l'Oxus, où le mûrier croît avec vigueur, et durant les mois d'été presque tous les Turcomans élèvent des vers à soie. Il en est expédié une grande quantité à Caboul, et il en arrive même dans l'Inde. A Boukhara le prix de la soie varie de 9 à 10 tillas les huit livres, poids d'Angleterre. On fabrique à Boukhara une étoffe de soie, nommée *adras*, de couleur bariolée, rouge, blanche, verte et jaune; elle est très à la mode pour les vêtemens; elle coûte d'un à un tilla et demi la pièce, longue de huit yards, et large de douze pouces. Ainsi cette manière de s'habiller est très-chère. Cette étoffe est tissue par les anciens habitans de Merve, aujourd'hui domiciliés à Boukhara : elle ne s'exporte pas.

On trouve aussi dans cette ville des manufactures considérables de tissus de coton. J'ai déjà parlé des indiennes communes qui sont exportées en Russie; la plus grande partie des habitans s'habillent d'étoffes faites dans le pays. On y fabrique des toiles communes de couleur foncée, et rayées de différentes nuances. Une pelisse (*tchoga*) dont elles composent la matière ne coûtent qu'un demi-tilla. Je ne suppose pas qu'il valût la peine de les imiter en Europe. Le coton filé de Boukharie paraît être aussi demandé que celui d'Angleterre ; une quantité considérable est expédiée en Russie, et beaucoup de coton en laine est envoyé à Balkh, à Khouloum et à Koundouz.

La laine (*pouchm*) du Turkestan va par les montagnes dans l'Afghanistan et le Pendjab, où on en fabrique des châles d'une espèce commune. A Boukhara elle vaut six tillas et demi à huit tillas, le mân de Boukharie équivalant à 256 livres poids anglais. Il y a quelques années son prix était double, mais les tissus que l'on en faisait ayant été trouvés de qualité médiocre, la vente de la laine a diminué. Elle vient de chez les Kirghiz Kaïssaks et de chez les tribus nomades voisines de Boukhara. J'ai déjà dit que ces peuples errans, qui en ont long-temps ignoré la valeur, s'en servent encore pour faire les cordes avec lesquelles ils attachent leurs chevaux et leur bétail.

J'ai aussi parlé des peaux d'agneau de Boukharie, fameuses dans tout l'Orient, et qu'on ne se procure que dans le canton de Karakoul, situé entre Boukhara et l'Oxus. Elles sont expédiées en Perse, en Turquie et en Chine, et surtout dans le premier de ces pays ; les marchands qui en font le commerce les paient toujours argent comptant, ne voulant pas courir le risque d'un engagement commercial quand il s'agit de traverser le désert. Il n'est pas possible de négocier une lettre de change entre Meched et Boukhara.

Les droits exigés sur les marchandises européennes à Boukhara sont très-modérés. On a vu précédemment qu'ils sont levés conformément aux préceptes du Coran, et fixés à un quarantième, ou deux et demi pour cent du capital. Un commerçant non musulman paierait des droits plus forts, un chrétien, vingt pour cent, un hindou, dix pour cent, parce que la loi le veut ainsi; par conséquent la plus grande partie du commerce de cette contrée restera toujours entre les mains des musulmans. Les mêmes principes guident les autorités de l'Afghanistan, quoique les chefs à l'est de l'Indus inférieur élèvent des prétentions extravagantes. Néanmoins leurs exactions n'entravent pas le commerce, tandis que les chemins lui sont presque fermés plus haut, à travers le Pendjab, par une cause semblable. Indépendamment des droits de douanes réguliers, un droit de transit est perçu dans plusieurs lieux, entre l'Indus et Boukhara; de plus les frais sont augmentés par la nécessité de prendre des escortes pour passer dans les cantons agités par des troubles. Les marchands ne regardent pas ces dépenses comme excessives; ils se plaignent bien plus fortement de la rapacité et des malversations des agens indigènes d'un rang inférieur, chargés de la levée des droits d'entrée dans l'Inde britannique. On affirme que ces personnages, quand ils font leur service aux bureaux des douanes, causent exprès des retards à la marche des commerçans, quoique ceux-ci soient pourvus des passe-ports nécessaires ; ils ne peuvent tirer les marchandises des griffes de ces harpies qu'en satisfaisant à leur avidité. Un marchand de Caboul me raconta qu'ils lui avaient fait payer en monnaie de cuivre, de Herdouar à Benarès, huit roupies, pour une charrette dans laquelle il voyageait sans aucune espèce de marchandise. Les commerçans de l'Afghanistan et de la Boukharie se plaignent hautement de cet abus ; il leur est d'autant plus sensible, qu'ils trouvent les droits modérés, et que tout ce qu'ils transportent avec eux est bien protégé. D'un autre côté, le gouvernement russe est exempt de ce genre de corruption, quoiqu'il perçoive des droits plus considérables ; le roi de Boukharie ayant fait des remontrances sur ce point, ils ont été réduits en partie.

Quand nous réfléchissons aux productions de la Boukharie et à l'emploi que l'industrie de ses habitans sait en faire, nous pouvons être surpris du débouché considérable que ce pays offre à notre commerce ; toutefois les demandes de nos marchandises ne diminuent pas, et la constance avec laquelle elles sont faites porte à croire que ce négoce peut encore prendre de l'extension. Dans tout le monde musulman, il n'y a pas de contrée où le marchand soit plus en sûreté et plus à l'abri de vexations et d'exactions que la Boukharie ; si les habitans sont bigots pour tout ce qui concerne la religion, ils se conforment également, avec une exactitude minutieuse, aux devoirs que cette religion leur prescrit. Le Coran, dans un grand nombre de passages, enjoint d'accorder au marchand la protection la plus entière; aucun de ces commandemens n'est ni violé ni éludé par le souverain de la Boukharie. Les marchandises apportées à Boukhara sont ensuite expédiées à Samarcand, à Khokhand, à Yarkend, à Ourghendj, et dans tous les petits cantons voisins de la capitale. Les objets communs sont plus demandés que ceux d'une qualité plus fine, parce que les Ouzbeks ne sont pas de très-bons juges de ces sortes de choses; nous avons vu que ce marché est approvisionné par deux grandes nations européennes. Les femmes de Boukhara et de Caboul préfèrent les marchandises de manufacture anglaise; or, dans tous les pays, le goût des femmes n'est pas d'un poids insignifiant. Les indiennes ont presque entièrement fait cesser la demande des étoffes de châle, et en même temps inspiré un désir d'avoir des choses nouvelles, ainsi qu'une inclination générale pour d'autres productions des fabriques anglaises. La Russie a une navigation intérieure si étendue, qu'elle peut apporter par eau toutes ses marchandises aux confins de l'Asie; c'est la qualité supérieure et le bon marché des nôtres qui nous mettent en état de et de toutes les choses qui en sont faites, mais nous pouvons rivaliser avec succès pour les autres objets fabriqués. Pour un pays mercantile comme l'Angleterre, une demande de marchandises est du plus haut intérêt, et on doit présumer que son accroissement sera généralement suivi d'une diminution de prix; et en même temps l'augmentation de la vente donnera un profit égal au manufacturier; un envoi plus considérable de marchandises anglaises dans ces pays, notamment de toiles blanches, de mousselines et de lainages, ne tarderait pas, d'après ce que m'ont assuré les principaux marchands et même le visir de Boukharie, à avoir pour effet immédiat de priver les Russes de cette branche de commerce. Déjà l'exportation de ces objets diminue chez eux, et l'accroissement des produits de la douane de Caboul montre évidemment l'origine de ce changement; elle dérive de ce qu'une quantité plus considérable de nos marchandises traverse l'Hindou Kouch pour aller en Boukharie. Je me suis occupé de la recherche de ce fait dans d'autres pays, et le résultat de mon examen me porte à croire que nous pouvons, non-seulement faire tomber dans les mains de nos négocians la part que les Russes ont dans ce commerce, mais faire prendre à la totalité de ces objets une plus grande extension dans le Turkestan. Des négocians afghans donneraient volontiers un plus ample développement à leurs spéculations, bien que quelques-uns d'entre eux aient un capital de huit à dix lacs de roupies engagés dans leurs affaires avec le Turkestan. Le transport des marchandises par la route de Caboul coûte peu, et si les Russes se servent de la navigation du Volga, le plus grand des fleuves de l'Europe, la Grande-Bretagne trouve les mêmes facilités dans deux fleuves d'Asie plus considérables et également navigables, le Gange et l'Indus.

CHAPITRE IV.

COMMERCE DE LA PERSE.

État de ce commerce. — Routes et leurs avantages relatifs. — Marchandises. — Projets pour améliorer le commerce.

On a remarqué depuis long-temps, et avec raison, que les Persans ne sont pas une nation commerçante, et ont toujours montré peu de hardiesse à tenter les hasards de la navigation ou du négoce. Celui qui peut se faire à travers un pays méditerrané doit toujours être borné, comparativement à celui qui a lieu avec une contrée ayant des côtes maritimes et des ports. La Perse n'est pas absolument dépourvue de ces deux avantages; toutefois ses habitans ne s'embarquent ni sur les eaux du golfe de l'Océan qui baignent ses côtes méridionales, ni sur celles de la mer Caspienne qui avoisine sa capitale. Les navires voguant sur les unes et sur les autres appartiennent à des étrangers: ceux-ci ont donc dans leurs mains le moyen de diriger le goût du pays par la sorte de marchandises qu'ils y apportent, et d'augmenter la quantité de celles-ci suivant que les conjonctures et les occasions le demandent. La Perse est bien approvisionnée des produits de l'industrie européenne, soit russe, soit anglaise; l'une et l'autre s'y balancent à peu près comme en Boukharie. Les marchandises anglaises sont préférées à toutes les autres, et les Persans aimant à être bien vêtus, leur pays est peut-être celui de l'Asie qui offre le marché le plus avantageux à nos exportations dans cette partie du monde. Néanmoins il est très-remarquable que les négocians anglais y rencontrent plus de concurrence que dans la plupart des autres contrées asiatiques : je pense que cela provient surtout d'un défaut de vigilance et d'attention de la part des Anglais.

Nous n'avons pas l'intention de présenter un tableau général du commerce de la Perse. D'ailleurs l'insuffisance de nos renseignemens ne nous permettait pas d'entreprendre un travail de ce genre. Je me suis principalement appliqué à connaître le négoce des provinces septentrionales de ce royaume, mais nous jetterons un plus grand jour sur ce sujet en passant en revue les différentes routes du commerce qui s'y fait. Les communications entre la Russie et la Perse ont lieu principalement par les ports de la Caspienne; toutefois il existe, tant à l'est qu'à l'ouest de cette mer, des routes par lesquelles les marchandises de cet empire arrivent dans l'Iran. Meched, ville du Khoraçan, reçoit beaucoup d'objets de Russie par la voie de Boukhara ; Tebriz et Téhéran en sont approvisionnés par la voie du Caucase et de Tiflis. Jusqu'à une époque très-récente, les marchandises anglaises arrivaient en Perse par Bouchir, seul port de la Perse sur le golfe Persique, puisque Gomron ou Bender Abbas, vis-à-vis de la fameuse île d'Ormus, a cessé depuis long-temps de jouir de son ancienne suprématie. Nous savons que dans un temps les navires anglais destinés pour les Indes orientales allaient directement d'Europe à ce port : maintenant la recette des douanes n'y produit pas annuellement plus de quatre mille ducats. De nos jours les marchandises anglaises ont été expédiées d'abord à un port de l'Inde, et ensuite embarquées sur un autre navire pour la Perse, prenant aussi une route très-détournée. C'est donc avec beaucoup de sagacité que l'on a récemment fait une tentative pour ouvrir une route, de Trébizonde sur la mer Noire, aux provinces septentrionales de la Perse. En y apportant les soins et l'attention convenable, elle ne peut manquer de devenir très-avantageuse au commerce britannique, parce qu'elle amène ses marchandises dans les cantons de la Perse les plus fournis de celles qui sont apportées de Russie, et qu'elle donne une excellente occasion d'entrer en concurrence avec celles-ci; car il est aussi incommode pour les Russes d'expédier les produits de leur industrie au sud d'Isfahan, qu'il l'était pour les Anglais d'apporter celles de leur pays au delà de cette ville vers le nord. Le commerce par la voie de Trébizonde place les puissances rivales sur un pied plus égal, et il sera bon de remarquer si l'expérience d'un petit nombre d'années ne démontre pas que la consommation des marchandises anglaises a augmenté en Perse. Cette route a également un grand avantage sur celles du Levant par Alep ou Damas, parce que l'Euphrate et le Tigre traversent des contrées inhospitalières, et que pour aller de ces deux villes en Perse il n'y a de chemin sûr que par Bagdad. Maintenant la valeur des marchandises qui vont au delà de cette ville est médiocre, puisqu'on éprouve de la perte en expédiant des objets communs dont la quantité est plus considérable. Les provinces orientales de la Perse, celles qui avoisinent Meched et Hérat, sont approvisionnées en partie par Candahar en Afghanistan; cette voie de communication est beaucoup meilleure qu'on ne le croit communément. Un navire parti de Bombay peut arriver en dix jours à la côte du Mékran, et Candahar n'est qu'à dix-huit marches faciles de la mer. Cette position est donc très-précieuse, puisque les marchandises expédiées de l'Inde, qui y arrivent, sont ensuite dirigées à l'est dans l'Afghanistan, à l'ouest en Perse. De ce côté encore nous n'avons à redouter la concurrence d'aucune autre nation.

La situation que la domination de la plus grande partie de l'Inde assure aux Anglais est si avantageuse, qu'on est surpris de ce qu'un peuple quelconque puisse se montrer comme commerçant dans le golfe Persique. C'est cependant ce qui arrive, et beaucoup de marchandises débarquées à Bouchir sont de manufactures étrangères à celles de la Grande-Bretagne. Les Néderlandais ont l'habitude de commercer avec ce port, et ont récemment établi une compagnie à cet effet, quoique leurs opérations n'aient jamais été très-actives et soient maintenant suspendues à cause de la peste. Ils envoient à Bouchir de l'indigo, des épiceries, du sucre et du café; tout cela est récolté dans leurs possessions du grand archipel oriental de l'Asie; ils apportent peu de toiles; leur indigo est inférieur à celui qui vient de l'Inde : quand ils ne peuvent effectuer la vente de leurs cargaisons à Bouchir, ils les conduisent à Basra. Les Français apportèrent de Bourbon les mêmes objets que les Néderlandais. Nos rivaux les plus redoutables sont les Nord-Américains, qui n'ont pris part à ce négoce que depuis une époque récente. Maintenant ils débarquent presque toutes leurs cargaisons sur la côte orientale d'Afrique, d'où elles vont ensuite à Mascat et en Perse. Jusqu'à présent ils n'ont envoyé que des toiles blanches, et en même temps ils ont fait circuler une opinion qui m'a été répétée par les négocians arméniens d'Isfahan, c'est que leurs toiles sont supérieures à celles des Anglais, parce que le coton est récolté dans leur patrie; il ne souffre ainsi aucun tort de l'effet de la pression à laquelle on le soumet pour le faire entrer dans les balles. On dit que ces toiles sont durables et supportent bien le blanchissage; les marchands m'ont assuré que s'il en arrivait en Perse une quantité plus considérable, elles y trouveraient un bon débit; jusqu'à présent il n'en est pas entré beaucoup.

Les indiennes fabriquées à Masulipatam se vendent très-bien en Perse, et depuis quelques années ont été préférées à celles d'Angleterre. Chez nous on ne fait pas assez d'attention à l'éclat et à la variété des modèles, et les indiennes de l'Inde quoique d'un tissu moins fin conservent leur couleur et leur brillant bien plus long-temps, c'est pourquoi elles sont plus demandées; ce qu'il est d'autant plus important de remarquer, que pendant long-temps les indiennes anglaises avaient remplacé celles de l'Inde, et que maintenant elles se vendent à meilleur marché que celles de Masulipatam. Nous avons dit que les Russes introduisent les productions de leur industrie dans la Perse septentrionale, et importent aussi les belles indiennes de Pologne que j'ai vues à Boukhara. Il n'y a pas de manufacture anglaise du même genre pour soutenir leur concurrence, elles sont également très-demandées en Perse. Par conséquent les Anglais ne conservent pas dans le commerce des indiennes, les avantages que devraient leur assurer leur position et leur habileté dans la fabrique.

Quant à l'extension à donner à notre commerce avec la Perse, il faut considérer d'autres points que les routes qui doivent être suivies; toutefois celles-ci sont d'une grande importance puisque la quantité des débouchés est favorable à l'accroissement du commerce. En même temps que nous profitons de la nouvelle voie de l'ouest par Trebizonde, nous ne devons pas négliger celle de l'est par Candahar; ce chemin est sûr, mais le chef exige des droits exorbitans et arbitraires; peut-être serait-il disposé à les diminuer si on lui adressait des représentations, puisqu'il fait profession d'amitié pour la nation anglaise. On peut en même temps ouvrir une meilleure communication avec la Perse par le Kéroun rivière navigable à l'est de Bouchir, qui va se réunir à l'Euphrate, ou à l'estuaire de ce fleuve qui, avant de verser ses eaux dans le golfe Persique, prend le nom de *Chat oul Arab*. Les marchandises après avoir remonté le Kéroun se trouveraient tout d'un coup dans le cœur de la Perse ; cependant il est permis de douter que le gouvernement persan ait le pouvoir ou le désir d'effectuer un tel changement ; sa coopération cordiale serait nécessaire, parce que le pays situé entre le Kéroun et Isfahan est sauvage et livré au désordre.

Après les chemins, l'attention doit se porter sur l'espèce de marchandises propres à l'exportation. Les toiles anglaises sont plus estimées en Perse que les toiles russes ; quant à la couleur demandée, elle dépend beaucoup de la mode ; si le négociant néglige ce point, il éprouvera des pertes. Durant mon séjour en Perse, à la fin de 1832, les couleurs les plus recherchées étaient le bleu foncé, le bleu, le brun ; l'année suivante on préféra peut-être le rouge et le gris ; toutefois il est bon de noter que les couleurs foncées se vendent le mieux. Les habits de dessus de la plupart des personnes aisées sont en drap ; une espèce à bon marché, et de couleur durable, est celle qui convient le mieux à ces contrées. *On ne doit jamais y expédier de marchandises chères d'au-*

cune sorte, parce que la propriété y est peu sûre, et que tout le monde veut se procurer ce qui est à meilleur marché, pourvu que cela ait une bonne apparence. Néanmoins les Persans aiment le beau drap et le payent bien. Je remarquai, en approchant de la côte maritime, que les habitans étaient mieux vêtus; je suppose que c'est parce que les marchandises y sont à meilleur marché, ou que les tentations de se les procurer sont plus fréquentes. C'est notamment ce que l'on observe à Chiraz. Pour le drap, une couleur sombre est la plus estimée; pour les indiennes, c'est tout le contraire; il faut qu'elles soient de couleurs vives. Les modèles doivent également être changés souvent; il en faut autant à fond blanc qu'à fond coloré; cette précaution assurera une vente meilleure et plus constante, parce que les Persans aiment la nouveauté.

On réalise fréquemment un bénéfice de trente et quarante pour cent dans le commerce avec la Perse : toutefois, les négocians de ce pays ne se distinguent ni par leur exactitude, ni par leur loyauté, et un Européen doit toujours se tenir sur ses gardes dans ses relations avec eux. Ils sont très-sujets à entreprendre des affaires au delà de leurs moyens. Un très-petit nombre d'entre eux a un capital quelconque; les banqueroutes sont communes; en 1832, quinze des principales maisons d'Isfahan manquèrent, seulement parce que les soies du Ghilan n'étaient pas arrivées. Il n'est pas moins nécessaire de bien examiner la monnaie dans laquelle on est payé, parce qu'elle est parfois altérée, suivant le caprice du monarque. Maintenant un ducat persan équivaut à neuf *karans* ou roupies, tandis qu'en 1831 il n'en valait que huit. Cette augmentation a eu pour cause l'entrée du prince royal en campagne et le désir du roi d'emplir ses coffres; il semble n'avoir pas fait la réflexion que rien ne sortant jamais de son trésor, et que recevant seul pour amasser, il doit lui-même perdre.

D'après ce que j'ai vu du marché de la Perse, si on est nécessairement sujet à perdre par la cause que je viens d'énoncer, je suis sûr également que de grosses sommes peuvent être réalisées, parce que l'or est rare, et qu'on peut le transporter avec profit d'une province à une autre.

La coutellerie est un très-bon objet d'exportation en Perse; rien peut-être ne s'y vendrait mieux que de bons fusils; ils doivent être d'excellente qualité, car il ne faut pas oublier qu'il en vient de Constantinople et de Russie; quoique d'un travail peu fini, ils ne sont pas mauvais. Toute la quincaillerie est apportée de Russie.

J'ai vu sur les rivages de la mer Caspienne un singulier exemple de l'étendue de pays que parcourent certaines marchandises importées en Perse. Je rencontrai à Astrabad un négociant qui partait pour Khiva avec du sucre candi de Chine; il l'avait acheté à Téhéran, et l'embarquait à Kara Tappa, petit port; il comptait ensuite longer la côte orientale de la Caspienne, par Housn Kouli, l'île Tchelkan, la baie de Balkan et Okh, lieu situé à l'ouest et à dix journées de route de Khiva. Là il comptait débarquer sa marchandise et la charger sur des chameaux que les Turcomans lui loueraient ; il m'assura qu'il ne craignait rien de ces nomades, parce que ceux qui pillent vivent au sud de ce chemin, et entre cette ville et la Perse. Quelle preuve ce seul fait nous offre de l'esprit d'entreprise ! Le sucre avait d'abord été apporté de Canton à Bombay ; là embarqué pour Bouchir, puis expédié par terre à Téhéran et à la côte de la Caspienne ; il avait été chargé une troisième fois sur un navire, et définitivement devait être transporté à travers un désert à Khiva. Dans cette ville il ne pouvait manquer de rencontrer le sucre des Antilles anglaises, que les Russes envoient en Turkestan ; ainsi les productions du grand archipel d'Amérique et celles de la Chine se trouvaient en concurrence dans l'Asie centrale. J'ai déjà remarqué que le sucre candi de Chine, expédié de l'Inde, ne peut supporter la dépense du transport au delà de Caboul, et par conséquent n'arrive pas à Boukhara. Dans l'exemple que je viens de citer, nous voyons la même denrée allant bien au delà de Caboul par la voie de la Perse, ce qui fait connaître, mieux que toutes les observations que je pourrais présenter, les autres avantages que l'on peut dériver de cette route. Je me bornerai à dire que si une marchandise d'un gros volume et d'une valeur peu considérable, venue d'un pays si éloigné que la Chine, peut être envoyée dans un canton de l'Asie aussi reculé que la Khivie, et donne du bénéfice au commerçant, la même route pourrait être employée avec encore plus d'avantage que toute autre voie, pour l'exportation des productions de l'industrie de la Grande-Bretagne.

OBSERVATIONS

SUR LA COLLECTION DE MÉDAILLES BACTRIENNES ET AUTRES DE M. ALEXANDRE BURNES,

PAR M. H.-H. WILSON,
professeur de sanscrit à l'université d'Oxford,

ET M. JAMES PRINSEP,
Membre de la Société royale et secrétaire de la Société asiatique du Bengale.

NOTES DE M. WILSON.

Les médailles dont on offre les dessins au public forment une addition considérable et importante aux recherches numismatiques qui ont depuis un petit nombre d'années été suivies avec succès dans l'Inde. Au colonel Tod appartient le mérite de les avoir fait connaître le premier, dans un mémoire qui fait partie de ceux du premier volume de la société royale asiatique (*Transactions of the royal asiatic society*); d'autres furent publiées dans le 17me. volume des *Recherches de la société asiatique du Bengale*, et le journal de cette compagnie contient beaucoup de notices intéressantes sur le même sujet; plusieurs de celles-ci sont relatives à la collection actuelle qui par la diversité, le nombre et la nature des médailles qu'elle contient, et la désignation authentique des lieux où elles ont été trouvées, est extrêmement intéressante et très-précieuse.

Les médailles en question peuvent être classées sous quatre divisions différentes, indépendamment des médailles macédoniennes et syriennes, qu'on rencontre quelquefois : ce sont : 1°. les bactriennes ; 2°. les indo-grecques; 3°. les indo-scythiques; 4° les hindoues. Dans les premières, le colonel Tod et le docteur Swiney ont découvert des médailles d'Apollodote et de Ménandre; M. Burnes en a trouvé une semblable, et une d'Euthydème, enfin plusieurs autres qu'on ne peut pas attribuer à tel ou tel prince en particulier, quoiqu'elles soient incontestablement bactriennes. Les médailles indo-grecques sont comparativement rares, et leur suite est peu étendue; la collection actuelle en a une. Les médailles indo-scythiques sont plus nombreuses et offrent des échantillons multipliés et intéressans; quelques-uns sont les mêmes que ceux qui ont été décrits par le colonel Tod, M. Prinsep et moi-même; néanmoins quelques-uns sont nouveaux, et il y en a un (Pl. IV, fig. 18) qui est mieux conservé qu'aucun de ceux qu'on a rencontrés jusqu'à présent.

Les médailles de la dernière classe, c'est-à-dire les hindoues, sont moins nombreuses dans cette collection que dans d'autres; toutefois celles qu'elle comprend sont nouvelles.

Outre ces médailles, qui sont le sujet d'une attention plus spéciale comme peu connues et propres à jeter de la lumière sur l'histoire de l'Inde, la collection comprend une médaille d'or et d'autres des rois sassanides de Perse, et un certain nombre de monnaies musulmanes que l'on n'a pas encore eu l'occasion de vérifier; toutefois, d'après leur date récente et les renseignemens abondans que fournissent les auteurs musulmans sur l'histoire de cette partie du Touran, on y attache moins d'intérêt qu'aux autres médailles grecques et indiennes, et il était moins nécessaire de les faire dessiner. Voici une notice succincte des médailles qui sont gravées :

Planche III. n°. 1. Médaille d'Euthydème, qui jusqu'à présent a été regardé comme le troisième roi de Bactrie; *face* : tête avec le diadème bactrien ; *revers* : Hercule assis sur un siége revêtu de la peau du lion ; de sa main droite il tient la massue qu'il appuie sur son genou droit. Légende ΒΑΣΙΛΕΩΣ ΕΥΘΥΔΗΜ.

Très-récemment encore, la seule médaille que l'on connût de ce prince était une médaille d'or publiée par Pellerin et décrite par Visconti et par M. Mionnet. En 1831, l'abbé Sestini publia le catalogue de la collection du baron de Chaudoir, et y donna la description et la figure d'une médaille d'argent d'Euthydème, absolument semblable à la nôtre. Ces deux échantillons sont jusqu'à présent les seuls parfaits qui aient été décrits : le n°. 2 ressemble par son caractère général et son apparence au premier; mais la face présente un portrait totalement dissemblable, et l'attitude de l'Hercule assis est un peu différente. Les lettres aussi varient, et n'offrent que ΛΕΩΣ et HM. Il est donc possible que ce soit plutôt une médaille de Démétrius, fils d'Euthydème, qu'une de ce dernier; mais dans ce cas elle diffère grandement de la médaille de Démétrius, décrite par Sestini dans la collection du baron de Chaudoir, où la face représente un roi très-peu ressemblant au personnage de notre médaille, et coiffé d'une peau d'éléphant en guise de cimier; sur les revers est la figure d'Hercule assise.

Les figures suivantes, nos. 3 et 5, montrent évidemment des médailles bactriennes, ainsi que le prouvent suffisamment l'emblème de l'Hercule assis et le caractère général du portrait. Quelques-unes sont très-frustes, et elles sont plus ou moins d'une exécution inférieure, enfin ne présentent pas d'inscriptions lisibles; les traces des lettres qui sont visibles paraissent annoncer des caractères grecs, quoique très-grossiers. Dans le catalogue de Sestini, cité plus haut, il y a trois médailles du même genre, toutes bactriennes, et montrant toutes la même espèce de profil d'un côté, et l'Hercule assis de l'autre. La différence que l'on remarque dans les traits des rois que nous voyons sur ces médailles, prouve suffisamment qu'ils appartiennent à des personnages divers. S'ils étaient tous des rois grecs de la Bactriane, comme cela est probable, ils montrent aussi que notre suite de ces rois est bien plus incomplète qu'on ne l'a soupçonné jusqu'à présent, et qu'elle omet indubitablement plusieurs noms, tandis qu'il n'est pas moins vraisemblable qu'elle en contient d'autres qui n'ont jamais régné sur la Bactriane.

Figure 6. Le revers, offrant l'Hercule assis, identifie cette médaille avec la précédente; néanmoins l'exécution en est bien plus grossière, et la chevelure disposée d'une manière particulière. Il y a des caractères sur le revers, ils sont indéchiffrables, ils semblent désigner des caractères grecs. Cette médaille se rapporte peut-être à l'un des premiers princes barbares qui subjuguèrent la Sogdiane, peut-être même la Bactriane propre, et qui adoptèrent l'emblème des monnaies bactriennes.

7. Médaille de bronze, très-fruste; sur la face une figure debout, ressemblant un peu à l'Apollon de la médaille d'Apollodote du colonel Tod (*Transactions of the royal asiatic society*, pl. XII, fig. 1). La même figure est également sur le revers, un trépied avec des caractères semblables. Les lettres de la face opposée sont grecs : ΒΑΣΙΛΕΥΣ est lisible; les autres le sont moins; toutefois ils paraissent être ΝΙΚ ΜΕΝΑΝΔΡΟΥ; ce qui en ferait une médaille de Ménandre et non d'Apollodote.

8. Est une médaille d'un Antiochus; et à en juger d'après la physionomie, Antiochus le Grand. Sur le revers il y a une figure debout, lançant un javelot de la main droite, et portant de la gauche, en guise de bouclier, une peau de lion : ΒΑΣΙΛΕΩΣ ΑΝΤΙΟΧΟΥ. L'emblème du revers est inusité, si même on le rencontre jamais sur les médailles des Antiochus.

9. L'une des petites médailles de bronze dont l'impression est la plus effacée. Celles qui sont parfaites présentent d'un côté une tête, et sur le revers une

figure destinée à montrer un autel du feu grossièrement fait; les caractères sont pehlvi; il n'est guères douteux que ces médailles ne soient d'origine sassanide.

10. Médaille d'or, évidemment d'un roi sassanide.

11. Celles-ci sont très-douteuses. Les autres gravures représentent des antiques trouvés à Khodjouaban, près de Boukhara.

Planche IV. fig. 18. Cette médaille est extrêmement intéressante et très-précieuse; elle appartient à la classe de celles qui sont regardées comme indoscythes, et dont des figures ont été publiées dans le tome III des *Transactions of the royal asiatic society*, par le colonel Tod, et dans le tome XVII des *Asiatic researches*, par moi. Dans toutes ces médailles, la trace des caractères grecs est reconnaissable, mais les inscriptions sont imparfaites ou indistinctes : celle de la médaille du colonel Tod a été lue ainsi par le professeur Schlegel : ΒΑΣΙΛΕΥΚ ΒΑCΙΛΕΩΝ..... ΙΕ... ΡΝΙCΛΕΙC.... ΕΔΟΒΙΓΡΙC; mais la légende est interrompue, et les lettres finales du dernier mot sont confuses. Dans la médaille actuelle, l'inscription des deux côtés est entière et distincte, sur la face on lit évidemment ΒΑΚΙΛΕΥΣ ΒΛΕΙ Λ ΩΝ ΚΑΝΗΡΚΟΥ et sur le revers ΝΑΝΑΙΔ.

M. Prinsep a conjecturé que le nom de la face est Kanirkos ou Kanithkos, parce que la lettre est un peu confuse, et doit signifier *Kanichka*, souverain turc du Cachemir, lequel régna vers l'an 120 avant J.-C., suivant le *Radjah Taranghini*, qui est une histoire du Cachemir. M. Csoma de Körös nous apprend également que Kanichka est bien connu dans les annales du Tubet comme roi de Kapila près de Herdouar, vers l'époque dont il vient d'être question, et comme promoteur de la doctrine de Bouddha. Ainsi, le nom, la date, la localité viennent à l'appui de la conjecture, et elle peut être admise au moins jusqu'à ce qu'on en propose une plus satisfaisante. Il n'est pas possible d'en offrir une aussi plausible relativement à l'inscription du revers. Si on pouvait y lire *Tanaid*, on pourrait imaginer qu'elle se rapporte à la demeure primitive des tribus scythiques qui conquirent la Bactriane, suivant Deguignes, vers l'an 134 avant J.-C., et qui étendirent leur puissance jusqu'au delta de l'Indus. La figure de la face de cette médaille est la même qu'on voit sur les médailles indo-scythiques, un homme avec un bonnet haut et une longue tunique, tenant de la main gauche une lance, et alongeant la droite pour saisir un trophée, un bouclier ou une cotte de maille, ou, comme l'a supposé le colonel Tod, pour jeter de l'encens sur un autel; sur le revers il y a une figure vêtue d'une robe longue, et tenant une fleur, à ce qu'il paraît. On y voit aussi le monogramme qui se trouve sur toutes les médailles de cette classe, et sur une partie des médailles qui paraissent être hindoues. Ce monogramme est figuré par M. Mionnet, n°. 1222, et il le rapporte à une médaille inconnue (t. VI, p. 715); la description montre que c'est une médaille qui n'a pas encore été observée parmi celles qu'on a récemment trouvées dans l'Inde, mais qui appartient probablement à cette classe.

19. Médaille appartenant vraisemblablement à la suite des indo-grecques : sur une face, une tête coiffée d'un casque; sur l'autre, un cavalier le bras droit tendu. Les échantillons de cette médaille sont très-frustes; mais sur plusieurs on a pu distinguer, avec cet emblème, des inscriptions grecques; c'est surtout ce qu'on peut dire de deux dessinées dans les *Journals of the asiatic society*, août 1833; l'une offre très-distinctement ΣΩΤΕΡ ΜΕΓΑ; l'autre ΜΕΓΑ ΒΑΣΙΛΕΥΣ. Sur l'une des médailles du colonel Tod on lit ΤΡΩ ΒΑΣΙΛΕΥΣ, et par conséquent il est assez vraisemblable que ce sont des médailles des princes grecs, soit de l'Inde, soit de la Bactriane.

20. Médaille indo-scythique, figurée par le colonel Tod; l'homme de la face est le même que celui du n° 18; mais sur le revers il y a un taureau indien et une figure sur le devant.

21. A le même revers que la précédente; mais le costume est plus distinct, c'est celui d'un brahmane. La figure de la face semble être vêtue d'une cote de maille. Ces deux médailles furent trouvées à Balkh.

22 à 30. Ces médailles appartiennent à la même suite que les précédentes; quelques-unes ayant les mêmes emblèmes, tandis que sur d'autres le revers varie. On observe sur une ou deux des lettres grecques détachées.

31. Cette médaille est du nombre de celles qui sont indubitablement hindoues; la plupart ont sur

une face un éléphant, et sur l'autre un cheval ou un animal non décrit; au-dessus de l'éléphant on voit des caractères dévanagari; sur les échantillons qui offrent les plus lisibles on peut déchiffrer *sri maha Siva*, nom vulgaire du dieu Siva.

NOTES DE M. JAMES PRINSEP.

Si l'on prend en considération le court espace de temps accordé à un voyageur, qui traverse rapidement un pays étranger, pour étudier les objets non liés immédiatement à ses desseins, et les désavantages que son déguisement et les soupçons des indigènes opposent à sa recherche d'antiques rares qui ont pu échapper pendant vingt siècles à la destruction, dans leur pays; si de plus on prend en considération l'inhabileté des habitans à apprécier la valeur de tels objets, et leur ignorance de l'intérêt qu'ils offrent à l'active curiosité des peuples de l'occident, on jugera que le lieutenant Burnes a été très-heureux de pouvoir former la collection de médailles qu'il a rapportées du Pendjab et de la vallée de l'Oxus.

Quant aux médailles purement bactriennes, il pourra en ajouter, à celles des cabinets de l'Europe, au moins trois, sur l'une desquelles le nom d'Euthydème est très-distinct; sa provision de la dynastie ndo-scythique, ou de celles qui lui ont succédé, est si considérable, qu'il a pu en donner dix à la société asiatique de Bengale, indépendamment de celles qu'il porte en Europe; et parmi les dernières il y a une médaille de la dynastie qui supplanta les princes macédoniens de Bactriane; cette pièce est bien propre à exciter une vive curiosité parmi les antiquaires.

Je vais noter les observations que me suggérera la totalité de cette collection.

Pl. III, fig. 1 à 6. Ces médailles d'argent, ou tétradrachmes, sont reconnues au premier coup d'œil pour être d'origine bactrienne, à la figure d'Hercule assis, tenant sa massue, que l'on voit sur le revers, et qui a à peu près la même posture que le Jupiter des médailles syro-macédoniennes. L'épigraphe du n°. 1, médaille précieuse, et de belle conservation, est ΒΑΣΙΛΕΥΣ ΕΥΘΥΔΗΜ, le roi Euthydème; il fut le cinquième roi de Bactriane. La seule médaille de ce monarque, qui jusqu'à présent fût connue en Europe, est décrite par M. Mionnet dans sa *Description des médailles antiques*. Pinkerton dit que c'est une médaille d'or, ayant sur le revers « deux cavaliers avec » des tiares bactriennes, des palmes et de longues » lances »; elle est donc différente de l'échantillon unique que nous avons sous les yeux.

2. Cette figure offre les traits d'un prince différent, le revers est cependant semblable au précédent, et les trois lettres finales du mot ΒΑΣΙΛΕΩΣ sont visibles; de même que ΗΜ, qui ne peuvent faire partie que de ευθυδΗΜος ou de δΗΜητριος nom de son fils.

3. Cette médaille, dont il y a un double, est de na-

ture semblable, les traits de la figure correspondant à ceux du n°. 1 ou Euthydème ; il y en a deux autres d'un travail bien plus grossier, lesquelles se distinguent par un front plus saillant (n°⁵. 4 et 5); le revers n'en est pas lisible.

6. L'un des deux tétradrachmes d'argent. Il ressemble aux médailles arsacides, la chaise sur laquelle la figure du revers est assise ayant la forme de celles qui sont dessinées dans l'ouvrage de Vaillant; quoique leur affinité avec les médailles précédentes soit très-forte, la coiffure et la chevelure frisée par l'art appartiennent aux monarques persans. L'inscription est en caractères pehlvi; quelques lettres ressemblent à du grec mal exécuté.

8. C'est une médaille d'Antiochus, probablement frappée en Parthie, d'après la figure de l'homme lançant un javelot.

9. L'une des vingt petites médailles sassanides en bronze. La face offre une tête bien dessinée, et le revers un autel du feu très-grossièrement exécuté.

10. Médaille d'or de l'un des rois sassanides de Perse; on suppose que c'est Chapour (Sapor). Le nom et les titres en caractères pehlvi sont très-distincts; il est assez remarquable qu'on a omis les deux prêtres ou rois, qui ordinairement soutiennent l'autel du feu, à moins que les ornemens grossiers de chaque côté ne soient destinés à représenter des figures d'hommes tenant des épées. Une médaille sassanide en argent, dessinée dans le *Religio veterum Persarum* de Hyde, a des supports semblables.

Toutes ces médailles ont été recueillies au milieu des ruines de Khodjouoban, ancienne ville à 30 milles au nord-ouest de Boukhara; M. Burnes s'y procura aussi beaucoup de gemmes et d'antiques dont quelques-unes ont été gravées [1].

7. Cette médaille en bronze, de forme carrée, est de Chorkoth, forteresse à 20 milles du confluent du Djalem et du Tchénab (*Hydaspres* et *Acesines*), où Alexandre perdit sa flotte dans une tempête; quelques personnes pensent que Chorkoth est la forteresse des *Malli*, à l'assaut de laquelle ce monarque fut blessé. Tout ce qu'on peut lire de l'inscription est le mot ΒΑΣΙΛΕΩΣ : de l'autre côté, l'inscription est en pehlvi; cette médaille peut être rapportée avec quelque probabilité à Ménandre, tant parce qu'elle ressemble par sa forme à celle de ce prince, dans la planche de l'ouvrage du colonel Tod, que parce que les trois premières lettres du mot qui suit ΒΑΣΙΛΕΩΣ ressemblent beaucoup à ΝΙΚ ou ΝΙΚΑΤΟΡΟΣ, épithète donnée à Ménandre, suivant M. Schlegel (*Journal asiatique*, novembre 1828). Toutefois la figure debout, du revers, et le singulier emblème de la face que le colonel Tod suppose être un autel portatif, coïncident plutôt avec une médaille d'Apollodote.

---

[1] On a également trouvé à Khodjouaban un sou d'or du Bas empire, de fabrique grossière; il est de Marcien, ou plus probablement de Maurice; inscription : DN MAVRC... TIB PP AVG, revers, un ange tenant la croix et le globe, avec ces mots VICTORIA AVGGG, et au-dessous CONOB.

Pl. IV, fig. 18. Médaille de bronze trouvée dans les environs du tope de Manikiala.

Face : Roi ou guerrier tenant de la main gauche une lance, et de la droite sacrifiant sur un petit autel. Épigraphe. ΒΑΚΙΛΕΥΣ ΒΑC.... ΚΑΝΗΡΚΟΥ.

Revers : Un prêtre ou sage debout, et tenant de la main droite une fleur; une auréole entoure sa tête, à gauche les lettres ΝΑΝΑΙΔ, à droite le monogramme bactrien ordinaire, l'instrument à quatre dents.

Cette médaille est très-importante, puisqu'elle est la seule, d'un grand nombre découvertes dans le même canton, sur laquelle les caractères soient assez lisibles pour aider à connaître le nom du prince. Cependant on est d'abord déçu dans ses espérances en trouvant qu'aucun des noms des rois de Bactriane qui nous ont été conservés, ne s'accorde avec ceux que l'on a devant soi [1]; toutefois il ne peut y avoir de doute sur aucune des lettres, excepté sur celle qui

---

[1] Pour la commodité des lecteurs qui n'ont pas la possibilité de faire des recherches relatives à l'histoire de la Bactriane, je joins ici un catalogue de ses rois, d'après M. Schlegel (*Journal asiatique*, 1828, novembre, p. 326,

Années avant J.-C.

255 Théodote I........ \
243 Théodote II .... } déterminés historiquement par Strabon.
220 Euthydème de Magnesie . /

195 Apollodote Soter..... \
                                } Plutarque, Trogue Pompée et Arrien en font mention, leurs médailles sont communes dans
Ménandre vainqueur . . . / le canton de Barôtch, 200 a. J.-C.

Heliocles le Juste. . . { sur l'autorité de Visconti et de M. Mionnet, d'après une seule médaille.

précède ΚΟΥ et qui peut être Θ, P. ou C. En prenant cette latitude pour lire, je découvris un nom qui s'accorderait, autant qu'il pourrait être exprimé en grec, avec ΚΑΝΗΘΚΟΥ ou ΚΑΝΗCΚΟΥ, et si ma conjecture était exacte, la découverte de cette médaille doit être regardée comme étant de la plus haute importance pour quiconque s'occupe de l'étude des antiquités bactriennes nouvellement développée. M. Burnes avait d'abord donné cette médaille à la société ; mais quand j'eus reconnu la grande valeur de cette pièce, je pensai qu'il n'était que juste, après en avoir pris des empreintes et des dessins, de la rendre à cet officier, pour la satisfaction personnelle des numismates européens. Je crois que c'est une médaille de ΚΑΝΙΣΗΚΑ, conquérant tartare ou scythe de la Bactriane.

Suivant M. Csoma de Körös, le nom de ΚΑΝΙΣΚΑ se rencontre dans les litres tubetains, comme celui d'un roi célèbre de l'Inde septentrionale, lequel régnait à *Kapila,* lieu que l'on suppose avoir été situé dans le *Rohilkond,* ou près de Herdouar ; son règne est postérieur d'environ quatre siècles au temps de Chakia, quand les sectateurs de Bouddha se furent

	Démétrius	fils d'Euthydème ; il est douteux qu'il ait régné en Bactriane.
181	Encratidas I	Artémidore le nomme *le grand roi.*
146	Encratidas II	assassina son père, et fut tué ensuite.
125	Destruction du royaume par les Tartares et les Scythes ou Sacae.	

partagés en dix-huit sectes; (les tribus sakia ou *sacæ*) sous quatre divisions principales, dont les noms, tant sanscrits que tubetains, sont conservés [1].

Nous trouvons dans la table chronologique de l'histoire de Cachemir, par M. Wilson. (*Asiatic researches*, t. 15, p. 81.) Hachca, Djachca et Canichca qui succédèrent à Domodara dans le royaume de Cachemir, soit qu'ils aient régné successivement ou dans le même temps. Ils introduisirent dans ce pays le bouddhisme sous un hiérarque nommé Nagardjana, et suivant le *Radjah Taringhini*, étaient d'origine *tarachka* ou tartare. Le manuscrit sanscrit place leur règne 150 ans avant *Sacaysinha* ou Chakia Singh; mais le docte traducteur prouve, dans une note, que le texte a été au moins mal compris, et que le passage en question devait signifier cent cinquante ans après l'émancipation du seigneur Chakia Singh.

L'époque de Chakia, le cinquième Bouddha ou Goutama, est déterminée par le témoignage concordant des ères ceylanaises, siamoises, pegouanes et chinoises, qui sont toutes fondées sur la date de la naissance ou de la mort de Bouddha le législateur, et qui, bien qu'elles diffèrent plus ou moins, concourent à le placer entre l'an 544 et l'an 638 avant Jésus-Christ. Le Radj Gourou d'Assam, pandit très-versé dans la littérature bouddhique, fixe le nirvana ou l'émancipation de Chakia-Mouni à l'an 520 avant Jésus-Christ. Par conséquent, en prenant depuis cette

---

[1] *Vie de Chakia*, par M. Csoma, en manuscrit.

époque un intervalle de 400 ans jusqu'au règne de Kaniska, ce dernier aurait vécu vers la fin du deuxième siècle avant Jésus-Christ. Nous savons, par d'autres sources, que le renversement de la dynastie bactrienne, par les tribus scythes ou *sakiennes*, arriva l'an 134 avant Jésus-Christ (125 suivant M. Schlegel). Par conséquent, la médaille actuelle confirme la fidélité du *Radjah Taringhini*, comme ouvrage historique, et ne laisse aucun doute sur l'époque de *Chakia*.

M. Wilson trouve des motifs pour rejeter la fin du règne d'Abhimania, successeur de Canicha, de l'an 118 avant Jésus-Christ, que donne le *Radjah Taringhini*, à l'an 288 avant Jésus-Christ, parce que le Cachemir devint un pays bouddhique sous un prince tartare, peu de temps après le décès de Chakia ; mais d'après l'examen fait subséquemment par M. Csoma, des livres sacrés du Tubet, qui déterminent avec précision les trois époques auxquelles ils ont été compilés ; premièrement sous Chakia même (520 à 638 avant Jésus-Christ), ensuite sous Achoka, roi de Patalipoutra, 110 ans après la mort, et finalement par Kaniska, environ 400 ans après Chakia, il ne peut guères rester de doute que cette époque, telle que le *Radjah Taringhini* la donne, ne soit exacte.

D'autres circonstances, qui se joignent à la médaille bactrienne, tendent à confirmer la supposition d'une suite de princes grecs qui ont régné en Bactriane. D'abord, le revers cesse de porter le précédent emblème national du cavalier bactrien avec la lance macédonienne. Il est remplacé par un sage tenant une fleur, et ayant invariablement une auréole autour de la tête, particularité qui prouve que c'est un personnage sacré [1]. Secondement, quoique sur les premières médailles de la dynastie nous trouvions l'inscription en caractères grecs, usage qui prévalut aussi sous les Arsacides, et continua sous les premiers princes sassanides, cependant, sur des médailles présentant le même emblème, mais probablement d'une fabrique postérieure, nous trouvons la même espèce de caractères que l'on observe sur les colonnes de Dehli et d'Allahabad; la même qu'on voit à Ellora et dans beaucoup de cavernes et de temples de l'Inde centrale; caractères que les Brahmanes ont en horreur, comme appartenant au Bouddhisme [2].

---

[1] Voyez *Tod's coins* : 11, 14, planches de M. Wilson, fig. 1, 2, 6, 7, et *Journal of the asiatic society of Bengal*, p. 11, fig. 17 et 18.

[2] Voyez la traduction anglaise d'une partie des inscriptions de Salsette et d'Ellora, par Wilford (*Asiatic Researches*, t. XIV) Elle prouve qu'elles se rapportent toutes au nom de Chakia. M. A. Stirling (*Asiatic Researches*, t. XV, p. 314) s'exprime ainsi sur des inscriptions semblables que présente l'Oudaya ghiri, coteau de l'Orissa : « Les Brahmanes rapportent avec horreur » et dégoût ces inscriptions au temps où les doctrines du » bouddhisme prévalaient. Néanmoins je ne puis abandonner l'o- » pinion qui regarde ces caractères comme ayant quelque affinité » avec l'ancien prakrit, et je pense qu'on ne peut espérer d'ex- » plication sur ce sujet que de quelque homme docte de la secte » des Djaïns. » Qu'est devenue la clef de cet ancien alphabet sanscrit, et de tous les autres du même genre, que Wilford dit avoir eu le bonheur de découvrir dans la possession d'un ancien sage de Benarès ?

Je n'ai pas besoin de répéter l'opinion de M. Wilson, déduite d'autres motifs, et suivant laquelle le tope de Manikiala, dans le voisinage duquel ces médailles ont été trouvées, est un monument bouddhique; mais elle est corroborée fortement par la découverte de cette médaille de Kanichka, héros chakian.

Ayant ainsi essayé de faire voir que la médaille que nous avons sous les yeux, et d'autres de la même classe, appartient à la dynastie chakianne, à laquelle le nom d'indo-scythique est très-convenablement appliqué, nous pouvons avec raison suivre la même marche pour regarder la suite qui vient après, et qui montre sur le revers un taureau indien, accompagné d'un prêtre revêtu du *dhoti* indien ordinaire, comme des médailles de la dynastie brahmane, qui à son tour l'emporta sur la ligne bouddhique. Le colonel Tod comprend toutes ces médailles dans la même classe que la dernière, et expose ses raisons pour les attribuer à Mithridate ou à ses successeurs de la dynastie arsacide, dont la domination s'étendait de l'Indus au Gange, et de laquelle la Bactriane avait fini par être tributaire. Des légendes grecques du titre de *roi des rois* sont encore visibles sur quelques-unes; ce sont ce qu'il suppose être des caractères pehlvi sur le revers; mais je suis enclin à penser que ce sont des caractères du type de Dehli, et le monogramme bactrien devrait décider leur localité. M. Wilson et M. Schlégel les appellent indo-scythiques, et ce dernier, ainsi que le colonel Tod, dit que la figure est celle de Siva avec son taureau Nandi [1].

M. Schlegel regarde comme une circonstance remarquable que les marques du culte brahmanique paraissent sur ces médailles tartares; mais si on prend en considération l'origine indienne des *Sacœ*, cette particularité ne prouve-t-elle pas la même chose de leurs successeurs, plutôt que leur descendance des Tartares? Il est bien plus remarquable que l'autel du feu continue à faire partie des emblèmes sur toutes ces médailles; néanmoins il est encore très-incertain que ce soit réellement un autel du feu.

Fig. 19, 22, 23, 26, 27, 28, 29, 30. La suite de petites médailles en bronze trouvées près de Manikiala et généralement dans l'Inde supérieure, médailles qui sur la face ont une tête et sur le revers un cavalier bactrien, peut être attribuée au règne d'Eucratides, puisque la médaille d'or des environs de la mer Caspienne, décrite par Bayer comme ayant le même emblème sur le revers, porte en caractères lisibles l'épigraphe de *grand roi Eucratides*. Nos médailles de ce type ne nous ont jamais montré plus que les mots : « *Roi des rois* », et sur la plupart, par exemple fig. 19, dans ceux de BACIAEY BACIAEY, le grec est si corrompu, qu'il donne l'idée d'une

---

[1] Ce qui me paraît la circonstance la plus remarquable dans ces médailles, ce sont ces preuves du culte brahmanique adopté par les rois tartares. Ils régnaient donc certainement sur des provinces où ce culte était établi. *Journal Asiatique*, novembre 1828.

époque postérieure. Le type du cheval semble avoir prévalu long-temps après.

Fig. 24. Les médailles de bronze avec cet emblème se trouvent dans l'Hindoustan supérieur; elles composent la troisième suite de la planche du colonel Tod; et quelques-unes de celles qu'il a en sa possession offrent décidément des caractères grecs. La face a le même guerrier avec la lance et l'autel. Sur le revers on voit ce qu'il suppose être un prêtre près de sacrifier le taureau; mais sur les médailles qui sont sous nos yeux, le *dhoti* est si exactement le costume des Brahmanes, qu'il penche plutôt à regarder l'animal, notamment parce qu'il a une bosse, comme le taureau sacré du pays, circonstance indiquant que la religion brahmanique prévalait ou prédominait dans les possessions de Ménandre ou d'Eucratides, situées dans l'Inde.

Fig. 25. Le type de cette médaille est encore plus commun que celui de la dernière; il n'y a plus d'inscriptions grecques; elles sont soit en caractères de la colonne de Dehli, lesquels sont inconnus, soit véritablement hindis. La figure en travers sur l'éléphant est toujours beaucoup hors de proportion, et le radjah avec l'autel est encore exécuté plus grossièrement. L'éléphant est, de même que le cheval, conservé dans les médailles suivantes des Hindous : ainsi....

Fig. 31. Ce même emblème est encore commun dans l'Inde méridionale. La forme des caractères nagni sur cette figure et sur la figure 14, est conforme à celle des concessions de terre gravées sur cuivre, et dont l'antiquité remonte à sept ou huit siècles.

Fig. 20, 21. Ces médailles ont été trouvées à Balkh, et ressemblent à celles de Manikiala.

Calcutta, juin 1833.

FIN DU TROISIÈME ET DERNIER VOLUME.

TABLE
DES CHAPITRES
CONTENUS DANS CE VOLUME.

Chap. XIII. Continuation du voyage dans le désert des Turcomans. — Le Mourghab. — Merve. — Alarme. — Soins des Turcomans pour leurs chevaux. — Le désert. — Tourbillons de vent. — Les terres hautes de la Perse. — Mirage. — Plantes du désert. — Usages des Turcomans. — Leurs chansons. — Leurs maisons. — Leurs festins. — Départ de Charaks. — Entrée en Perse. — Mouzdéran ou Derbend. — Approche de Meched. — Esclaves Ghouzkhan. — Pays en confusion. 1

Chap. XIV. Le Khoraçan. — Arrivée à Meched. — Entrevue avec Khousrou Mirza. — Sépulcre de l'iman Réza. — Tombeau de Nadir Chah. — Illumination. — Départ de Meched. — Koutchan. — Camp du prince. — Officiers européens. — Abbas Mirza. — Plans pour l'avenir. — L'auteur se sépare de M. Gérard. 40

Chap. XV. Voyage chez les Turcomans de la mer Caspienne. — Départ de Koutchan — L'Atrak. — Boudjnourd. — Discipline turcomane. — Tribu des Ghireïli. — Bande turcomane. — Turcomans Gohklan. — Leurs usages. — Turcomans de la Caspienne. — Chants nationaux des Turcomans. — Astrabad. — Peste sur les rivages de la mer Caspienne. — Jardins d'Achraff. — Le Mazendéran. — Paysans de ce pays. 54

Chap. XVI. Voyage en Perse, retour à Bombay. — Sortie du Mazendéran. — Défilé de Gadouk. — Firouzkoh. — Un Kurde. — Téhéran. — L'auteur est présenté au roi. — Départ de Téhéran. — L'auteur s'embarque pour l'Inde. — Fin du voyage. 91

MÉMOIRE SUR LA GÉOGRAPHIE.

Notice sur la carte de l'Asie centrale. 108

Chap. Ier. Royaume de Boukharie. — Limites et étendue. — Divisions politiques et naturelles. — Géographie physique. — Aspect du pays. — Climat. — Rivières. — Montagnes. — Minéraux. — Végétaux. — Denrées. — Fruits. — Animaux domestiques. — Animaux sauvages.

—Oiseaux. — Vers à soie. — Maladies. — Villes. — Population. 115

Chap. II. L'Oxus et le lac Aral. — Source et cours de l'Oxus. — Lac Aral. — Profondeur, vitesse et pente de l'Oxus. — Son débordement. — Glaces. — Navigation. — Arbres de ses rives. — Avantages de ce fleuve. 144

Chap. III. Vallée de l'Oxus supérieur, le Koundouz, le Badakchan, le pays des Kaffirs et les territoires adjacens. — Esquisse du pays. — Le Koundouz. — Le Badakchan. — Mines de rubis. — Lapis lazuli. — Pays montagneux au nord du Badakchan. — Langues qu'on y parle. — Les Kaffirs. — Leur origine. — Leurs usages. 157

Chap. IV. Les prétendus descendans d'Alexandre le Grand dans la vallée de l'Oxus et de l'Indus. — Traditions concernant ces peuples. — Leur état actuel. — Examen de leurs prétentions. — Conjectures. 169

Chap. V. La province d'Yarkend et ses relations avec la Chine, la Boukharie et le Tubet. — Esquisse historique de la province d'Yarkend. — Gouvernement chinois. — Singulière manière de communiquer avec Péking. — Habitans. — Les Kalmouks. — Pays entre Yarkend et le Tubet. — Relation avec Boukhara. — Khokhand. . . 174

Chap. VI. L'Indou Couch. — Description de la chaîne désignée par ce nom. — Sa hauteur. — Son aspect. — Ses productions. — Roches qui la composent. — Le véritable Hindou Kouch. 184

Chap. VII. La Turcomanie. — Pays nommé ainsi. — Sa nature. — Les Turcomans. — Leur origine. — Leurs tribus. — Langue. — Canton de Merve. — Caractère général des Turcomans. 195

Chap. VIII. Habitans du Turkestan. — Portrait général de ces peuples. — Les Ouzbeks. — Les Kirghiz. — Les Tadjiks. 206

Chap. IX. Chevaux du Turkestan. — Le cheval turcoman. — Ses variétés. — Manière de le nourrir. — Etendue du commerce qu'on en fait. — Ses traits caractéristiques. 211

Livre II. Chap. Ier. Evénemens arrivés en Afghanistan depuis 1809. — Remarques préliminaires. — Châh Choudja est déposé. — Avénement de son frère Mahmoud au trône. — Prise du Cachemir. — Ligue avec les Seïks. — On rompt avec eux. — Bataille avec les Persans. — Le visir est mis à mort. — Chute de Mahmoud. — Choudja est rappelé. — Il s'échappe. — Magnanimité de son épouse. — Son frère Eyoub placé sur le trône. — Perte du Cachemir. — Progrès des Seïks. — Démembrement total de la monarchie afghane. 219

Chap. II. Le Peichaver.—Son étendue.—Sa force militaire et politique.—Ses relations au dehors.—Le gouvernement. —Productions. 236

Chap. III. Le Caboul. — Ses limites. — Caractère de Dost Mohammed Khan. — Ses relations politiques.—Productions du pays. 246

Chap. IV. Affaire de l'Afghanistan occidental. — Chefs de Candahar et de Hérat. — Leur gouvernement. 253

Chap. V. Sommaire des affaires de l'Afghanistan. — Remarques sur le renversement de l'ancienne dynastie de ce pays. —Improbabilité de sa restauration. 258

Chap. VI. Le Koundouz.—Etendue de cet état.—Histoire de son chef Mourad Beg.—Son administration. 262

Chap. VII. Esquisse de l'histoire de la Boukharie. — Première période. — Evénemens depuis Djinghiz Khan jusqu'aux Ouzbeks. — Nadir Châh.—Haïder.—Le roi actuel. 270

Chap. VIII. Puissance politique et militaire de la Boukharie.—Importance de ce royaume.—Autorité et caractère du monarque. — Le kouch beghi ou visir. — Rang éminent des prêtres. — Administration. — Finances. — Force militaire des Ouzbeks. — Politique étrangère. — Liaisons avec la Russie. 277

Chap. IX. Le Khivie.—Limites. — Sa puissance. — Habitudes pillardes des Khiviens.—Relations avec la Russie. 295

Chap. X. Frontières de la Perse au nord-est; pays des Kurdes et des Turcomans. — Puissance de la Perse sur ces tribus. — Chefs des Kurdes. — Faiblesse de la frontière persane. 302

Livre III. Chap. Ier. Commerce du Pendjab. Avantages qui doivent résulter de la navigation de l'Indus.—Situation favorable du pays pour le commerce.—Productions de ce pays. — Châles de Cachemir. — Soieries. Toiles de coton.—Minéraux.—Végétaux. — Avantage d'ouvrir la navigation de l'Indus. — Marchandises qui profiteraient de cette nouvelle voie.—Entrepôt du commerce par eau. — Etat politique du pays. 307

Chap. II. Commerce du Caboul. 325

Chap. III. Commerce et relations extérieures de la Boukharie et de l'Asie centrale. 334

Chap. IV. Commerce de la Perse. — Etat de ce commerce. — Routes et leurs avantages relatifs. — Marchandises. — Projets pour améliorer le commerce. 357

Observations sur la collection de médailles bactriennes et autres de M. Alexandre Burnes. 369

FIN.

www.ingramcontent.com/pod-product-compliance
Lightning Source LLC
Chambersburg PA
CBHW050431170426
43201CB00008B/630